全国普通高等学校土木工程专业“卓越工程师教育培养计划”精品教材

土木工程建设法规

主　　编：戴伦乔　张　磊

编写委员会：（按姓氏音序排列）

白建文　包建业　曹玉生　戴伦乔　刁　钰
高爱军　高　娃　郭佳民　郭莹莹　韩　青
郝庆莉　郝贞洪　贺培源　何晓雁　侯永利
李　永　梁恒生　刘炳娟　刘子杰　路　平
时金娜　王卓男　吴安利　徐　蓉　杨晓明
张　磊　张淑艳　张振国

江苏科学技术出版社

图书在版编目(CIP)数据

土木工程建设法规/戴伦乔,张磊主编.—南京:江苏科学技术出版社,2013.3

全国普通高等学校土木工程专业“卓越工程师教育培养计划”精品教材

ISBN 978-7-5537-0896-6

Ⅰ.①土… Ⅱ.①戴…②张… Ⅲ.①建筑法—中国—高等学校—教材 Ⅳ.①D922.297

中国版本图书馆 CIP 数据核字(2013)第 034456 号

全国普通高等学校土木工程专业“卓越工程师教育培养计划”精品教材

土木工程建设法规

主　　编　戴伦乔　张　磊
责任编辑　刘屹立
特约编辑　封秀敏
责任校对　郝慧华
责任监制　刘　钧

出版发行　凤凰出版传媒股份有限公司
　　　　　　江苏科学技术出版社
出版社地址　南京市湖南路1号A楼,邮编:210009
出版社网址　http://www.pspress.cn
经　　销　凤凰出版传媒股份有限公司
印　　刷　天津泰宇印务有限公司

开　　本　787 mm×1 092 mm　1/16
印　　张　17.5
字　　数　415 000
版　　次　2013年3月第1版
印　　次　2013年3月第1次印刷

标准书号　ISBN 978-7-5537-0896-6
定　　价　35.00元

内容提要

本书系统介绍了土木工程建设法规的相关内容。全书共分为13章，内容包括：土木工程建设法规概论、土木工程程序法规、土木工程从业资格法规、土木工程勘察设计法规、土木工程发包与承包法规、土木工程合同管理法规、土木工程质量管理法规、土木工程监理法规、土木工程安全生产法规、土木工程施工环境保护法规、土木工程其他法规、土木工程纠纷法规和土木工程法律责任等内容。

本书主要作为土木工程专业本科或土木类其他相关专业的教学用书，也可作为从事土木工程、工程管理的技术人员及管理人员的参考用书。

前言

“没有规矩不成方圆”，如果没有合理、完善的法律制度对经济主体的行为与发展方向加以行之有效的规范和约束，市场经济不可能持续、稳定、健康地发展。正是由于市场经济的发展与推动，建设工程在我国国民经济中的地位日益突出。

建设工程规模的日益扩大，促使建设施工队伍不断增加，这也严峻考验着建设行业的综合素质。从建设事业的大局出发，为了优化市场资源配置，完善建设企业经营机制，提高投资者的经济效益，规范建设工程市场秩序，我国陆续颁布了《建筑法》、《合同法》、《招标投标法》、《安全生产法》、《产品质量法》等相关法律法规。本教材编委会成员为了给建设工程培养合格的应用型人才，大量翻阅了建设工程法律法规条文，并针对难以理解或者容易产生歧义的内容做了深入研究与讨论，终于编写完成了此书。

本教材内容深入贯彻落实科学发展观精神，延续了以往教学改革中的前沿思想，是“卓越工程师教育培养计划”精品教材之一。本书的主要特点如下：

(1) 内容新。由于目前我国正处在法制建设不断成熟的过程中，而且新颁布的建设法律法规也在逐渐更改、完善，因此很多书籍的内容不能够与时俱进。本书动用大量人力，查阅并使用最新建设法律法规，综合编写出本教材。

(2) 质量高。教材质量的优劣直接影响教学质量和教学秩序，最终影响学校人才培养的质量。因此，本书在编写过程中在作者的选用、教材的审订方面进行了严格的把关，力求做到精益求精。

(3) 表达奇。为了迎合年轻化的教学理念，本书在内容的表达上标新立异，编写方式具有新时代特征。从现代学生的思维习惯、学习方式入手，保证内容的新颖独特，避免以往枯燥无趣的平淡叙述，可以有效地调动起学生的学习热情。

(4) 主线明。众所周知，大大小小的土木工程建设法律法规多如牛毛，内容繁杂而且涉及面广。在有限的时间内，很难做到面面俱到、有条不紊。因此，本书编委会成员通过探讨决定，以土木工程建设整体过程为依据，以时间为主线。对不同阶段运用到的建设法律法规逐一介绍，更加突出了土木工程自身的特点，实用性强。

(5) 条理清。本书内容在条理上，保持了建设法律法规清晰、简明的特点，只对难以理解的条款进行解释。避免了喋喋不休的平淡叙述，杜绝了重复烦琐的情况。

由于土木工程建设法律法规体系庞大、复杂、涉及面广，加之编者缺乏经验，书中难免有不足之处，恳请广大读者朋友谅解并提出宝贵意见，以便再版时能及时修改、完善。

编　者

2013 年 2 月

目　　录

1　土木工程建设法规概论

内容提要

熟悉：土木工程建设法规的构成、作用和实施。

了解：法的定义及起源；法律的体系；土木工程建设法规体系。

1.1　法的概述

1.1.1　法的定义及起源

1. 法的定义

法，是一定物质生活条件所决定的，由国家制定和认可，并由国家强制力保证实施、体现统治阶级意志、具有普遍效力的行为规范体系。其目的在于维护、巩固和发展有利于自身的社会关系，通过对这些社会关系的调整，以形成有利于自身的社会秩序，使社会按照相应阶级的意志向前发展。

2. 法的起源

法，是阶级社会特有的社会现象，是阶级矛盾不可调和的产物。法与国家一样，是人类社会经济、政治发展到一定的历史阶段的产物，是随着私有制和阶级的出现而产生的，并随着生产力的发展和社会经济、政治制度的不断变化而充实完善。

1.1.2　法的本质及特征

1. 法的本质

1)法的广义本质

(1)法，是建立在一定的经济基础上的上层建筑的组成部分。法与一定的经济基础相适应，并受经济基础的制约。

法，是反映一定的经济基础又反作用于经济基础，为一定的经济基础所决定又服务于经济基础的上层建筑。

(2)法，是统治阶级基本意志的体现。法体现的统治阶级意志具有整体性，不是统治阶级内部各党派、集团、个别成员的个别意志，也不是这些个别意志的简单相加，而是统治阶级的整体意志、共同意志或根本意志，法只规定和调整有关统治阶级的基本利益、社会基本制度和主要的社会关系。

(3)法，是实现阶级统治的工具。法的强制性是以军队、法庭和监狱等国家强制力作为后盾的。法是国家意志的体现，也是实现国家意志的重要手段。法为组织国家机构所必需，为实现国家职能所必需，为确立、维护和发展一定的社会秩序所必需。法的实施，还应依靠社会舆论、道德观念和法制观念、思想教育等多种手段保证。

2)我国社会主义法的本质

我国社会主义法的本质,在于它的阶级本性,其是工人阶级领导下的全国人民共同意志的体现,从宪法到普通法,从行政法规到地方法规,均由各级人民代表大会及其常设机构、国家机关制定和通过,表达了全国人民的共同意志。

2. 法的特征

法的特征,见表1-1。

表1-1 法的特征

特 征	内 容
法是一种一般行为规范	法是一种规范,规范即模式、规则之意
法是一种特殊的行为规范	行为规范基本上可分为: (1)建立在人们对自然规律认识的基础之上的行为规范,以及调整人和自然关系的技术法规; (2)人们用以调整人与人之间关系的行为规范,反映的是一定社会关系的社会规范,包括法律规范、政治规范、宗教规范和道德规范等
法是由国家制定或认可的社会规范	法的本质是国家意志,而国家意志的体现,是通过国家制定法的过程来体现的。 法的制定,是国家立法机关按照法定程序创制规范性文件的活动。通过此种方式产生的法,称为制定法或成文法
法是由国家强制力保证实施的社会规范	法不同于其他社会规范,是在于其具有特殊的国家强制性。 法的国家强制性,是指法是以国家强制力为后盾,由国家强制力保证实施。法之所以由国家强制力保证实施,取决于两个原因: (1)因为法要约束人的行为,限制人的行为自由,故不能始终为人所自愿遵守,需通过国家强制力强迫其遵守;若法的实施没有国家强制力的保证作后盾,违反法的行为得不到惩罚,则法所体现的阶级意志也得不到贯彻和保障。 (2)法不能自行实施,需要国家专门机关予以实行

1.1.3 法律及法律体系

1. 法律

法律有广义和狭义两种理解。

从广义上讲,法律是指法的整体,泛指国家制定或认可并由国家强制力保证实施的一切规范性文件,包括法律、具有法律效力的解释及行政机关为执行法律而制定的规范性文件。

从狭义上讲,法律则专指拥有立法权的国家机关依照立法程序制定的规范性文件。

2. 法律体系

法律体系也称法的体系,通常指由一个国家现行的各个部门法构成的有机联系的统一整体。在我国法律体系中,根据所调整的社会关系性质的不同,可以划分为不同的部门法。部门法又称法律部门，是根据一定标准、原则所制定的同类法律规范的总称。

土木工程法律具有综合性的特点，虽然主要是经济法的组成部分，但还包括了行政法、民法、商法等的内容。土木工程法律同时又具有一定的独立性和完整性，具有自己的完整体系。土木工程法律体系，是指把已经制定的和需要制定的土木工程方面的法律、行政法规、部门规章和地方法规、地方规章有机结合起来，形成的一个相互联系、相互补充、相互协调的完整统一的体系。

1.1.4 法制与法规

1. 法制

法制，即法律制度，有多种含义。

广义的法制是指一个国家法规的总和。

狭义的法制是指调整某一类特定社会关系，规范某一类特定行为的法规的总和。

2. 法规

法规，即法律规范，是由国家机关制定或认可并由国家强制力保证实施的具体行为规范。法规与法律的关系是个体与整体，法规是法律的具体化，调整某一类社会关系的不同法规组成了法律。法规规定的是具体的行为，因而其表达方式必须有一个严谨的逻辑结构。法规由假定、处理、制裁三部分组成，称为法规的三要素，见表 1-2。

表 1-2 法规的三要素

名称	内容
假定	假定，是指在法规中，确定适用该规范条件的部分。法规具有针对性，因此法规只对一定范围内和某种情况下人的行为具有约束力，每个法规只调整某一类特定的行为。即假定部分是法规适用的前提，不具备假定部分所规定条件的，则该法规就不能被使用
处理 （行为模式）	处理（行为模式），是指在法规中，规定人的具体行为方式的部分。虽然法规中规定的行为模式复杂，但按照其自身的性质，可分为：可以这样行为模式（可为模式）、禁止这样行为模式（勿为模式）和必须这样行为模式（应为模式）三种类型。 可为模式的法规为授权性法规，勿为模式的法规为禁止性法规，应为模式的法规为命令性法规。行为模式部分是法规的核心，必须通过法规的行为模式部分衡量人的行为是否合法。在法律文件中常使用的表达方式有可以、应当、必须、不得、禁止等
制裁 （法律后果）	制裁（法律后果），是法规的后果部分，是法规对人们行为的态度，是人们遵守或违反法规中规定的行为模式所产生的后果。 法律后果分为肯定性法律后果和否定性法律后果。 肯定性法律后果，是指国家根据法律对人们行为的有效性加以肯定，对人们的合法行为加以保护和奖励。 否定性法律后果，是指国家根据法律对人们行为的有效性加以否定，对人们的违法行为加以制裁。 法律后果部分是法规的保证，通过其可保护合法的行为，纠正违法的行为，以最终实现法规调整人们交互行为的目的

1.2 土木工程建设法规体系

1.2.1 土木工程建设法规体系的定义

土木工程建设法规体系，是指把已经制定和需要制定的建设法律、建设行政法规和住建部门的规章衔接起来，形成一个相互联系、相互补充、相互协调的完整、统一的框架结构。从广义上讲，土木工程建设法规体系还包括地方性建设法规和建设规章。

土木工程建设法规体系，是国家法律体系的重要组成部分，与国家的宪法和相关法律保持一致，但又相对独立、自成体系。土木工程建设法规体系，应覆盖建设活动的各个行业、领域以及土木工程的全过程，使建设活动的各个方面均有法可依。

1.2.2 土木工程建设法规体系的构成

土木工程建设法规体系的构成，是指法规体系采取的结构形式。从理论上讲，建设法律体系可采取宝塔形结构或梯形结构两种方式。

宝塔形结构形式，是先制定一部基本法律，将该领域内业务可能涉及的所有问题都在该法中做出规定，再分别制定不同层次的专项法律、行政法规、部门规章，对某一具体问题做出补充规定。

梯形结构形式，是不设立基本法律，由若干并列的专项法律组成法规体系的最顶层，对每部专项法律配置相应的不同层次的行政法规和部门规章做补充，形成若干相互联系而又相对独立的小体系。

1.3 土木工程建设法规的定义及基本特征

1.3.1 土木工程建设法规的定义

土木工程建设法规，是指国家权力机关或其授权的行政机关制定的，旨在调整国家及其有关机构、企业事业单位、社会团体、公民之间在建设活动中或建设行政管理活动中发生的各种社会关系的法律、法规的统称。

1.3.2 土木工程建设法规的基本特征

1. 行政隶属性

行政隶属性，是土木工程建设法规区别于其他法律的主要特征，其决定了土木工程建设法规必须要采用能直接体现行政权力活动的调整方法，即采用以行政指令为主的方法调整建设关系。建设关系的调整方式，见表1-3。

表1-3 建设关系的调整方式

名 称	内 容
授权	国家通过土木工程建设法规，授予国家建设管理机关某种管理权限或具体的权力，对建筑业进行监督管理

续表

名称	内容
命令	国家通过土木工程建设法规，赋予建设法律关系主体某种作为的义务
禁止	国家通过土木工程建设法规，赋予建设法律关系主体某种不作为的义务，即禁止主体的某种行为
许可	国家通过土木工程建设法规，允许特别的主体在法律允许的范围内有某种作为的权利
确认	国家通过土木工程建设法规，授权建设管理机关依法对存在争议的法律事实和法律关系进行认定，并确定其是否存在、有效
免除	国家通过土木工程建设法规，对主体依法应履行的义务在特定情况下予以免除
计划	国家通过土木工程建设法规，对建筑业进行计划调节。计划分为指令性计划和指导性计划。指令性计划具有法律约束力，具有强制性，当事人必须严格执行，若违反指令性计划，要承担法律责任。指导性计划一般不具有法律约束力，是可以变动的，但在条件许可的情况下也应遵守
撤销	国家通过建设法规，授予建设行政管理机关运用行政权力对某些权利能力或法律资格予以撤销或消灭

2. 经济性

建设活动，如土木工程勘察设计、施工安装、住宅商品化等，均直接为社会创造财富，为国家增加积累，具有经济性的特征。

3. 政策性

土木工程建设法规，体现国家的建设政策，具有政策性的特征，其一方面是实现国家建设政策的工具，另一方面也将国家的建设政策具体化、规范化。

4. 技术性

技术性，是建设法规又一个十分重要的特征，建筑业的发展与人类的生存息息相关，建筑产品的质量与人民的生命财产紧密相连。

建设活动是一项技术性强、安全要求高的生产活动，为保证建设产品的质量和人民生命财产的安全，必须制定大量的专门技术规范类建设法规，如各种设计规范、施工规范、验收规范、产品质量监测规范等；制定非技术规范类的建设法规时，也要做出一些必要的技术性规定。

1.4 土木工程建设法规的构成、作用和实施

1.4.1 土木工程建设法规概述

1. 土木工程建设法规的渊源

土木工程建设法规的渊源，即土木工程建设法规的表现形式，主要有宪法、法律、行政法规、部门规章、地方性法规、地方政府规章、技术法规、国际条约和国际惯例等，是由国家

的性质和法的本质所决定的。

1)宪法

宪法,是国家法律体系中的重要组成部分。因宪法是国家的根本法这一特征,使得宪法在国家的整个法律渊源的体系中占有特别重要的地位,具有最高的法律效力,是国家最高权力的象征。

2)法律

法律,是指行使国家立法权的最高国家权力机关制定颁布的规范性文件。规范性文件是规范性法律文件的简称,是有权制定法规的国家机关制定颁布的具有普遍约束力的法律文件。

3)行政法规与部门规章

(1)行政法规。行政法规是指作为最高国家行政机关的国务院根据宪法和法律,制定颁布的规范性文件。

(2)部门规章。部门规章,又称行政规章,是指国务院各部、各委员会根据法律和国务院的行政法规、决定、命令,在本部门的权限内,制定颁布的规范性文件。

4)地方性法规与地方政府规章

(1)地方性法规,包括以下两个层次:

①省、自治区、直辖市的人民代表大会及其常务委员会根据本行政区域的具体情况和实际需要,在不与宪法、法律、行政法规相抵触的前提下,制定的仅适用于本行政区域内的规范性法律文件,应报全国人大常委会备案。

②省、自治区的人民政府所在地的市和经国务院批准的较大的市的人民代表大会及其常务委员会根据本市的具体情况和实际需要,在不与宪法、法律、行政法规和本省、自治区的地方性法规相抵触的前提下,制定的仅适用于本行政区域内的规范性法律文件,应报省、自治区的人民代表大会常务委员会批准后施行,并由省、自治区人大常委会报全国人大常委会和国务院备案。

(2)地方政府规章,是指省、自治区、直辖市的人民政府,省、自治区人民政府所在地的市的人民政府和经国务院批准的较大的市的人民政府,根据宪法、法律、行政法规和本行政区的地方性法规制定的规范性法律文件。

地方性法规与地方政府规章的法律地位和效力低于宪法、法律、行政法规和部门规章,只在本行政区域内有效。

5)国际条约与国际惯例

(1)国际条约,是指我国作为国际法的主体同其他国家或国际组织缔结的双边、多边的协定和其他具有条约、协定性质的文件。

(2)国际惯例,是指各种国际裁决机构的判例所确认和体现的国际法规则和在国际交往中形成的一些不成文的习惯。

2. 土木工程建设法规的构成

1)土木工程行政法规

土木工程行政法规,是指国家制定或认可,体现国家意志,由国家强制力保证实施,并由国家建设管理机关在宏观上、全局上管理土木工程的法规,在土木工程建设法规中居主要地位。土木工程行政法规的特征,见表 1-4。

表 1-4 土木工程行政法律的特征

特 征	内 容
指令性	在土木工程行政法规关系中，土木工程行政法律调整的土木工程建设法规关系主体双方的地位不平等。作为行政主体一方的建设行政管理机关依法拥有管理权、强制权、制裁权等公权力，只发布指令，作为行政相对人的另一方则没有行政主体方所拥有的公权力，因此对行政主体方所发布的指令，只能服从并予以执行
非对等性	非对等性，主要指土木工程行政法规关系主体双方的权利和义务不对等。作为行政主体一方的建设行政管理机关只享有权利，作为行政相对人的另一方只承担义务。在土木工程行政法规关系中，行政主体方的权利与义务密不可分。行政主体一方做出的同一行政行为，既是其行使的职权，也是其必须承担的义务
强制性	土木工程行政法规具有强制性，与行政主体所行使行政职权的性质密不可分。国家行政机关依法行使的行政职权不是一般的权利，是法律上权利与权力的结合体，如行政主体可以以自己单方的意思命令行政相对人履行一定的义务；对于不执行命令者，可给予行政处罚，甚至采取行政强制性措施
灵活性	土木工程行政法规具有灵活性、政策性强、立法程序简便、表现形式多样，其名称可称为办法、规定、命令、指示等。国家可根据建设政策的发展变化，制定、修改和废止土木工程行政法律、法规，以适应变化的建设形势的需要

2)土木工程技术法规

土木工程技术法规可分为国家、行业(部)、企业三级。下级的规范、标准不得与上级的规范、标准相抵触。根据法律效力不同，技术法规可分为强制性标准、推荐性标准。其中，强制性标准是必须遵守的。

(1)设计规范，是指从事工程设计所依据的技术文件。设计规范的分类，见表 1-5。

表 1-5 设计规范的分类

类 型	内 容
建筑设计规范	建筑设计规范，包括建筑设计、建筑暖通与空调等方面的技术标准和规程
结构设计规范	结构设计规范，包括建筑结构、工程抗震及地基与基础等方面的技术标准和规程
功能设计规范	功能设计规范，包括建筑物的耐火性能、防火防爆措施、消防、给水排水、通风与采暖、疏散通道等技术标准和规程

(2)施工规范，是指施工操作程序及其技术要求的标准，可分为建筑工程施工规范和安装工程施工规范两类。

(3)验收规范，是指检验、验收竣工工程项目的规程、办法与标准。

(4)建设定额，是指国家规定的消耗在单位建筑产品上的活劳动和物化劳动的数量标准，以及用货币表现的某些必要费用的额度。

(5)土木工程标准，是指土木工程设计、施工方法和安全保护的统一技术要求及有关土木工程的技术术语、符号、代号、制图方法的一般原则。

(6)建筑材料检测标准,是指某种建筑材料对基准的试验方法、采用的仪器设备、试验条件、操作步骤及试验结果、计算方法等做统一规定的标准。

1.4.2 土木工程建设法规的作用

1. 规范指导建设行为

土木工程建设法规,对所实施建设行为的规范性主要表现在:

(1)必须为一定的建设行为;

(2)禁止所为的建设行为;

(3)可以为一定的建设行为。

2. 保护合法建设行为

土木工程建设法规的作用,不仅在于对建设行为主体所实施的建设行为加以规范和指导,还对一切合法的建设行为给予确认和保护。

3. 处罚违法建设行为

土木工程建设法规,要实现对建设行为主体所实施建设行为的规范和指导作用,除对合法的建设行为给予一定的保护外,还必须对违法的建设行为给予必要的惩处。

1.4.3 土木工程建设法规的实施

土木工程建设法规的实施,是指国家机关、社会组织、公民在社会生活中有意识地实现土木工程建设法规的活动。通过土木工程建设法规的实施,使土木工程建设法规由书面形式的抽象行为模式转变成建设行为主体的具体建设行为。

1. 土木工程建设法规的行政适用

土木工程建设法规的行政适用,是指建设行政主体依法行使行政职权,履行法定职责,对各项建设活动和建设行为实施管理的活动。建设行政执法是土木工程建设法规实施的重要方面,具体内容见表 1-6。

表 1-6 建设行政执法的内容

项 目	内 容
建设行政决定	建设行政决定,是指建设行政主体依法对行政相对人的权利和义务做出单方面处理的法律制度,包括行政许可、行政命令和行政奖励
建设行政监督检查	建设行政监督检查,是指建设行政主体依法对行政相对人遵守建设法律、法规和规章,执行建设行政机关的命令和决定的情况,进行单方面强制性了解的法律制度。建设行政监督检查的程序是:制订计划→书面检查→实地检查→总结报告→问题处理
建设行政处罚	建设行政处罚,是指享有行政处罚权的建设行政主体,对违反建设法规,但尚未构成犯罪的行政相对人实施制裁的法律制度,包括财产罚(罚款)、行为罚(责令限期改正)、资格罚(降低资质等级)和申诫罚(通报批评)四种。建设行政处罚的决定程序分为简易程序、一般程序、听证程序

续表

项　目	内　容
建设行政强制执行	建设行政强制执行，是指由享有强制执行权的国家机关对拒不履行法定义务的当事人依法采取强制手段，迫使其履行义务或达到与履行义务相同状态的法律制度

2. 土木工程建设法规的司法适用

1)建设行政司法

建设行政司法，是指建设行政机关依据法定的权限和程序进行行政调解、行政复议和行政仲裁，以达到解决争议的具体行政行为。

(1)行政调解，是指在行政机关的主持下，以法律为依据，以自愿为原则，采取说服教育等方法，促使双方当事人通过协商达成协议的法律制度。

(2)行政复议，是指行政相对人认为行政主体的具体行政行为侵犯其合法权益，依法向行政复议机关提出行政复议申请，行政复议机关对该具体行政行为的合法性、适当性进行审查，并做出行政复议决定的法律制度。

(3)行政仲裁，是指行政机关以第三者的身份对平等主体间的民事、经济争议进行居中调解，并做出裁断的法律制度。

2)专门机关司法

专门机关司法是指国家司法机关根据法定的职权和程序，具体应用法律处理案件的专门活动。

习题与思考

1-1　法的定义及其目的是什么？

1-2　土木工程建设法规体系的定义是什么？从广义上讲，土木工程建设法规体系还包括什么？

1-3　土木工程建设法规的定义及基本特征是什么？

1-4　建设行政执法是土木工程建设法规实施的重要方面，其内容有哪些？

2 土木工程程序法规

内容提要

掌握：土木工程项目的基本程序。

了解：土木工程项目概念；建设项目可行性研究。

2.1 建设程序概述

2.1.1 土木工程项目的定义

土木工程项目，是指土木工程、线路管道和设备安装工程、装饰装修工程等项目的新建、扩建和改建，是形成固定资产的基本生产过程及与其相关联的其他建设工程的总称。

土木工程项目，按投资的再生产性质可分为基本建设项目和更新改造项目两类。其中基本建设项目按其规模又可分为大、中、小型三类。

2.1.2 基本建设程序的定义

基本建设程序，是指基本建设项目从意图分析、计划建设到建成投产的全过程中，需要进行的各项工作以及先后顺序。基本建设程序反映的是基本建设工作的内在联系，是从事基本建设工作的各部门和人员均必须遵守的行动准则。

2.2 我国的基本建设程序

2.2.1 基本建设程序的一般步骤

根据现行的基本建设程序，项目的建设可按下列步骤进行：

(1)根据国民经济和社会发展规划，结合行业和地区发展规划的要求，提出项目建议书；

(2)在勘测、试验、调查研究及详细技术经济论证的基础上编制可行性研究报告；

(3)根据项目的咨询评估情况，对建设项目进行决策；

(4)根据批准的可行性研究报告编制设计文件；

(5)初步设计批准后，做好施工前的各项准备工作，并申请开工报告；

(6)组织工程施工，并根据工程进度做好生产准备；

(7)按批准的设计内容建设，经验收合格后正式投产，交付使用；

(8)项目全部建成后的一定时间内，对项目评审决策、项目建设实施和生产经营状况进行总结评价，即后评估。

2.2.2 基本建设程序各阶段的工作内容

1. 土木工程前期阶段的工作内容

土木工程前期阶段的工作内容，见表2-1。

表2-1 土木工程前期阶段的工作内容

项　目	内　容
投资意向	投资意向，是投资主体发现社会存在合适的投资机会所产生的投资愿望，是土木工程投资活动的起点
投资机会分析	投资机会分析，是投资主体对投资机会进行的初步考察和分析，在认为机会合适、有良好的预后效益时，则可进行进一步的行动
项目建议书	项目建议书，是投资机会分析结果文字化后形成的书面文件，方便投资决策者分析、选择。 项目建议书是投资者对准备建设项目提出的大体轮廓性的设想和建议，主要确定拟建项目的必要性和是否具备建设条件及拟建规模等，为进一步研究论证工作提供依据
可行性研究	可行性研究，是指项目建议书批准后，对拟建项目在技术上是否可行、经济上是否合理等内容所进行的分析论证。可行性研究应对项目所涉及的社会、经济、技术等问题进行深入的调查研究，对各种建设方案和技术方案进行发掘并加以比较、优化。对项目建成后的经济效益、社会效益进行科学的预测及评价，提出项目建设是否可行的结论性意见。对可行性研究的具体内容和其应达到的深度，有关法规均做出了明确的规定。可行性研究报告必须由有资格的咨询机构评估确认后，方可作为投资决策的依据
审批立项	审批立项，是有关部门对可行性研究报告的审查批准程序，审查通过后即予以立项，正式进入工程项目的建设准备阶段

2. 土木工程准备阶段的工作内容

土木工程准备是为勘察、设计、施工创造条件所做的建设现场、建设队伍、建设设备等方面的准备工作。土木工程准备阶段的环节，见表2-2。

表2-2 土木工程准备阶段的环节

环　节	内　容
规划	在规划区内建设的工程，必须符合城市规划或村庄、集镇规划的要求，其工程的选址和布局，必须取得城市规划行政主管部门或村、镇规划主管部门的同意、批准。在城市规划区内建设的工程，要依法领取城市规划行政主管部门核发的选址意见书、建设用地规划许可证、土木工程规划许可证后，方能进行征地、设计、施工等相关建设活动

续表

环 节	内 容
征地	(1)《中华人民共和国土地管理法》规定:农村和城市郊区的土地(除法律规定属国家所有者外)属于农民集体所有,其余的土地都归国家所有。土木工程用地都必须通过国家对土地使用权的出让或划拨而取得,需在农民集体所有的土地上进行工程建设的,也必须先由国家征用农民土地,然后再将土地使用权出让或划拨给建设单位或个人。 (2)通过国家出让取得土地使用权的,应向国家支付土地出让金,并与市、县人民政府土地管理部门签订书面出让合同,按合同规定的年限与要求进行工程建设。 (3)出让或征用耕地1000亩(1亩=666.67 m^2)以上、其他土地2000亩以上的,由国务院批准;出让或征用省、自治区行政区域内的土地的,由省、自治区人民政府批准;出让或征用耕地3亩以上、其他土地10亩以上的,由县人民政府批准;省辖市、自治州及直辖市行政区域内的土地,由省辖市、自治州、直辖市人民政府批准
拆迁	随着人们法律意识、维权意识的提高,市场化程度的提高以及城市化进程的加快,针对有关强权拆迁、拆迁补偿等方面的问题、矛盾,各地都积极研究并制定了许多新的法规政策
报建	建设项目被批准立项后,建设单位或其代理机构必须持工程项目立项批准文件、银行出具的资信证明、建设用地的批准文件,向当地建设行政主管部门或其授权机构进行报建。未报建的工程项目,不得办理招标手续和发放施工许可证,设计、施工单位不得承接该项目的设计、施工任务
工程发包与承包	建设单位或其代理机构在完成上述准备工作后,应对拟建工程进行发包,择优选定工程勘察设计单位、施工单位或总承包单位

3. 土木工程实施阶段的工作内容

1)工程设计

(1)工程设计,是工程项目建设的重要环节,设计文件是制定建设计划、组织工程施工和控制投资的依据,对实现投资者的意愿有关键作用。可行性研究报告经批准后,建设单位可委托设计单位,按可行性研究报告中的有关要求,编制设计文件。

(2)一般建设项目进行两阶段设计,即初步设计和施工图设计。技术比较复杂又缺乏设计经验的建设项目,进行三阶段设计,即初步设计、技术设计和施工图设计。

2)施工准备

施工准备的工作,见表2-3。

表2-3 施工准备的工作

项 目	内 容
施工单位在技术、物质方面的准备	工程施工涉及的因素很多,过程也十分复杂,因此施工单位在接到施工图后,必须做好施工准备工作,确保工程顺利建成。其包括熟悉、审查图纸,编制施工组织设计,向下属单位进行计划、技术、质量、安全、经济责任的交底,下达施工任务书,准备工程建设所需的设备、材料等

续表

项　目	内　容
取得开工许可	取得开工许可的条件： (1)已经办好该工程用地批准手续； (2)在城市规划区的工程，已取得规划许可证； (3)需要拆迁的，拆迁进度满足施工要求； (4)施工单位已确定； (5)有满足施工需要的施工图纸和技术资料； (6)有保证工程质量和安全的具体措施； (7)建设资金已落实并满足有关法律、法规规定的其他条件。 建设单位在具备上述条件时，方可按国家有关规定向土木工程所在地的县级以上人民政府建设行政主管部门申领施工许可证。未取得施工许可证的建设单位不得擅自组织开工。已取得施工许可证的，应自批准之日起三个月内组织开工，因故不能按期开工的，可向发证机关申请延期，延期以两次为限，每次不得超过三个月。既不按期开工又不申请延期或超过延期时限的，已批准的施工许可证自行作废

3)工程施工

(1)施工调度，是进行施工管理，掌握施工情况，及时处理施工中存在的问题，严格控制工程的施工质量、进度和成本的重要环节。施工单位的各级管理机构应配备专职调度人员，建立健全的各级调度机构。

(2)施工安全，是指施工活动中，对职工的身体健康与安全、机械设备使用的安全及物资的安全等应有的保障制度和采取的措施。施工单位必须执行国家有关安全生产和劳动保护的法规，建立安全生产责任制，加强规范化管理，进行安全交底、安全教育和安全宣传，严格执行安全技术方案，定期检修、维修各种安全设施，做好施工现场的安全保卫工作，建立和执行防火管理制度，切实保障工程施工的安全。

(3)文明施工，是指施工单位应推行现代管理方法，科学组织施工，保证施工活动整洁、有序、合理地进行。具体内容应按施工总平面布置图设置各项临时设施，施工现场要设置明显标识，主要管理人员要佩带身份标志，机械操作人员要持证上岗，施工现场的用电线路、有电设施的安装使用和现场水源应符合规范要求等。

(4)环境保护，是指施工单位必须遵守国家有关环境保护的法律、法规，采取相应措施控制粉尘、废气、噪声等对环境的污染和危害。

4)生产准备

生产准备，是指工程施工临近结束时，为保护建设项目能及时投产使用所进行的准备活动。

4. 土木工程竣工验收与保修阶段的工作内容

土木工程竣工验收是考核建设工作，检查其是否符合设计要求和工程质量的重要环节，也是建设项目是否能由建设阶段顺利转入生产或使用阶段的一个重要阶段，对促进建设项目及时投产、尽早发挥其经济效益、总结建设经验有重要作用。

施工单位向建设单位提交竣工验收报告时，应向建设单位出具质量保修书。质量保修书中应明确土木工程的保修范围、保修期限和保修责任等。若工程出现质量问题，建设单位可据此质量保修书，要求施工单位履行保修义务。

5. 土木工程生产、使用与后评价阶段的工作内容

对一些重大建设项目，在竣工验收若干年后，要求进行后评价工作，其是基本建设程序之一，主要是为了总结项目建设成功和失败的经验教训，为日后的建设项目决策提供参考。

工程项目建设评估咨询制与工程项目法人负责制、建设工程招标投标制、建设工程监理制与合同管理制并称为建设工程领域的五大改革措施。建设项目投资后评价是工程竣工投产、生产运营一段时间后，对项目的立项决策、设计施工、竣工投产、生产运营等全过程进行系统评价的一种技术经济活动，是建设工程管理的一项重要内容，也是建设工程程序的最后一个环节，其可使投资主体达到总结经验、吸取教训、改进工作、不断提高项目决策水平和投资效益的目的。

2.3 建设项目可行性研究

2.3.1 可行性研究的概念

项目建议书批准后，应进行可行性研究。可行性研究是对建设项目在技术上和经济上是否可行而进行的科学的分析和论证，为建设项目决策提供科学依据。

可行性研究的主要任务是通过多方案比较，提出评价意见，推荐最佳方案。可行性研究的内容，包括市场研究、技术研究和经济研究。

2.3.2 可行性研究的作用

1. 作为建设项目投资决策和编制设计任务书的依据

项目投资决策者主要依据可行性研究的评价结果决定一个建设项目是否应该投资和如何投资，其是投资的主要依据。可行性研究中具体研究的技术经济数据，均要在设计任务书中明确规定，其是编制设计任务书的依据。

2. 作为筹集资金向银行申请贷款的依据

银行在接受项目建设贷款申请时，需要对贷款项目进行分析评估，银行贷款的原则是安全性、流动性和效益性。在确认项目具有偿还能力，且不承担过大风险时，才能同意贷款。可行性研究报告中的经济分析和技术分析可作为银行审查建设项目风险的依据。

3. 作为项目主管部门商谈合同、签订协议的依据

根据可行性研究报告和设计任务书，项目主管部门可与有关部门签订项目所需要的原材料、能源资源和基础设施等方面的协议和合同，以及引进技术和设备的正式协议。

4. 作为项目进行工程设计、设备订货、施工准备等建设前期工作的依据

根据可行性研究中对产品方案、建设规模、主要设备选型和总图布置等方案的评选论证结果，在设计任务书确认后，可作为工程设计、设备订货和施工准备工作的依据。

5. 其他

可行性研究，可作为项目采用新技术、新材料、新设备研制计划及补充地形、地质工作和工业性试验的依据，可作为环保部门审查项目对环境影响的依据，并作为向项目建设所在地政府和规划部门申请建设执照的依据。

2.3.3 可行性研究的时间和费用

土木工程项目的投资要注重机遇、抓紧时间，但其前期的决策若发生错误或重大偏差，建设进度再快也是徒劳。对土木工程项目这类投资大、风险大的项目，通常要求进行大量的可行性研究论证工作。一个土木工程项目的可行性研究，需要几个月甚至几年的时间才能完成。

可行性研究工作的费用和精度在不同的阶段有不同的要求。可行性研究的时间和费用，见表 2-4。

表 2-4 可行性研究的时间和费用

研究阶段	任务	投资估算的精度要求/(%)	研究费用占总投资的比例/(%)	研究所需时间
机会研究	寻求投资机会	±30	0.2～1	1～3 个月
项目建议书(初步可行性研究)	筛选项目方案，初步估算	±20	0.25～1.25	3～5 个月
可行性研究(详细可行性研究)	技术与经济的深入研究，计算总投资	±10	大项目 0.8～1.0 小项目 1.0～3.0	大型项目 1～2 年 中型项目 0.5～1 年 小型项目 3～5 个月

2.3.4 可行性研究报告的主要内容

1. 总论

(1)建设项目提出的背景(改、扩建项目要说明企业现有的概况)、投资的必要性和经济意义。

(2)研究工作的依据和范围。

2. 需求预测和拟建规模

(1)国、内外需要情况的预测。

(2)国内现有工厂生产能力的估计。

(3)销售预测，价格分析，产品的竞争能力，进入国际市场的前景。

(4)拟建项目的规模、产品方案及其发展方向的技术经济比较和分析。

3. 资源、原材料、燃料及公用设施情况

(1)经过储量委员会正式批准的资源储量、品位、成分及开采、使用条件的评述。

(2)原材料、辅助材料、燃料的种类、数量、来源和供应可能。

(3)所需公用设施的数量、供应方式和供应条件。

4. 设计方案

(1)项目构成范围(包括:主要单项工程的技术来源和生产方法,主要技术工艺和设备选型方案比较,引进技术、设备的来源、国别;设备的国内、外分别交付规定或与外商合作制造的设想;改、扩建项目要说明原有固定资产利用情况)。

(2)全厂布置方案的初步选择和土建工程量估算。

(3)公用辅助设施和厂内、外交通运输方式的比较与选择。

5. 建厂条件与厂址方案

(1)建厂地理位置、气象、水文、地质地形条件和社会经济现状。

(2)交通、运输及水、电、气的现状及发展趋势。

(3)厂址比较与选择的意见。

6. 环境保护

调查环境现状,预测项目对环境的影响,提出环境保护和“三废”(废水、废气、废渣)治理的初步方案。

7. 其他

(1)企业组织、劳动定员和人员培训。

(2)实施进度建议。

(3)投资估算和资金筹措。

①主体工程与协作配套工程所需的投资。

②生产流动资金的估算。

③资金的来源、筹措的方式及贷款的偿还方式。

(4)社会及经济效果评价,要求进行动态和静态的分析,不仅要计算项目本身的微观经济效果,而且还要分析项目对国民经济宏观经济效果的贡献及对社会的影响,即达到微观的经济效益与宏观的社会效益、经济效益、环境效益的统一。

2.3.5 可行性研究报告编制的步骤

可行性研究报告的编制,应选择技术力量强、工程实践经验丰富的工程咨询公司和设计院承担。可行性研究报告,可按照图 2-1 所示的步骤进行编制。

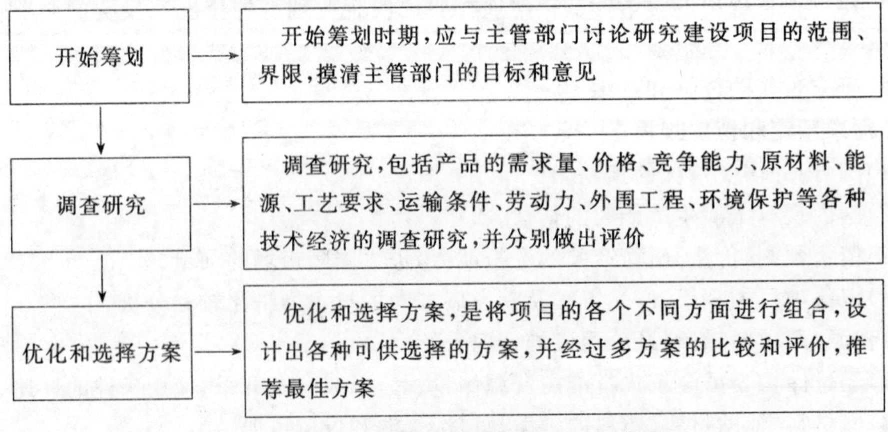

图 2-1 可行性研究报告的编制步骤

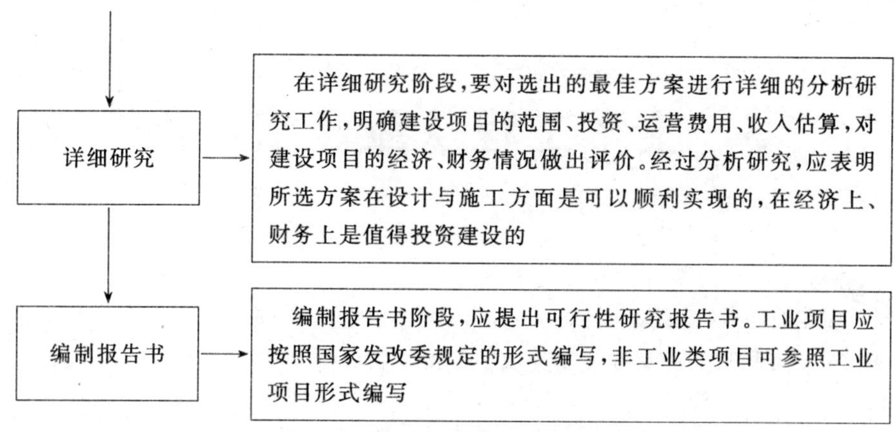

续图 2-1 可行性研究报告的编制步骤

习题与思考

2-1 土木工程项目的概念是什么？其按投资的再生产性质可分为哪几类？

2-2 土木工程前期阶段的内容有哪些？

2-3 可行性研究的主要任务及其作用有哪些？

2-4 可行性研究报告编制的步骤有哪些？

3 土木工程从业资格法规

内容提要

了解：土木工程执业资格制度的定义；土木工程从业单位资质管理；专业技术人员执业资格管理。

3.1 土木工程从业资格法规概述

3.1.1 土木工程执业资格制度的定义

土木工程执业资格制度，是国家通过法定条件和立法程序对建设活动主体的资格进行认定和批准，赋予其在法律规定的范围内从事一定的建设活动而制定的制度。土木工程执业资格制度包括企业资质和从业人员资格管理制度。

3.1.2 土木工程领域建立执业资格制度的重要性

土木工程领域建立执业资格制度的重要性，见表 3-1。

表 3-1 土木工程领域建立执业资格制度的重要性

项 目	内 容
执业资格制度是深化人事制度改革、提高专业技术人员队伍素质的重要手段	“十一五”期间，注册建筑师、注册结构工程师、注册造价工程师、注册监理工程师、注册建造师等人员继续教育累计近 200 万人次，既提高了从业人员的业务素质、职业道德水平和参与市场竞争的能力，又保证了专业技术的工作质量
执业资格制度是市场经济体制下建设行业发展和管理体制改革的客观要求	执业资格制度是市场经济体制下建设行业发展和管理体制改革的客观要求，集中体现了市场经济体制公平、竞争、法治的原则。市场经济体制的建立，要求建设行业管理以现有的企业资质管理为主逐步过渡到以个人执业资格管理为主的轨道上。 在注册建筑师、注册结构工程师、注册监理工程师、注册建造师、注册造价师等执业资格制度建立后，逐步推行企业资质管理与个人执业资格管理相结合的市场准入管理机制，促进行业管理体制的改革，规范市场秩序
执业资格制度是建设行业参与国际竞争的迫切需要，为专业技术人员走向国际市场创造条件	执业资格制度是国际上经济发达国家对专业技术人员依法进行管理的通行做法

续表

项　目	内　容
执业资格制度,促进高等院校本科专业教学质量的提高	专业教育评估作为执业资格制度的重要组成部分,有效地推动了高等院校的专业建设,促进了办学水平和人才培养质量的提高

3.2 土木工程从业单位资质管理

3.2.1 土木工程从业单位的划分

1. 建筑业施工企业

建筑业施工企业,是指从事土木工程,建筑工程,线路、管道及设备安装工程,装修工程等新建、扩建、改建活动的企业。建筑业施工企业可分为施工总承包企业、专业承包企业和劳务分包企业3类。

(1)施工总承包企业,是指从事工程施工阶段总承包活动的企业,可对工程实行施工总承包或者对主体工程实行施工承包。对其所承包的工程,可全部自行施工,也可将主体工程以外的其他工程及劳务作业分包给具有相应专业承包资质或劳务分包资质的其他建筑业企业。根据专业范围,施工总承包企业可分为房屋建筑工程、铁路工程、公路工程、电力工程、矿山工程、冶炼工程、化工石油工程、市政公用工程、通信工程、机电安装工程等12类。

(2)专业承包企业,是指从事工程施工中的专业分包活动的企业。对其承接的专业工程,可全部自行施工,也可将劳务作业分包给具有相应劳务分包资质的劳务分包企业,但不得进行工程施工总承包活动。根据专业范围,专业承包企业可分为地基与基础工程、土石方工程、建筑装饰装修工程等60类。

(3)劳务分包企业,是指从事工程施工活动中劳务作业的企业。劳务分包企业只能进行劳务分包,不得从事工程施工总承包及专业分包活动。根据其作业范围,劳务分包企业可分为木工作业、混凝土作业、砌筑作业、模板作业、脚手架作业等13类。

2. 工程总承包企业

工程总承包企业,是指对工程从立项、设计、采购、建设到交付使用的全过程进行总承包的企业。工程总承包模式也称为“交钥匙”工程模式。工程总承包企业可以实行土木工程全过程的总承包,也可进行分阶段的承包,既可独立进行总承包,也可与其他单位联合进行总承包。

3. 工程勘察设计企业

工程勘察设计企业,是指依法取得资质,从事工程勘察、工程设计活动的企业。工程勘察分为岩土工程、水文地质勘察和工程测量3个专业。其中岩土工程包括岩土工程勘测、岩土工程设计、岩土工程测试和检测、岩土工程咨询和监理、岩土工程治理。

工程设计按专业分为煤炭、化工石化医药、石油天然气、冶金、电力、军工、机械、商物粮(即原商业、物资、粮食)、核工业、电子通信广电、建材、轻纺、铁道、公路、水运、民航、市政公用、海洋、水利、农林、建筑21类。

4. 工程监理企业

工程监理企业,是指取得监理资质证书,具有法人资格的企业。工程监理单位自主经营、自负盈亏、自担责任。按照工程性质和技术特点,工程监理企业可划分为房屋建筑工程、矿山工程、冶炼工程、化工及石油工程、水利水电工程、林业及生态工程、铁路工程、公路工程、航天航空工程、港口与航道工程、市政公用工程、通信工程、机电安装工程等14类。

5. 房地产开发企业

房地产开发企业,是指在城市及村镇从事土地开发、房屋及基础设施和配套设备开发经营业务,具有企业法人资格的经济实体,有专营和兼营两类。专营企业是指以房地产开发经营为主的企业;兼营企业是指以其他经营项目为主,兼有房地产开发经营业务的企业。

3.2.2 土木工程从业单位的资质等级及其标准

1. 土木工程从业单位的资质等级

土木工程从业单位的资质等级,见表3-2。

表3-2 土木工程从业单位的资质等级

项　目	内　容
工程施工 总承包企业	各类施工总承包企业资质等级的划分有所不同,其中大多划分为特级、一级、二级、三级共4级;港口与航道工程、冶炼工程、化工及石油工程只划分为特级、一级、二级共3级;通信工程只分为一级、二级、三级共3级;机电安装工程只分为一级、二级共2级
专业承包企业	专业承包企业在资质等级设置上共有4种类型:分为一级、二级、三级共3级,分为一级、二级共2级,分为二级、三级共2级及不分等级。 (1)分为一级、二级、三级共3级的,共38类。 (2)分为一级、二级共2级的,包括:电梯安装工程、附着升降脚手架工程、桥梁工程、隧道工程、铁路铺轨工程、机场工程、机场空管工程及航站梯弱电系统工程、港口装卸设备安装工程、通航设备安装工程、核工程、炉窑工程、冶炼机电设备安装工程、海洋石油工程等14类。 (3)分为二级、三级共2级的,包括:预拌商品混凝土、混凝土预制构件、建筑防水工程、预应力工程4类。 (4)不分等级的,包括:公路交通工程、水上交通工程、城市轨道交通工程、特种专业工程共4类
劳务分包企业	劳务分包企业资质等级的划分比较简单,除木工作业、砌筑作业、模板作业、脚手架作业、焊接作业分为一级、二级共2级外,其他抹灰作业、石制作业、油漆作业、混凝土作业、水暖电安装作业、钣金作业、架线作业都不划分资质等级

续表

项　目	内　容
工程总承包企业	工程总承包企业，分为一级、二级、三级共3级
工程勘察企业	工程勘察企业的资质等级，按综合类、专业类、劳务类分别设置。综合类资质只设甲级1个级别；专业类资质原则上只设甲、乙2个级别，确有必要，并经由住建部批准后方可设置丙级；劳务类资质不设级别
工程设计企业	工程设计企业的资质等级，按综合类资质、行业资质、专项资质分别设置。综合类资质只设甲级1个级别；行业资质设甲、乙、丙3个级别，其中除建筑工程、市政公用工程、水利工程和公路行业所设的工程设计丙级资质可独立进入工程设计市场外，其他行业工程设计丙级资质的对象仅为企业内部所属的非独立法人设计单位，不得进入工程设计市场；专项资质需根据专业发展的需要，由相关行业部门或授权的行业协会提出，并经由住建部批准，一般设为甲、乙2个级别
工程监理企业	每类工程监理企业，均分为甲级、乙级、丙级共3级
房地产开发企业	房地产开发企业，分为一级、二级、三级、四级共4级

2. 土木工程从业单位资质等级划分标准

土木工程从业单位的资质等级划分标准，是从其拥有的注册资本金、专业技术人员的数量与等级、技术装备和已完成的建筑工程的业绩等方面加以规定的。每一类土木工程从业单位的资质等级标准，都有相应的法规做出了具体的规定。如《建筑业企业资质等级标准》规定，各级房屋建筑工程施工总承包企业的标准分为特级企业、一级企业、二级企业和三级企业，具体内容见表3-3。

表 3-3　各级房屋建筑工程施工总承包企业的标准

项　目	内　容
特级企业	(1)企业注册资本金3亿元以上。 (2)企业净资产3.6亿元以上。 (3)企业近3年年平均工程结算收入15亿元以上。 (4)企业其他条件均达到一级资质标准
一级企业	(1)企业近5年承担过下列6项中4项以上工程的施工总承包或主体工程承包，工程质量合格。 ①25层以上的房屋建筑工程。 ②高度100 m以上的构筑物或建筑物。 ③单体建筑面积3万 m^2 以上的房屋建筑工程。 ④单跨跨度30 m以上的房屋建筑工程。 ⑤建筑面积10万 m^2 以上的住宅小区或建筑群体。 ⑥单项建安合同额1亿元以上的房屋建筑工程

续表

项　目	内　容
一级企业	(2)企业经理具有10年以上从事工程管理工作的经历或具有高级职称；总工程师具有10年以上从事建筑施工技术管理工作的经历并具有本专业高级职称；总会计师具有高级会计职称；总经济师具有高级职称。 企业有职称的工程技术和经济管理人员不少于300人，其中工程技术人员不少于200人；工程技术人员中，具有高级职称的人员不少于10人，具有中级职称的人员不少于60人；企业具有一级建造师不少于12人。 (3)企业注册资本金5000万元以上，企业净资产6000万元以上。 (4)企业近3年最高年工程结算收入3亿元以上。 (5)企业具有与承包工程范围相适应的机械和质量检测设备
二级企业	(1)企业近5年承担过下列6项中4项以上工程的施工总承包或主体工程承包，工程质量合格。 ① 12层以上的房屋建筑工程。 ②高度50 m以上的构筑物或建筑物。 ③单体建筑面积1万 m^2 以上的房屋建筑工程。 ④单跨跨度21 m以上的房屋建筑工程。 ⑤建筑面积5万 m^2 以上的住宅小区或建筑群体。 ⑥单项建安合同额3000万元以上的房屋建筑工程。 (2)企业经理具有8年以上从事工程管理工作的经历或具有中级以上职称；技术负责人具有8年以上从事建筑施工技术管理工作的经历并具有本专业高级职称；财务负责人具有中级以上会计师职称。 企业有职称的工程技术和经济管理人员不少于150人，其中工程技术人员不少于100人；工程技术人员中，具有高级职称的人员不少于2人，具有中级职称的人员不少于20人；企业具有二级建造师不少于12人。 (3)企业注册资本金2000万元以上，企业净资产2500万元以上。 (4)企业近3年最高年工程结算收入8000万元以上。 (5)企业具有与承包工程范围相适应的施工机械和质量检测设备
三级企业	(1)企业近5年承担过下列5项中3项以上工程的施工总承包或主体工程承包，工程质量合格。 ①6层以上的房屋建筑工程。 ②高度25 m以上的构筑物或建筑物。 ③单体建筑面积5000 m^2 以上的房屋建筑工程。 ④单跨跨度15 m以上的房屋建筑工程。 ⑤单项建安合同额500万元以上的房屋建筑工程。 (2)企业经理具有5年以上从事工程管理工作的经历；技术负责人具有5年以上从事建筑施工技术管理工作的经历并具有本专业中级以上职称；财务负责人具有初级以上会计职称。 企业有职称的工程技术和经济管理人员不少于50人，其中工程技术人员不少于30人；工程技术人员中，具有中级以上职称的人员不少于10人；企业具有二级建造师不少于10人

续表

项　目	内　容
三级企业	(3)企业注册资本金600万元以上，企业净资产700万元以上。 (4)企业近3年最高年工程结算收入2400万元以上。 (5)企业具有与承包工程范围相适应的施工机械和质量检测设备

3.2.3　土木工程从业单位资质管理办法

1. 土木工程从业单位资质的审批

1)建筑业企业

申请建筑业企业资质的，应先向企业工商注册所在地县级以上人民政府建设行政主管部门提出申请；中央管理的企业，则直接向国务院建设行政主管部门提出申请。

申请施工总承包特级、一级和专业承包一级企业资质的，应经省级人民政府建设行政主管部门审核同意后，报国务院建设行政主管部门审批；申请施工总承包二级和专业承包二级及二级以下企业资质的，由企业工商注册所在地省级人民政府建设行政主管部门负责审批。

劳务分包企业资质，由企业工商注册所在地省级人民政府建设行政主管部门审批。

新设立的建筑业企业，其资质等级按最低等级核定，并设一年的暂定期；因改制、分立、合并而新组建的建筑业企业，其资质等级按实际条件核定。

2)工程总承包企业

一级工程总承包企业由住建部审批。二级、三级工程总承包企业，属于国务院有关部门的，由国务院有关部门审批，并向企业所在地的省、自治区、直辖市人民政府建设行政主管部门备案；属于地方的，由企业所在地的省、自治区、直辖市人民政府建设行政主管部门审批。

新设立的工程总承包企业暂定资质等级，两年后由该企业提出申请，由原资质审批部门核定其正式等级。

3)工程勘察设计企业

申请工程勘察甲级资质、建筑工程设计甲级资质及其他工程设计甲级、乙级资质的，应向企业工商注册所在地的省级人民政府建设行政主管部门提出申请，在省级人民政府建设行政主管部门审批前，委托有关行业组织或专家委员会初审。

申请工程勘察乙级资质或劳务资质、建筑工程设计乙级资质和其他土木工程勘察、设计丙级以上资质的，应向企业工商注册所在地的县级以上地方人民政府建设行政主管部门提出申请，由省级人民政府建设行政主管部门审批，并报国务院建设行政主管部门备案，具体程序由各省级人民政府建设行政主管部门规定。

新设立的土木工程勘察、设计企业，应在进行工商注册登记后，方可提出资质申请，其资质等级为暂定级，最高不超过乙级，暂定期为两年，期满前两个月内，可申请正式资质等级。

企业因改制、分立或合并而组建成新的工程勘察企业时，其资质等级根据实际条例核定。

4)房地产开发企业

房地产开发企业资质等级实行分级审批。一级房地产开发企业由各省、自治区、直辖市人民政府建设行政主管部门初审，报住建部审批；二级以下企业的审批办法由各省、自治区、直辖市人民政府建设行政主管部门制定。

新设立的房地产开发企业，应在领取营业执照30日内，到房地产开发主管部门进行备案，并领取暂定资质证书，其有效期为一年，期满前一个月内向房地产开发主管部门申请核定正式资质等级。企业发生分立、合并的，应在上级主管部门批准后30日内，向原资质审批部门办理资质等级注销手续，并重新申请资质等级。

5)工程监理企业

申请工程监理企业资质的，应向企业工商注册所在地的县级以上人民政府建设行政主管部门提出申请；中央管理的企业，则直接向国务院建设行政主管部门提出申请。

申请甲级工程监理资质的，应由省级人民政府建设行政主管部门审核，由国务院建设行政主管部门组织专家评审，由国务院行政主管部门审批；申请乙级或丙级工程监理资质的，应由企业工商注册所在地的省级人民政府建设行政主管部门审批，其中申请交通、水利、通信等行业相关资质的，省级人民政府建设行政主管部门在审批前，应征得同级相关行业主管部门的初审同意。

新设立的工程监理企业，其资质等级按最低等级核定，并设一年的暂定期。因改制、分立、合并而新组建的工程监理企业，则按其所具备的实际条件核定相应的资质等级。

2. 各级土木工程从业单位的业务范围

1)施工总承包企业

各类施工总承包企业的专业范围差别很大，《建筑业企业资质等级标准》中对其业务范围做出了具体的规定，以房屋建设工程施工总承包企业的承包工程范围为例。

(1)特级企业：可承担各类房屋建设工程的施工。

(2)一级企业：可承担单项建安合同额不超过企业注册资本金5倍的房屋建筑工程的施工。

① 40层及以下、各类跨度的房屋建筑工程。

②高度240 m及以下的构筑物。

③建筑面积20万 m^2 及以下的住宅小区或建筑群体。

(3)二级企业：可承担单项建安合同额不超过企业注册资本金5倍的房屋建筑工程的施工。

①28层及以下、单跨跨度36 m以下的房屋建筑工程。

②高度120 m及以下的构筑物。

③建筑面积12万 m^2 及以下的住宅小区或建筑群体。

(4)三级企业：可承担单项建安合同额不超过企业注册资本金5倍的房屋建筑工程的施工。

①14层及以下、单跨跨度24 m及以下的房屋建筑工程。

②高度70 m及以下的构筑物。

③建筑面积 6 万 m^2 及以下的住宅小区或建筑群体。

上述的房屋建筑工程是指工业、民用与公共建筑(建筑物、构筑物)工程。工程内容包括:地基与基础工程、土石方工程、结构工程、屋面工程等工程。

2)专业承包企业

各类专业承包企业中,地基与基础工程专业承包企业承包工程的范围,见表 3-4。

表 3-4 地基与基础工程专业承包企业承包工程的范围

项 目	内 容
一级企业	可承担各类地基与基础工程的施工
二级企业	可承担工程造价 1000 万元及以下各类地基与基础工程的施工
三级企业	可承担工程造价 300 万元及以下各类地基与基础工程的施工

3)劳务分包企业

劳务分包企业的业务范围主要与其注册资本有关。

4)工程总承包企业

一级工程总承包企业,可承担本专业及与其资质相适应的其他专业的大型建设项目的总承包;二级工程总承包企业可承担本专业及与其资质相适应的其他专业的大、中型建设项目的总承包;三级工程总承包企业可承担普通中、小型工业与民用建设项目的总承包。

一级、二级工程总承包企业,还可跨省、自治区、直辖市独立承包工程。大、中、小型建设项目的标准有关法规另有规定。

5)工程勘察企业

综合类企业可承担工程勘察所有专业的业务,其范围和地区不受限制;专业类甲级企业可在本专业范围内承担工程勘察业务,其范围和地区不受限制;专业类乙级企业可承担本专业范围内的中、小型工程项目的工程勘察业务,其地区不受限制;专业类丙级企业只可在其所在地的省、自治区、直辖市所辖行政区域内承担本专业范围内小型工程项目的工程勘察业务;劳务企业只可承担岩土工程治理、工程钻探、凿井等工程勘察劳务工程,但其地区不受限制。

6)工程设计企业

(1)取得工程设计综合资质的企业,其承担工程设计业务的范围不受限制;取得某一行业工程设计甲级资质的企业,可在相应行业内承担工程设计任务,其范围和地区不受限制;工程设计乙级企业只可承担相应行业的中、小型建设项目的工程设计任务,但其不受地区限制;工程设计丙级企业只可在其所在地的省、自治区、直辖市所辖行政区域内承担相应行业小型建设项目的工程设计任务。具有甲、乙级资质的企业,还可承担相应的咨询业务和除特殊规定外的相应的专项工程设计任务。

(2)取得工程设计专项甲级资质的企业,可承担大、中、小型专项工程设计项目,其地区不受限制;专项设计乙级企业,只可承担中、小型专项工程设计项目,但其地区不受限制。专项设计甲、乙级企业,均可承担相应的咨询业务。

7)工程监理企业

甲级工程监理企业,可以监理一级、二级、三级工程;乙级工程监理企业,可以监理二级、三级工程；丙级监理企业，只可监理三级工程。

8)房地产开发企业

(1)一级房地产开发企业，可承担房地产项目的建设规模不受限制，并可在全国范围内承担房地产开发项目。

(2)二级及二级以下的房地产开发企业，只可承担建筑面积25万m^2以下的开发建设项目，承担业务的具体范围由省、自治区、直辖市人民政府建设行政主管部门确定。

3.3 土木工程专业技术人员执业资格管理制度

3.3.1 注册结构工程师制度

1. 注册结构工程师的定义

注册结构工程师，是指取得注册结构工程师执业资格证书和注册证书，从事房屋结构、桥梁结构及塔架结构等工程设计及相关业务的专业技术人员。注册结构工程师分为一级注册结构工程师和二级注册结构工程师。

2. 注册结构工程师执业资格管理机构

注册结构工程师的考试与注册，由国家和省、自治区、直辖市的注册结构工程师管理委员会负责进行，并由住建部、人保部和省、自治区、直辖市人民政府建设行政主管部门、人保行政主管部门进行指导、监督和管理。

3. 注册结构工程师执业资格考试

注册结构工程师执业资格考试，分为基础考试和专业考试两部分。

基础考试的目的是测试考生是否基本掌握进行结构工程设计实践所必须具备的基础及专业理论知识。通过基础考试后，从事结构工程设计或相关业务满一定年限的人员，方可申请参加专业考试。

专业考试的目的是测试考生是否已具备按国家法律和设计规范进行结构工程设计的能力，以保证工程安全可靠和经济合理。

注册结构工程师执业资格考试实行全国统一大纲、统一命题、统一组织的方法，原则上每年举行一次。目前，基础考试部分的科目有数学、数值方法、化学、物理、理论力学、材料力学、结构力学、流体力学、土力学、工程测量、建筑材料、电工学、计算机基础、结构设计、结构试验、建筑施工与管理、工程经济、执业法规，共18门。专业考试部分为钢筋混凝土结构，钢结构，砌体结构与木结构，桥梁结构，地基与基础，高层建筑、高耸结构与横向作用，共6科。

4. 注册结构工程师的注册

(1)取得注册结构工程师执业资格者，要从事结构工程设计业务时，必须先行注册。有下列情形之一的，不予注册：

①不具备完全民事行为能力；

②因受刑事处罚，自处罚完毕之日起至申请之日止不满5年；

③因在结构工程设计或相关业务中犯有错误受到行政处罚或撤职以上处分，自处罚决定之日起至申请注册之日止不满2年；

④受吊销注册结构工程师证书处罚，自处罚决定之日起至申请之日止不满5年；

⑤建设行政主管部门和国务院有关部门规定不予注册的其他情形。

(2)注册结构工程师注册后，发生下列情形之一的，注册结构工程师管理委员会将撤销其注册，并收回其注册证书：

①完全丧失民事行为能力；

②受刑事处罚；

③因在工程设计或相关业务中造成工程事故，受到行政处罚或撤职以上的行政处分；

④自行停止注册结构工程师业务满2年。

(3)注册被撤销的，可按规定要求重报申请注册。

5. 注册结构工程师的执业范围和要求及责任

(1)执业范围。注册结构工程师可从事结构工程设计，结构工程设计技术咨询，建筑物、构筑物、工程设施等的调查和鉴定，对其主持设计的项目进行施工指导和监督及住建部和国务院有关部门规定的其他业务。

(2)执业要求及责任。目前，我国尚不允许注册结构工程师个人单独执业，因此注册结构工程师必须加入一个勘察设计单位后才能执业，并由单位统一接受设计业务和统一收费。注册结构工程师因结构设计质量造成经济损失时，应由勘察设计单位承担其赔偿责任后，再向注册结构工程师追加赔偿。

6. 注册结构工程师的权利和义务

(1)权利。《注册结构工程师执业资格制度暂行规定》中规定，国家规定的一定跨度、高度等以上的结构工程，应当由注册结构工程师主持设计；只有注册结构工程师才有权以注册结构工程师的名义执行注册结构工程师的业务；任何单位和个人修改注册结构工程师的设计图纸，应当征得该工程师的同意，但因本人丧失民事行为能力、下落不明等特殊情况不能征得该注册结构工程师同意的除外。

(2)义务。注册结构工程师必须遵守法律、法规和职业道德，维护社会公共利益；保证工程设计的质量，并在其负责的设计图纸上签字、盖章；保守在执业中知晓的单位和个人的秘密；不得同时受聘于两个以上的勘察设计单位执行业务，也不得准许他人以其本人名义执行业务；按规定接受必要的继续教育，定期进行业务和法规的培训。

3.3.2 注册监理工程师制度

1)注册监理工程师的定义

注册监理工程师，是指经考试取得中华人民共和国监理工程师资格证书(以下简称资格证书)，并按照本规定注册，取得中华人民共和国注册监理工程师注册执业证书(以下简称注册证书)和执业印章，从事工程监理及相关业务活动的专业技术人员。未取得注册证书和执业印章的人员，不得以注册监理工程师的名义从事工程监理及相关业务活动。

2)注册监理工程师执业资格管理机构

为了加强对注册监理工程师的管理，维护公共利益和建筑市场秩序，提高工程监理质量与水平，根据《中华人民共和国建筑法》、《建设工程质量管理条例》等法律法规，2005年12月31日经建设部第83次常务会议讨论通过了《注册监理工程师管理规定》，并自2006年4月1日起施行。1992年6月4日建设部颁布的《监理工程师资格考试和注册试行办法》(建设部令第 18 号)同时废止。

注册监理工程师的资格考试,由全国及各省、自治区、直辖市和国务院有关部门的监理工程师资格考试委员会负责制定考试大纲,确定考试与合格标准,监督和指导各地、各部门资格考试委员会负责考试报名和参考资格审查、组织考试及评卷等工作。各级资格考试委员会为非常设机构,在每次考试前 6 个月组成并开始工作。

监理工程师的注册管理工作,由国务院建设行政主管部门统一进行。各省、自治区、直辖市及国务院有关部门具体管理并承办本行政区域或本部门内监理工程师的注册工作。

3)注册监理工程师执业资格考试

考试每年举行一次,考试时间一般安排在 5 月中旬。考试工作由建设部、人事部共同负责,日常工作委托建筑监理协会承担,具体考务工作由人事部人事考试中心负责。考试设建设工程监理基本理论与相关法规、建设工程合同管理、建设工程质量、投资、进度控制、建设工程监理案例分析共 4 个科目。

凡中华人民共和国公民,遵纪守法并具备以下条件之一者,均可申请参加全国监理工程师执业资格考试:

(1)工程技术或工程经济专业大专(含大专)以上学历,按照国家有关规定,取得工程技术或工程经济专业中级职务,并任职满 3 年;

(2)按照国家有关规定,已取得工程技术或工程经济专业高级职务;

(3)1970 年(含 1970 年)以前工程技术或工程经济专业中专毕业,按照国家有关规定,取得工程技术或工程经济专业中级职务,并任职满 3 年。

4)注册监理工程师的注册

注册监理工程师实行注册执业管理制度,取得资格证书的人员,经过注册方能以注册监理工程师的名义执业。

注册监理工程师依据其所学专业、工作经历、工程业绩,按照《工程监理企业资质管理规定》划分的工程类别,按专业注册。每人最多可以申请两个专业注册。取得资格证书的人员申请注册,由省、自治区、直辖市人民政府建设主管部门初审,国务院建设主管部门审批。取得资格证书并受聘于建设工程勘察、设计、施工、监理、招标代理或造价咨询等单位的人员,应当通过聘用单位向单位工商注册所在地的省、自治区、直辖市人民政府建设主管部门提出注册申请,省、自治区、直辖市人民政府建设主管部门受理后提出初审意见,并将初审意见和全部申报材料报国务院建设主管部门审批,符合条件的,由国务院建设主管部门核发注册证书和执业印章。

3.3.3 注册造价工程师制度

1. 注册造价工程师的定义

注册造价工程师,是指经全国造价工程师执业资格统一考试合格,并注册取得造价工程师注册证,从事土木工程造价活动的人员。

2. 注册造价工程师执业资格管理机构

国务院建设行政主管部门负责全国造价工程师的注册管理工作,造价工程师注册的具体工作可委托有关协会办理。省、自治区、直辖市的造价工程师的管理机构(以下简称省级注册机构)负责本行政区域内造价工程师的注册管理工作。

3. 注册造价工程师执业资格的考试

注册造价工程师执业资格考试有工程造价管理基础理论与相关法规、工程造价的计价与控制、建设工程技术与计量(土建、安装)、工程造价案例分析4个科目。

凡中华人民共和国公民,遵纪守法并具备下列条件之一的,均可申请参加造价工程师执业资格考试。

(1)工程造价专业大专毕业后,从事工程造价业务工作满5年;工程或工程经济类专业大专毕业后,从事工程造价业务工作满6年。

(2)工程造价专业本科毕业后,从事工程造价业务工作满4年;工程或工程经济类本科毕业后,从事工程造价业务工作满5年。

(3)获上述专业第二学士学位或研究生班毕业和获硕士学位后,从事工程造价业务工作满3年。

(4)获上述专业博士学位后,从事工程造价业务工作满2年。

4. 注册造价工程师的注册

注册造价工程师的注册分为初始注册、续期注册和变更注册。

经全国造价工程师执业资格统一考试合格的人员,应在取得造价工程师执业资格考试合格证书后3个月内,到省级注册机构或者部门注册机构申请初始注册。

(1)申请造价工程师初始注册,应提交下列材料:

①造价工程师注册申请表;

②造价工程师执业资格考试合格证书;

③工作业绩证明。

超过规定期限申请初始注册的,除提交上述材料外,还应提交国务院建设行政主管部门认可的造价工程师继续教育证明。

(2)有下列情形之一的,不予注册:

①丧失民事行为能力;

②受过刑事处罚,且自刑事处罚执行完毕之日起至申请注册之日不满5年;

③在工程造价业务中有重大过失,受过行政处罚或者撤职以上行政处分,且处罚、处分决定之日至申请注册之日不满2年;

④在申请注册过程中有弄虚作假行为。

(3)申请造价工程师初始注册,应按照下列程序办理:

①申请人向聘用单位提出初始注册申请;

②聘用单位审核同意后,连同相关材料一并报省级注册机构或者部门注册机构;

③省级注册机构或者部门注册机构对申请注册的有关材料进行初审,签署初审意见,报国务院建设行政主管部门;

④国务院建设行政主管部门对初审意见进行审核,对无特殊规定情形的,予以注册,并颁发造价工程师注册证和造价工程师执业专用章。

国务院建设行政主管部门应定期将核准注册的造价工程师名单向社会公布。造价工程师初始注册的有效期限自核准注册之日起计算,有效期限为2年。

注册有效期满要求继续执业的,应在有效期满前2个月向省级注册机构或者部门注册机构申请续期注册。

造价工程师有下列情形之一的，不予续期注册：无业绩证明和工作总结的；同时在两个以上单位执业的；未按照规定参加造价工程师继续教育或者继续教育未达到标准的；允许他人以本人名义执业的；在工程造价活动中有弄虚作假行为的；在工程造价活动中有过失，造成重大损失的。

造价工程师变更工作单位，应当在变更工作单位后2个月内到省级注册机构或者部门注册机构办理变更注册。未按规定办理变更的，其变更注册无效。造价工程师办理变更注册后一年内再次申请变更的，不予办理。

5. 执业

造价工程师只能在一个单位执业，其执业范围包括：

(1)建设项目投资估算的编制、审核及项目经济评价；

(2)工程概算、工程预算、工程结算、竣工决算、工程招标控制价(标底价)、投标报价的编制、审核；

(3)工程变更及合同价款的调整和索赔费用的计算；

(4)建设项目各阶段的工程造价控制；

(5)工程经济纠纷的鉴定；

(6)工程造价计价依据的编制、审核；

(7)与工程造价业务有关的其他事项。

工程造价成果文件，应由造价工程师签字，加盖执业专用章和单位公章。经由造价工程师签字的工程造价成果文件，应作为办理审批、报建、拨付工程价款和工程结算的依据。

6. 权利和义务

(1)造价工程师的权利包括：使用造价工程师名称；依法独立执行业务；签署工程造价文件，加盖执业专用章；申请设立工程造价咨询单位；对违反国家法律、法规的不正当计价行为，有权向有关部门举报。

(2)造价工程师的义务包括：遵守法律、法规，遵守职业道德；接受继续教育，提高业务技术水平；在执业过程中保守技术和经济秘密；不得允许他人以本人的名义执业；按照有关规定提供工程造价的资料。

7. 法律责任

(1)申请造价工程师注册的人员，在申请初始注册、续期注册、变更注册过程中，有隐瞒真实情况、弄虚作假的，由国务院建设行政主管部门注销其造价工程师注册证，并收回执业专用章。

(2)未经造价工程师注册，以造价工程师的名义从事工程造价活动的，由省级注册机构责令其停止违法活动，并可处以5000元以上3万元以下的罚款；造成损失的，应承担赔偿责任。

(3)造价工程师同时在两个以上单位执业的，由国务院建设行政主管部门注销其造价工程师注册证，并收回执业专用章。

(4)造价工程师允许他人以本人名义执业的，由国务院建设行政主管部门注销其造价工程师注册证，并收回执业专用章。

(5)注册机构的工作人员，在造价工程师注册管理工作中玩忽职守、滥用职权的，由有关机关给予行政处分；构成犯罪的，依法追究其刑事责任。

3.3.4 注册建造师制度

1. 注册建造师的定义

注册建造师，是指经全国统一考试合格取得中华人民共和国建造师资格证书，并按照相关规定注册取得建造师注册证书和执业印章，从事建设工程项目总承包及施工管理的专业技术人员。注册建造师分为一级建造师、二级建造师。

2. 注册建造师管理机构

注册建造师制度的实施由人保部及住建部共同负责。住建部负责一级建造师执业资格考试大纲和命题、培训工作，人保部负责考试科目设置、考试大纲和考试试题的审定工作及资格考试的考务工作。一级建造师的执业注册，由住建部或其授权机构负责，人保部负有检查、监督的责任。

二级建造师的全国统一考试大纲由住建部拟定，人保部审定后，由各省、自治区、直辖市的建设行政主管部门及人事主管部门负责命题并组织考试。二级建造师的执业注册办法，由各省、自治区、直辖市的建设行政主管部门自行制定。

3. 建造师执业资格考试

(1)参考人员条件。参加一级建造师执业资格考试的人员，除应遵守法律、法规外，同时还应具有工程类或工程经济类大学专科以上学历，其参加工作及施工管理也应满一定年限。具体时间为：

①取得工程类或工程经济类大学专科学历，工作满 6 年，其中从事建设工程项目施工管理工作满 4 年；

②取得工程类或工程经济类大学本科学历，工作满 4 年，其中从事建设工程项目施工管理工作满 3 年；

③取得工程类或工程经济类双学士学位或研究生班毕业，工作满 3 年，其中从事建设工程项目施工管理工作满 2 年；

④取得工程类或工程经济类硕士学位，工作满 2 年，其中从事建设工程项目施工管理工作满 1 年；

⑤取得工程类或工程经济类博士学位，从事建设工程项目施工管理工作满 1 年。

参加二级建造师执业资格考试的人员，凡遵纪守法，具有工程类或工程经济类中等专科以上学历，且从事施工管理工作满 2 年的，均可报名参加二级建造师执业资格考试。

(2)考试内容。一级建造师执业资格考试，分为综合知识与能力、专业知识与能力两部分。按现行考试大纲，综合知识与能力部分包括建设工程经济、建设工程项目管理、建设工程法规及相关知识等内容；专业知识与能力部分，则因专业不同而不同。

(3)考试时间与地点。一级建造师执业资格考试原则上每年举行一次，由各省、自治区、直辖市的人事行政主管部门及建设行政主管部门在本地区组织进行；二级建造师执业资格考试的时间、地点由各省、自治区、直辖市的人事及建设行政主管部门决定。

4. 建造师的注册与执业

参加建造师执业资格考试合格并取得建造师执业资格证书的人员可申请注册，对无犯罪记录，身体健康，能坚持建造师岗位工作，经其所在单位考核合格者，可予以注册登记，有效期限为3年。

经核准注册登记的人员，方可以建造师的名义执业。一级建造师可担任特级、一级建筑业企业业务范围内土木工程项目施工的项目经理；二级建造师只可担任二级及以下建筑业企业业务范围内土木工程项目施工的项目经理。

一级、二级建造师还可从事其他施工活动的管理工作及法律、法规规定的其他业务工作。

3.4 土木工程施工现场人员执业资格管理

3.4.1 项目经理的概述

1. 项目经理的概念

项目经理，是指受企业法定代表人委托，对工程项目施工过程进行全面管理的项目负责人，是建筑施工企业法定代表人在工程项目上的代表人。住房和城乡建设部颁发的《建筑施工企业项目经理资质管理办法》规定，二级以上的工程施工总承包企业和四级以上的工程施工承包企业都必须实行项目经理持证上岗制。

2. 施工企业项目经理的工作性质

(1)施工企业项目经理，是指受企业法定代表人委托对工程项目施工过程全面负责的项目管理者，是施工企业法定代表人在工程项目上的代表人。

施工企业项目经理，应根据企业法定代表人授权的范围、时间和内容，对施工项目自开工准备起至竣工验收止，实施全过程、全面的管理。

(2)项目经理与建造师的区别。建造师是一种专业人士的名称，而项目经理是一个工作岗位的名称，应注意建造师与项目经理两者的区别和关系。取得建造师执业资格的人员说明其知识和能力符合建造师执业的要求，应经注册后成为注册建造师，其在企业中的工作岗位则由企业根据工作需要和安排而定。

3.4.2 关键岗位从业资格管理

1. 关键岗位持证上岗制度

关键岗位，是指建筑业、房地产业、市政公用事业等企事业单位中关系到工程质量、产品质量、服务质量、经济效益、生产安全和人身财产安全的重要岗位，如施工项目经理、施工机械操作人员、房地产经纪人等。

我国实行了建设企事业单位关键岗位持证上岗制度，规定凡是在关键岗位上的工作人员，必须经过有关部门或机构的培训和考试，并通过业绩考核后，才能领取相应的岗位合格证书；未取得关键岗位合格证的人员，不得在关键岗位上工作。同时，在各类建设企事业单位的资质等级评定标准中，也对持证上岗方面的要求做出了明确规定，凡未达到规定要求的，将被降低资质等级，并不得参加企业升级和先进企事业单位的评选。关键岗位持证上岗制度的建立，为保证土木工程质量和人民生命财产安全，起着至关重要的作用。

2. 关键岗位持证上岗制管理机构

关键岗位持证上岗制管理机构，见表3-5。

表 3-5　关键岗位持证上岗制管理机构

项　目	内　容
主管部门	(1)国务院建设行政主管部门负责全国建设企事业单位的关键岗位持证上岗工作。 (2)国务院有关部门负责本部门建设企事业单位的关键岗位持证上岗工作。 (3)省、自治区、直辖市建设行政主管部门负责本行政区域内建设企事业单位的关键岗位持证上岗工作
发证机关	省、自治区、直辖市建设行政主管部门为本地区岗位合格证的发证机关;国务院各有关部门可为本部门所属的建设企事业单位颁发岗位合格证,也可委托建设企事业单位所在地的发证机关代其审查和颁发岗位合格证。 发证机关应建立资格考核机构,负责组织岗位的资格培训、考试及资格考核

3. 岗位合格证的申请与复检

(1)岗位合格证的申请。申请人向所在单位提出申请,由其所在单位将有关材料统一报送对应的发证机关审查,在考核机构对申请人的文化程度、工作能力、岗位实习、工作经历及培训和职业道德等情况进行审查合格后,核发岗位合格证书。岗位合格证书在全国同行业、同专业、同类型的建设企事业单位中有效。

(2)岗位合格证的复检。持证人员岗位合格证的复检,由发证机关随企业资质的晋升,定期进行审查。持证人员调离本岗位工作的,应由原单位在其岗位合格证上注明,当其新任职岗位与原岗位性质相同时,则岗位合格证继续有效。

当脱离岗位,并改变任职性质 5 年以上的,该岗位合格证失效;脱离岗位并改变任职性质 5 年以下 3 年以上的,应由原单位进行适应性培训后重新上岗。

3.4.3　建造师执业资格管理

1. 建造师的基本条件

(1)一级建造师应具备的执业技术能力。

①有一定的工程技术、工程管理理论和相关经济理论水平,并有丰富的施工管理专业知识。

②能够熟练掌握和运用与施工管理业务相关的法律、法规、土木工程强制性标准和行业管理的各项规定。

③具有丰富的施工管理实践经验和资历,有较强的施工组织能力,能保证工程质量和安全生产。

④有一定的外语水平。

(2)二级建造师应具备的执业技术能力。

①了解土木工程的法律、法规、土木工程强制性标准及有关行业管理的规定。

②具有一定的施工管理专业知识。

③具有一定的施工管理实践经验和资历、施工组织能力,能保证工程质量和安全生产。

④建造师必须接受继续教育,更新知识,不断提高业务水平。

2. 建造师的执业范围

(1)担任土木工程项目施工的项目经理。

(2)从事其他施工活动的管理工作。

(3)法律、法规或国务院建设行政主管部门规定的其他业务。

3. 建造师的执业要求

建造师的执业要求,见表3-6。

表3-6 建造师的执业要求

项　目	内　容
建造师的执业前提	依法取得建造师资格证书的人员,只有经过注册登记后,才有资格以建造师的名义担任土木工程项目施工的项目经理及从事其他施工活动的管理。 取得建造师执业资格证书,未经注册的,不得以建造师的名义从事土木工程项目施工的管理工作
建造师的执业基本要求	建造师在工作中,必须严格遵守法律、法规和行业管理的各项规定,遵守职业道德
建造师的执业分类	建造师执业划分为10个专业:公路工程、建筑工程、铁路工程、民航机场工程、港口与航道工程、水利水电工程、矿山工程、市政公用工程、机电工程、通信与广电工程。 注册建造师应在相应的岗位上执业,并鼓励和提倡注册建造师一师多岗,同时从事国家规定的其他业务

习题与思考

3-1　什么是土木工程执业资格制度?其包括哪两种制度?

3-2　什么是建筑业施工企业?其可划分为哪三类?

3-3　土木工程专业技术人员执业资格管理制度有哪些?

3-4　什么是项目经理?

4　土木工程勘察设计法规

内容提要

了解：土木工程勘察设计概念；土木工程设计标准；土木工程设计文件编制；土木工程施工图设计审查；土木工程勘察设计监督。

4.1　土木工程勘察设计法规概述

4.1.1　土木工程勘察设计概述

土木工程勘察是指根据土木工程的要求，查明、分析、评价建设场地的性质、地理环境特征和岩土工程条件，编制土木工程勘察文件的活动；土木工程设计是指根据土木工程的要求，对所需的技术、经济、资质、环境等的要求进行综合分析、论证，编制土木工程设计文件的活动。

从事土木工程勘察、设计活动时，应坚持“先勘察、后设计、再施工”的原则，对保证土木工程质量和效益是非常重要的。

4.1.2　土木工程勘察设计法规定义

土木工程勘察设计法规，是指调整土木工程勘察、设计活动中所产生的各种社会关系的法规的总称。

为适应市场经济的需要，进一步加强工程勘察设计行为的规范和管理，自1999年以来，国务院及原建设部先后颁发了《建设工程勘察设计市场管理规定》(1999年)、《建设工程勘察设计管理条例》(2000年)、《实施建设工程强制性标准监督规定》(2000年)、《建设工程设计招标投标管理办法》(2000年)、《建设工程勘察设计合同管理办法》(2000年原建设部发布)、《工程勘察设计收费管理规定》(2002年)、《建筑工程施工图设计文件审查要点(试行)》(2001年)、《岩土工程勘察文件审查要点(试行)》、《建筑工程设计文件编制深度的规定》(2008年)等。

4.2　土木工程设计标准

4.2.1　土木工程标准

1. 土木工程标准的定义

土木工程标准，是指对基本建设中各类工程的勘察、规划、设计、施工、安装、验收等需要协调统一的事项所制定的标准。

制定和实施各项土木工程标准，并逐步使各系统的标准形成相辅相成、共同作用的完整体系，即实现土木工程标准化是实现现代化建设的重要手段，也是我国建设领域现阶段一项重要的经济、技术政策，可保证土木工程的质量及安全生产，全面提高土木工程的经济效益、社会效益和环境效益。

2. 土木工程标准的种类

土木工程标准的种类，见表 4-1。

表 4-1　土木工程标准的种类

项　目	内　容
按标准的内容划分	可分为经济标准、技术标准和管理标准
按适用范围划分	可分为国家标准、行业标准、地方标准和企业标准
按执行效力划分	可分为强制性标准和推荐性标准

3. 土木工程勘察设计标准

(1)土木工程勘察设计规范，是强制性勘察设计标准，即“一经颁发，就是技术法规，在一切工程勘察设计工作中都必须执行。”

勘察设计规范分为国家、部、省(自治区、直辖市)、设计单位 4 级。

(2)标准设计，是推荐性设计标准，即“一经颁发，建设单位和设计单位要因地制宜地积极采用，凡无特殊理由的不得另行设计。”

标准设计分为国家、部、省(自治区、直辖市)3 级。

4.2.2　土木工程设计标准的制定与实施

1. 土木工程设计标准的制定原则

土木工程设计标准的制定原则，包括：

(1)遵守国家的有关法律、法规及相关方针、政策，密切结合自然条件，合理利用资源，充分考虑使用和维修的要求，做到安全适用、技术先进、经济合理。

(2)积极开展科学实验或测试验证。有关项目应纳入主管部门的科研计划，认真组织实施，并写出成果报告。

(3)积极采用新技术、新工艺、新设备、新材料。经有关主管部门或受托单位鉴定，有完整的技术文件，且经过实践检验的，应纳入土木工程设计标准。

(4)积极采用国际标准和国外先进标准。经认真分析论证或测试验证，并符合我国国情的，应纳入土木工程设计标准。

(5)条文规定应严谨明确、简练，不得模棱两可；内容深度、术语、符号、计量单位等应前后一致，不得矛盾。

(6)注意与现行标准相协调，遵守现行的土木工程标准，确有更改需要的，必须经过审批。土木工程标准中，不得规定产品标准的内容。

(7)发扬民主、充分讨论。对有关政策问题进行认真研究、统一认识；对有争论的技术性问题，应在调查研究、实验验证或专题讨论的基础上，充分协商后，做出结论。

2. 土木工程设计标准的审批、发布

(1)土木工程国家标准由国务院建设行政主管部门审批，国务院标准化行政主管部门和建设行政主管部门联合颁行。

(2)土木工程行业标准由国务院有关行政主管部门审批、颁行，并报国务院建设行政主管部门备案。

(3)土木工程地方标准的制定、审批、发布方法，由省、自治区、直辖市人民政府规定。土木工程标准发布后，报国务院建设行政主管部门和标准化行政主管部门备案。

(4)土木工程企业标准由企业组织制定，并按国务院有关行政主管部门或省、自治区、直辖市人民政府的规定，报送备案。

3. 土木工程设计标准的实施

土木工程设计标准的实施，关系着土木工程的经济效益、社会效益和环境效益，还直接关系到建设工程者、所有者和使用者的人身安全及国家、集体和公民的财产安全。因此，必须严格执行，认真监督，并符合相关法规的规定。

(1)各级行政主管部门在制定有关土木工程的规定时，不得擅自更改国家及行业的强制性标准；从事土木工程活动的部门、单位和个人，必须执行强制性标准；对不符合强制性标准的工程勘察成果报告和规划、设计文件，不得批准使用；不按标准施工，质量未达到合格标准的土木工程，不予验收。

(2)工程质量监督机构和安全监督机构，应根据现行的强制性标准，对土木工程的质量和安全进行监督。当监督机构与被监督单位对使用的强制性标准发生争议时，由该标准的批准部门进行裁决。

(3)各级行政主管部门应对勘察、规划、设计、施工及建设单位执行强制性标准的情况进行监督检查。国家机构、社会团体、企事业单位及全体公民均有权检举、揭发违反强制性标准的行为。

(4)对土木工程推荐性标准，国家鼓励自愿采用。

4.3 土木工程设计文件的编制

4.3.1 土木工程设计的原则和依据

1. 土木工程设计的原则

土木工程设计的原则，见表 4-2。

表 4-2 土木工程设计的原则

项目	内容
贯彻经济、社会发展规划和产业政策及城乡规划	经济、社会发展规划及产业政策，是国家某一时期的建设目标和指导方针，工程设计必须贯彻其精神，城市规划、村庄和集镇规划经批准公布后，即成为土木工程必须遵守的规定，工程设计活动也必须符合其要求

续表

项 目	内 容
综合利用资源，满足环保要求	工程设计中，应充分考虑矿产、能源、水、林、牧、渔等资源的综合利用；因地制宜，提高土地利用率；尽量利用荒地、劣地，不占或少占耕地。 工业项目中，应选用耗能少的生产工艺和设备；民用项目中，应采取节约能源的措施，提供区域集中供热，重视余热利用；城市的新建、改建和扩建项目，应建设配套节约用水用电设施。 工程设计时，应积极改进施工工艺，采取有效的技术措施，防止粉尘、毒物、废气、废水、废渣、噪声等有害因素对环境的污染，还应进行综合治理和利用，使工程设计符合国家的环保标准
遵守土木工程技术标准	土木工程中有关安全、环保等方面的标准均是强制性标准，在进行工程设计时必须严格遵守土木工程技术标准的规定
采用新技术、新工艺、新材料、新设备	工程设计中，应广泛吸收国内外先进的科研和技术成果，结合国情和工程的实际情况，积极采用新技术、新工艺、新材料、新设备，保证土木工程的先进性和可靠性
重视技术和经济效益的结合	采用先进的技术，可提高效率、增加产量、降低成本，但会增加建设成本和延长建设工期。因此要重视技术和经济效益的结合，全面考虑工程的经济效益、社会效益和环境效益
公共建筑和住宅要注意美观、适用和协调	建筑应既有实用功能，又能美化城市，给人以精神的享受。 公共建筑和住宅的设计要注重构思，使其造型新颖、独具匠心，但又要与周围环境相协调，保护自然景观，还要满足其功能的适用、结构合理的要求

2. 土木工程设计的依据

土木工程设计的依据是项目建议书，同时项目建议书也是编制设计文件的主要依据。

4.3.2 土木工程设计的阶段和内容

1. 设计阶段的划分

(1)一般建设项目。一般建设项目的设计可按初步设计和施工图设计两个阶段进行。

(2)技术复杂的建设项目。技术复杂的建设项目，可增加技术设计阶段，即按初步设计、技术设计和施工图设计三个阶段进行。

(3)存在总体部署问题的建设项目。一些牵涉面广的项目，如油田、林区等，存在总体开发部署等重大问题，这就要求在进行一般设计前还应进行总体规划设计或总体设计。

2. 各设计阶段的工作内容

各设计阶段的工作内容，见表 4-3。

表 4-3　各设计阶段的工作内容

项　目	内　容
总体设计	总体设计由文字说明和图纸两部分组成，包括建设规模、产品方案、原材料来源、工艺流程概况、主要设备配备、主要建筑物及构筑物、公用和辅助工程、“三废”治理及环境保护方案、占地面积估计、总图布置及运输方案、生活区规划、生产组织和劳动定员估计、工程进度和配合要求、投资估算等
初步设计	初步设计，包括设计依据、设计指导思想、产品方案、工艺流程、各类资源的需用量和来源、主要设备选型及配置主要建筑物和构筑物、总图运输、公用及辅助设施、新技术的采用情况、外部协作条件、主要材料用量、占地面积的土地利用情况、综合利用和“三废”治理、生活区建设、抗震和人防措施、生产组织和劳动定员、各项技术经济指标、建设顺序和期限、总概算等有关文字说明和图纸
技术设计	技术设计的内容，由有关部门根据土木工程的特点和需要自行制定，其深度应满足确定设计方案中重大技术问题和有关实验、设备制造等方面的要求
施工图设计	施工图设计，应根据已获批准的初步设计进行，其深度应满足设备材料的安排和非标准设备的制作与施工、施工图预算的编制、施工等的要求，并应注明土木工程的合理使用年限

4.3.3　土木工程设计深度

1. 初步设计

(1)初步设计文件，根据设计任务书进行编制，由设计说明书(包括设计总说明和各专业的设计说明书)、设计图纸、主要设备及材料表和工程概算书四部分组成，其编排顺序为：封面、扉页、初步设计文件目录、设计说明书、图纸、主要设备及材料表等。

在初步设计阶段，各专业应对本专业内容的设计方案或重大技术问题的解决方案进行综合技术经济分析，论证技术的适用性、可靠性及经济的合理性，并将其主要内容写进本专业初步设计说明书中；设计总负责人应对工程项目的总体设计在设计总说明中予以论述。

(2)初步设计文件的深度，应满足审批的要求。

①符合已审定的设计方案。

②能据以准备主要设备及材料。

③能据以确定土地征用范围。

④能据以提供工程设计概算，作为审批确定项目投资的依据。

⑤能据以进行施工准备。

⑥能据以进行施工图设计。

2. 施工图设计

(1)根据已批准的初步设计进行施工图设计，内容以图纸为主，包括封面、图纸目录、设计说明(或首页)、图纸、工程预算书等，施工图设计文件一般以子项为编排单位。各专业的工程计算书(包括计算机辅助设计的计算资料)应经校审、签字后,整理归档。

(2)施工图设计文件的深度,应满足的要求如下:

①能据以编制施工图预算;

②能据以安排材料、设备订货和非标准设备的制作;

③能据以进行施工和安装;

④能据以进行工程验收。

4.3.4 土木工程抗震设防

1. 抗震设防范围

(1)抗震设防烈度为六度及以上地区和有可能发生破坏性地震地区的所有新建、改建与扩建工程,都必须进行抗震设防。

(2)抗震设防地区村镇建设中的公共建筑、统建的住宅及乡镇企业的生产、办公用房,必须进行抗震设防;其他土木工程应根据当地经济发展水平,按因地制宜、就地取材的原则,采取抗震措施,提高村镇房屋的抗震能力。

2. 抗震设防设计

工程勘察设计单位应按规定的业务范围承担工程项目的抗震设计,并严格遵守抗震设计的规范和有关规定。

工程项目的设计文件中应有抗震设防的内容,包括抗震设防的依据、设防标准等。

新建工程采用新技术、新材料和新结构体系,应通过相应级别的抗震性能鉴定,符合抗震要求,方可采用。

工程项目抗震设防设计质量由建设行政主管部门会同有关部门进行审查、监督。

4.3.5 土木工程设计文件的审批与修改

1. 设计文件的审批

(1)大、中型建设项目的初步设计和总概算及技术设计,按隶属关系,由国务院主管部门或省、直辖市、自治区审批。

(2)小型建设项目的初步设计审批权限,由主管部门或省、自治区、直辖市自行规定。

(3)总体规划设计(或总体设计)的审批权限与初步设计的审批权限相同。

(4)各部直接代管下放项目的初步设计,以国务院主管部门为主,会同有关省、自治区、直辖市审查或批准。

(5)施工图设计除主管部门规定要审查者外,一般不再进行审批。设计单位应对施工图的质量负责,并向生产、施工单位进行技术交底,听取意见。

2. 设计文件的修改

(1)设计文件是土木工程的主要依据,经批准后不得任意修改。

(2)凡涉及计划任务书的主要内容,如建设规模、产品方案、建设地点、主要协作关系等方面的修改,须经原计划任务书审批机关批准。

(3)凡涉及初步设计的主要内容,如总平面布置、主要工艺流程、主要设备、建筑面积、建筑标准、总定员、总概算等方面的修改,须经原设计审批机关批准。修改工作须由原设计单位负责进行。

（4）施工图的修改，须经原设计单位同意。建设单位、施工单位、监理单位均无权修改土木工程勘察、设计文件。确需修改的，应由原勘察设计单位进行。经原勘察设计单位同意，建设单位也可委托其他具有相应资质的土木工程勘察、设计单位修改，并由修改单位对修改的勘察设计文件承担相应责任。

4.4　土木工程施工图设计审查

4.4.1　土木工程施工图设计文件审查概述

建筑工程施工图设计文件（以下简称施工图）审查，是指国务院建设行政主管部门和省、自治区、直辖市人民政府建设行政主管部门依法认定的设计审查机构，根据国家的法律、法规、技术标准与规范，对施工图结构安全和强制性标准、规模执行情况等进行的独立审查。

建筑工程质量与社会公共利益和广大人民的生命财产安全息息相关，因此，监督、管理工程质量是各级人民政府不可推卸的责任。

4.4.2　土木工程施工图审查的范围及内容

1. 施工图审查的范围

土木工程设计等级分级标准中的各类新建、扩建、改建的土木工程项目，必须进行施工图审查。各地的具体施工图审查范围，由各省、自治区、直辖市人民政府建设行政主管部门确定。

2. 施工图审查报送的资料

（1）作为设计依据的政府有关部门的批准文件及附件。

（2）审查合格的岩土工程勘察文件（详勘）。

（3）全套施工图（含计算书并注明计算软件的名称及版本）。

（4）审查需要提供的其他资料。

3. 施工图审查的内容

施工图审查的目的在于维护社会公共利益、保护社会公众的生命财产安全，因此，施工图审查主要涉及社会公共利益、公众安全方面的问题。施工图审查的主要内容，包括下列方面：

（1）建筑物的稳定性与安全性，包括地基基础及结构主体的安全；

（2）是否符合消防、节能、环保、抗震、卫生、人防等有关强制性标准、规范；

（3）是否达到规定的施工图设计深度的要求；

（4）是否损害公共利益。

4.4.3　土木工程施工图审查机构

1. 施工图审查机构应具备的条件

（1）具备独立的法人资格。

（2）有固定的工作场所，注册资金不少于20万元。

(3)具有符合设计审查条件的工程技术人员。

(4)审查人员应熟练掌握国家和地方现行的强制性标准、规范。

(5)有健全的技术管理和质量保证体系。

2. 设计审查人员应具备的条件

(1)具有 10 年以上结构设计工作经历,独立完成过 5 项二级以上(含二级)项目的工程设计。

(2)应是获准注册的一级注册结构工程师,并具有高级工程师职称。

(3)年满 35 周岁,并不超过 65 周岁。

(4)有独立工作能力,并有一定的语言文字表达能力。

(5)有良好的职业道德。

3. 施工图审查机构的审批

凡符合上述条件的直辖市、计划单列市、省会城市的设计审查机构,经由省、自治区、直辖市建设行政主管部门初审后,报国务院建设行政主管部门审批,并颁发施工图设计审查许可证;其他城市的设计审查机构由省级建设行政主管部门审批,并颁发施工图设计审查许可证。取得施工图设计审查许可证的审查机构,方可承担施工图的审查工作。

4.4.4 土木工程施工图审查的程序

1. 施工图审查的报送

施工图完成后,建设单位应将施工图同该项目批准立项的文件或初步设计批准文件及主要的初步设计文件一起报送建设行政主管部门,由建设行政主管部门委托有关审查机构进行审查。

施工图审查是建设程序的审批环节,而不是业主的市场行为,因此只能向有审批权的政府主管部门报送,由主管部门交由审查机构审查,不能由业主自行委托审查机构审查。施工图审查包括消防、环保、抗震等方面,涉及不同行政主管部门的业务范围,为简化手续、提高效率,凡需进行消防、环保、抗震等专项审查的项目,应做到有关专业审查与结构安全性审查统一报送、统一受理,通过有关专项审查后,由建设行政主管部门统一颁发设计审查批准书。

2. 施工图审查的要求

(1)审查机构在审查结束后,应向建设行政主管部门提交书面的项目施工图审查报告。项目施工图审查报告应由审查人员签字、审查机构盖章。

(2)审查合格的项目,建设行政主管部门在收到审查报告后,应立即向建设单位通报审查结果,并颁发施工图审查批准书;审查不合格的项目,由审查机构提出书面的审查意见,并将该施工图退回建设单位,交由原设计单位修改后,重新报送。

(3)审查机构在收到审查材料后,应在一定的期限范围内完成施工图的审查工作,并提出审查工作的报告。具体审查期限为:一般项目 20 个工作日;特级、一级项目 30 个工作日;重大及技术复杂项目可适当延长审查期限。

(4)施工图一经审查批准,不得任意进行修改。如遇特殊情况需要进行涉及审查主要内容的修改时,必须重新报送原审批部门委托审查机构审查,经批准后方能实施。

(5)施工图审查所需经费,由施工图审查机构向建设单位收取。

3. 争议的解决

建设单位或设计单位对审查机构做出的审查报告有重大争议意见时，可由建设单位或设计单位向所在地的省、自治区、直辖市人民政府建设行政主管部门提出复查申请，由省、自治区、直辖市人民政府建设行政主管部门组织专家论证并给出复查结果。

4.4.5　土木工程施工图审查各方的责任

1. 勘察设计单位及设计人员的责任

勘察设计单位及设计人员必须对其勘察设计文件的质量负责，并不因通过审查机构的审查就可免除其责任。

审查机构的审查只是一种监督行为，只对工程设计质量有间接的审查责任，其直接责任仍由完成勘察设计的单位及设计人员负责。若工程出现设计质量问题，勘察设计单位及设计人员必须根据实际情况和相关法律的规定，承担相应的经济责任、行政责任和刑事责任。

2. 审查机构及审查人员的责任

(1)对于设计文件的质量，设计单位和设计人员负有直接责任，设计审查单位及审查人员只负有间接的监督责任。如因施工图设计的质量存在问题造成损失时，业主应向设计单位及其设计人员追究责任，在法律方面审查机构及审查人员并不承担赔偿责任。

(2)审查机构及审查人员在设计质量问题上的免责，并不代表审查机构和审查人员因此不需要承担任何责任。

权力和责任是相对的，社会赋予了其特有的审查权，就应认真行使这个权力，对社会利益及安全负责。

3. 政府主管部门的责任

依据相关法律规定，政府各级建设行政主管部门在施工图审查中享有行政审批权，主要负责行政监督管理和程序性审批工作。

4.5　土木工程勘察设计的监督管理

4.5.1　土木工程勘察设计的监督管理机构

(1)国务院建设行政主管部门对全国的土木工程勘察、设计活动实施统一的监督管理；国务院铁路、交通、水利等有关部门按国务院规定的职责分工，负责全国的有关专业土木工程勘察、设计活动的监督管理。

(2)县级以上地方人民政府的建设行政主管部门对本行政区域内的土木工程勘察、设计活动实施监督管理，且交通、水利等有关部门在各自的职责范围内，负责本行政区域内有关专业土木工程勘察、设计活动的监督管理。

(3)任何单位和个人对土木工程勘察、设计活动中的违法行为都有权力检举、控告、投诉。

4.5.2　土木工程勘察设计的监督管理内容

(1)县级以上人民政府建设行政主管部门或交通、水利等有关部门应对施工图设计文件中涉及公共利益、公众安全、土木工程强制性标准的内容进行审查。

未经审查批准的施工图设计文件,不得使用。

(2)土木工程勘察、设计单位在勘察、设计资质证书规定的业务范围内跨部门、地区承担勘察设计任务时,相关的地方人民政府及其所属部门不得设置障碍,不得违反国家规定收取其任何费用。

习题与思考

4-1 从事土木工程勘察、设计活动时,应坚持的原则是什么?

4-2 土木工程标准指的是什么?

4-3 土木工程设计的原则及依据是什么?

4-4 土木工程施工图审查的程序有哪些?

5 土木工程发包与承包法规

内容提要

掌握：土木工程招标、投标的具体过程；土木工程开标、评标和中标的具体内容。

了解：招标投标的概念、特点、原则和程序；承包发包的概念、范围和方式。

5.1 土木工程招标投标概述

5.1.1 土木工程招标投标的定义

1. 土木工程招标

招标是招标人利用报价择优采购产品或服务的行为。

土木工程招标是一种采购行为，是指土木工程项目的招标人利用报价手段采购工程、服务或货物的行为。招标人通过招标的手段，利用投标人之间的竞争，进行货比三家，择优选取，以达到节约投资、提高工程或设备质量、提高服务质量、缩短工期或加快供货，并最终达到提高投资效益的目的。

除此之外，投标人在中标后，也可按规定条件对部分专业性工程(如土石方工程、管道工程、吊装工程、设备安装工程等)进行二次招标，进行技术优势的互补，确保工程质量。

2. 土木工程投标

投标是指投标人利用报价手段销售自己的产品或服务的行为。

土木工程投标是土木工程项目的投标人利用报价手段销售工程或服务的行为。

投标在法律上属于土木工程合同订立环节中的要约行为。

完整的招标投标过程，包括招标、投标、开标、评标和定标五个环节。

5.1.2 土木工程招标投标的特点

土木工程招标投标的特点，见表 5-1。

表 5-1 土木工程招标投标活动的特点

项 目	内 容
程序规范	招标投标活动中，从招标、投标、开标、评标、定标到最终签订合同，每个环节《招标投标法》及相关法规都做出了严格的程序、规则规定。这些程序和规则均具有法律约束力，当事人不得随意改变
公开进行，透明度高	招标投标将土木工程的采购活动置于透明的环境中，防止腐败行为的发生。采用公开招标时，招标人应在指定的报刊或者其他媒体上发布招标通告

续表

项　目	内　容
公开进行，透明度高	邀请所有潜在投标人参加投标，在招标文件中详细说明拟采购的工程、服务或货物的技术规格，评价和比较投标文件以及选定中标者的标准，在提交投标文件截止时间的同一时间进行公开开标；在确定中标人前，招标人不得与投标人就投标方案、投标价格等实质性内容进行谈判。因此招标投标活动被完全置于社会的公开监督下，可防止不正当的交易行为发生。邀请招标的透明度要相对低一些，但在被邀请的范围内是公开、透明的，并严格遵守招标投标活动的程序
编制招标文件和投标文件	在招标投标活动中，招标人必须编制招标文件，投标人据此招标文件编制投标文件，参加投标，招标人组织评标委员会对投标文件进行评审和比较，从中择优选出中标人。招标文件和投标文件均具有法律约束力，是一般的交易活动所不具备的特点
一次成交	在一般的交易活动中，买、卖双方通常要经过多次谈判后方可成交，招标活动则不同。 在投标人递交投标文件后到确定中标人前，招标人不得与投标人就投标方案等实质性内容进行谈判。确定中标人后，招标投标双方应根据招标文件和中标人的投标文件签订合同，不得另行签订背离合同实质性内容的其他协议。因此投标人只能进行一次报价，不得与招标人讨价还价，并据此报价作为签订合同的基础

5.1.3　土木工程招标投标的原则

(1)诚实信用原则，是所有民事活动都应遵循的基本原则之一，其要求当事人以诚实、守信的态度行使权利、履行义务，保证双方都能得到自己应得的利益，同时不得损害第三方和社会的利益，不得规避招标、串通投标、泄露标底、骗取中标等。

(2)公平原则，是要求招标人以平等互利的原则拟定招标文件，拟定的权利、义务应对等。

(3)公正原则，是要求按事先公布的标准进行评标，使所有人平等享有同等的权利，公正对待每个投标人。另外，设定的标准、招标投标的过程要公平，不得以不合理的条件排斥或限制潜在投标人。

(4)公开原则，是指必须具有极高的透明度，招标信息、招标程序、开标过程、中标结果均必须公开，使每个投标人获得同样的信息。

5.1.4　土木工程招标投标主体的资格

1. 招标人的资格

在土木工程中，招标人是工程的发包人，也是将与中标人签订合同、土木工程实施过程中支付价款的一方。

法律、法规虽未明确规定其资格要求，但《招标投标法》中规定了招标的两个基本前提，也是对招标人的资格限制：

(1)履行审批手续；

(2)落实资金来源，要求招标人有支付价款的能力。

除此之外，进行自行招标的，还应具备项目法人资格(或法人资格)。

2. 投标人的资格

鉴于土木工程的特点，法律、法规规定投标人必须是具有法人资格的组织，并且具备相应的资质等级和投标条件。

资质等级和投标条件的要求应在招标文件中注明，以便在资格审查中确定投标人是否具备投标能力。

5.1.5　土木工程招标方式

1. 公开招标和邀请招标的概念

招标分为公开招标和邀请招标。

公开招标是指招标人以招标公告的方式邀请不特定的法人或其他组织进行投标。

邀请招标是指招标人以投标邀请书的方式邀请特定的法人或其他组织进行投标。

2. 公开招标和邀请招标的区别

公开招标和邀请招标的区别，见表 5-2。

表 5-2　公开招标和邀请招标的区别

区　别	内　容
发布信息的方式不同	公开招标是在国家或行业指定的报刊、电子网络或其他媒体上发布招标公告；邀请招标采用直接发送投标邀请书的方式发布招标信息
公开的程序不同	公开招标中，所有活动均应严格按照预先指定并为大家所认知的程序及标准公开进行，其作弊的可能性从而大大减小；邀请招标的公开程序相对于公开招标差一些，因此产生不法行为的可能性也大一些
时间和费用不同	公开招标的程序比较复杂，投标人的数量没有限定，因此其时间和费用相对较多，但由于竞争充分，较容易获得最优报价；邀请招标只在有限的投标人中进行招标，因此其时间可缩短，费用也相应地减少，但由于竞争不充分，不易获得最优报价
竞争的范围和程度不同	公开招标是面向社会的，所有潜在的投标人均可以参加投标，其有充分的竞争性，招标人有一定的选择余地，但招标人不能预先掌握投标人的数量；邀请招标所针对的对象是预先已了解的法人或其他组织，投标人的数量有限，其竞争性也不完全充分，因此招标人的选择范围相对较小，可能漏掉在技术上或报价上更具有竞争力的承包商或供应商

3. 招标方式的选择

(1)国家重点项目和地方重点项目必须进行公开招标。

国家重点项目是指从国家大、中型基本建设项目中确定的对国民经济和社会发展有重大影响的骨干项目，由国务院发展计划部门商国务院有关主管部门确定。

地方重点项目，是指从地方大、中型基本建设项目中确定的对本地区经济和社会发展有重大影响的骨干项目，由省、自治区、直辖市人民政府确定。

此类项目大多属于基础设施、基础产业和支柱产业项目，或是高科技并能带动行业技术进步的项目，为保证重点建设项目的质量和建设工期，必须采用公开招标的方式。

(2)国家重点项目和地方重点项目不适宜公开招标的，经批准后可以进行邀请招标。在某些特定情况下，如因项目技术复杂或有特殊要求，涉及专利权保护，受自然资源或环境限制等原因，可供选择的具备资格的潜在投标人数量有限，不适宜实行公开招标或公开招标不可行，在此种情况下，可选用邀请招标的方式，但必须经由国务院发展计划部门或者省、自治区、直辖市人民政府批准后，方可实行。

自行选择招标方式时，招标人应结合土木工程的特点、土木工程规模、招标前的准备工作等因素，选择适合于本工程自身特点的招标方式。

5.1.6 土木工程招标办法

1. 自行招标

(1)招标人具有编制招标文件和组织评标能力的，可自行办理招标事宜，任何组织和个人不得强制其委托招标代理机构办理招标事宜。此规定明确了招标人自行招标的两个基本条件：

①具备编制招标文件的能力；

②具备组织评标的能力。

(2)《建设工程项目自行招标试行办法》中对须经由国家计委审批(或经国家计委初审后报国务院审批)的土木工程项目的建设单位自行招标的条件有更详细的规定，包括：

①具有项目法人资格或法人资格；

②有与招标工程相适应的工程技术、概预算、财务和工程管理等方面的专业技术力量；

③有从事同类土木工程项目招标的经验；

④设有专门的招标机构或拥有3名以上专职招标业务人员；

⑤熟悉和掌握《招标投标法》及有关法规、规章。

(3)具备上述条件的招标人，应在向国家计委上报项目可行性研究报告时，一并报送申请自行招标的书面材料，其应包括：

①项目法人的营业执照、法人证书或项目法人的组建文件；

②与招标项目相适应的专业技术力量情况；

③内设招标机构或者专职招标业务人员的基本情况；

④拟使用的专家库情况；

⑤以往编制的同类工程建设项目招标文件和评标报告，以及招标业绩的证明材料；

⑥其他材料。

(4)国家计委审查招标人报送的书面材料，认定招标人不符合上述自行招标条件的，在批复可行性研究报告时，应要求其委托招标代理机构办理招标事宜。依法必须招标的项目，招标人自行招标的，应向建设行政主管部门进行备案。

2. 委托招标

招标人不具备自行招标条件的，应当委托招标代理机构代为办理招标事宜。

(1)招标代理机构，是指依法设立、从事招标代理业务并提供相应服务的社会中介组织。

(2)招标代理机构必须具备的条件如下。

①有从事招标代理业务的营业场所及相应资金。营业场所是提供代理服务的固定地点。注册资金是从事招标活动的基础，是开展招标代理业务所必需的物质条件。

②有编制招标文件和组织评标的相应专业力量。招标文件是联系沟通招标、投标双方的桥梁，招标文件是否完整、严谨将直接影响招标质量，也是招标活动成败的关键；组织评标水平的高低，将直接影响招标的效果，也决定了招标是否公正。因此，编制招标文件和组织评标的业务能力是招标代理机构必须具备的基本条件。

③有符合法定规定，可作为评标委员会成员人选的技术、经济等方面的专家库。为保证评标的公正性和权威性，评标委员会必须有技术、经济、法律等方面的专家参加，且人数不得少于评标委员会总人数的 2/3，参加评标的专家采取随机抽取的方式从专家库中产生。因此，招标代理机构必须具有符合法律规定的专家库。

5.1.7　土木工程招标的种类

土木工程招标的种类，见表 5-3。

表 5-3　土木工程招标的种类

类　型	内　容
全过程招标	全过程招标，是对工程从项目建议书开始，直到竣工验收、交付使用为止的建设全过程实行招标
工程施工招标	工程施工招标，是对工程施工全过程进行招标
勘察设计招标	勘察设计招标，是对工程的勘察设计进行招标
材料、设备供应招标	材料、设备供应招标，是对工程中所需的材料、构配件及设备进行招标
工程监理招标	工程监理招标，也可看作工程招标的一种

5.1.8　土木工程招标投标的程序

(1)招标准备阶段。从办理招标申请开始到发出招标公告或邀请招标函为止的时间段。

(2)招标阶段，也是投标人的投标阶段。从发布招标公告之日起到投标截止之日的时间段。

(3)决标成交阶段。从开标日起到与中标人签订承包合同为止的时间段。

5.2　土木工程发包承包概述

5.2.1　土木工程发包与承包的定义

土木工程发包与承包，是指发包方通过合同委托承包方为其完成某一土木工程的全部或其中部分工程的交易行为。

土木工程发包方一般为建设单位或工程总承包单位；工程承包方一般为工程勘察设计单位、施工单位、工程设备供应或制造单位等。

土木工程发包方与承包方的权利、义务，由双方签订的合同加以规定。推行土木工程发包与承包制度，能鼓励竞争，防止垄断，有效提高土木工程的质量，严格控制工程造价和工期，对市场经济的建设与发展有良好的促进作用。

5.2.2 土木工程发包与承包法规的立法概况

自推行土木工程发包与承包制度以来，对创造公平竞争环境、提高土木工程质量和效益起到了积极作用，但也暴露出不少问题，如程序不规范、做法不统一、行政干预不断、钱权交易等，严重干扰了正常经济秩序和社会安定。因此国家十分重视土木工程承发包的立法工作，并加大了立法力度，提高了立法层次。

目前，我国与土木工程承发包有关的法规有：《建筑法》、《招标投标法》、《建筑工程设计招标投标管理法》、《建设工程项目招标范围和规模标准规定》、《建设工程项目自行招标试行办法》、《建设工程项目施工招标投标办法》、《工程建设项目勘察设计招标投标办法》、《最高人民法院关于审理建设工程施工合同纠纷案件适用法律问题的解释》、《工程建设项目招标代理机构资格认定办法》等部门规章制度和规范性文件。

5.2.3 土木工程发包的应用范围

1. 必须进行招标的项目范围

(1)必须进行招标项目的具体范围，见表 5-4。

表 5-4 必须进行招标项目的具体范围

项　目	内　容
关系社会公共利益、公众安全的基础设施项目	①天然气、煤炭、石油、电力、新能源等能源项目。 ②铁路、公路、水运、航空、管道以及其他交通运输业等交通运输项目。 ③邮政、电信枢纽、通信、信息网络等邮电通信项目。 ④道路、桥梁、地铁和轻轨交通、污水排放及处理、垃圾处理、地下管道、公共停车场等城市设施项目。 ⑤防洪、灌溉、排涝、引(供)水、滩涂治理、水土保持、水利枢纽等水利项目。 ⑥生态环境保护项目。 ⑦其他基础设施项目
关系社会公共利益、公众安全的公用事业项目	①科技、教育、文化等项目。 ②体育、旅游等项目。 ③卫生、社会福利等项目。 ④商品住宅，包括经济适用住房。 ⑤供水、供电、供气、供热等市政工程项目。 ⑥其他公用事业项目

续表

项　目	内　容
国家融资的项目	①使用国家发行债券所筹资金的项目。 ②使用国家对外借款或者担保所筹资金的项目。 ③使用国家政策性贷款的项目。 ④国家授权投资主体融资的项目。 ⑤国家特许的融资项目
使用国际组织或者外国政府资金的项目	①使用世界银行、亚洲开发银行等国际组织贷款资金的项目。 ②使用外国政府及其机构贷款资金的项目。 ③使用国际组织或者外国政府援助资金的项目
使用国有资金投资的项目	①使用各级财政预算资金的项目。 ②使用纳入财政管理的各种政府性专项建设基金的项目。 ③使用国有企事业单位自有资金，并且国有资产投资者拥有实际控制权的项目

(2)必须进行招标项目的规模标准，包括项目的勘察、设计、施工、监理以及与土木工程有关的重要设备、材料等的采购，有下列标准之一的，必须进行招标：

①施工单项合同估算价在200万元人民币以上的；

②重要设备、材料等货物的采购，单项合同估算价在100万元人民币以上的；

③勘察、设计、监理等服务的采购，单项合同估算价在50万元人民币以上的；

④单项合同估算价低于上述①、②、③项规定的标准，但项目总投资额在3000万元人民币以上的。

各省、自治区、直辖市人民政府可根据实际情况规定本地区必须进行招标项目的具体范围和规模标准，但不得缩小以上规定所确定的必须进行招标的范围。

2. 可以不进行招标的项目范围

可以不进行招标的项目，即可以采用直接发包方式进行发包的项目，包括：

(1)涉及国家安全、国家秘密、抢险救灾或属于利用扶贫资金实行以工代赈、需要使用农民工等特殊情况不适宜进行招标的项目，按照国家规定可以不进行招标。

(2)建设项目的勘察、设计，采用特定的专利或专有技术的，或者其建筑艺术造型有特殊要求的，经项目主管部门批准，可以不进行招标。

(3)法律、法规规定的其他情形。

5.2.4 土木工程承包的方式

土木工程承包的方式，见表5-5。

表 5-5 土木工程承包的方式

方式	内容
总承包方式	总承包方式，是指发包人在建设项目立项后，将工程项目的设计、施工、材料和设备采购任务发包给一个具备总承包资质的总承包企业，由其负责工程的设计、施工和采购的全部工作，并向发包人交出一个达到动工条件的工程项目的承包方式。发包人和总承包单位签订一份承包合同，此合同称为“交钥匙”、“统包”或“一揽子”合同，总承包方式也称为“交钥匙方式”。 总承包方式中，有一类较特别的总承包，其介于总承包和专业承包或平行承包之间，但习惯上也称其为总承包，即将勘察、设计、施工和采购任务中的一项或几项发包给几个总承包单位，并分别与其签订承包合同。总承包单位根据需要再进行分包
专业承包	专业承包，是指具备某种专业承包资质的企业向工程发包人直接承包专业工程。专业承包单位直接与发包人签订合同，在工程实施过程中接受发包人或发包人委托的监理公司的协调和监督
专业分包	专业分包，是指具备某种专业承包资质的企业向工程总承包单位承包相应的专业工程。 总承包单位可以将承包工程中的部分工程发包给具有相应资质的分包单位。分包单位可以是专业分包，也可以是劳务分包
劳务分包	劳务分包，是指具备相应资质的劳务分包企业向总承包单位或专业承包单位承接劳务任务，提供劳务服务。 劳务分包属于分包的范围，应遵守相关法律、法规中关于分包的规定
联合体承包方式	(1)联合体承包方式是在国际上比较推崇的一种承包方式，也是大型土木工程项目的承包中常采用的一种方式。采用联合体承包方式，可集中联合体中各方的技术、资金、管理和经验等方面的优势，增强竞争能力和抗风险能力。 (2)组成联合体投标时，联合体各方应签订共同投标协议，明确约定各方应承担的工作和责任，并将共同投标协议连同投标文件一并提交招标人。中标后，联合体各方应共同与招标人签订合同，对中标项目向招标人承担连带责任。 (3)联合体各方均应具备承担该招标项目的能力，国家有关规定或者招标文件对投标人资格条件有规定的，联合体各方应具备规定的相应资格条件。关于资质等级的确定，法律规定由同一专业的单位组成的联合体，按照资质等级较低的单位确定该联合体的资质等级

5.2.5 《建筑法》关于发包与承包的规定

《建筑法》关于发包与承包的规定，见表 5-6。

表 5-6 《建筑法》关于发包与承包的规定

项 目	内 容
关于建设工程承发包合同形式的规定	一般的经济合同可采用书面形式、口头形式或其他形式，但法律另有规定或双方当事人另有约定的除外。土木工程承发包合同比较特殊，是因为土木工程具有投资大、风险大、合同条件复杂、合同履行期长等特点，在合同履行过程中，经常会发生变更、调整事项。若采用其他形式，不易记录，发生纠纷不易取证，双方所承担的风险太大。 因此，《建筑法》及其他有关法规都规定：建设工程承发包合同必须采用书面形式
关于招标投标有关事项的规定	《建筑法》中对招标投标的原则、招标投标应遵守的事项，以及开标、评标、定标等事项均有涉及，并在《招标投标法》中均有详细的规定
关于总承包与分包的规定	《建筑法》中提倡对土木工程实行总承包，规定土木工程的发包单位可以将土木工程的勘察、设计、施工、设备采购共同发包给一个工程总承包单位，也可以将土木工程的勘察、设计、施工、设备采购中的一项或多项发包给一个工程总承包单位。 建筑工程总承包单位承包到工程后，经发包人同意，可将承包工程中的部分工程发包给具有相应资质条件的分包单位。建筑工程总承包单位按照总承包合同的约定对建设单位负责；分包单位按照分包合同的约定对总承包单位负责。总承包单位和分包单位对分包工程向建设单位承担连带责任。 为确保工程质量，防止非法转包、分包，《建筑法》规定实行施工总承包的，土木工程主体结构的施工必须由总承包单位自行完成，不得将应由一个承包单位完成的土木工程肢解成若干部分发包给几个承包单位，并禁止总承包单位将工程分包给不具备相应资质条件的承包单位，禁止分包单位将其所承包的工程再进行分包
关于不得指定材料设备供应商的规定	按照承包合同的约定，土木工程所使用的材料、构配件和设备由工程承包单位采购的，发包单位不得指定承包单位购买用于工程建设的材料、构配件和设备或者指定生产厂、供应商
关于禁止越级承包的规定	承包土木工程的单位应持有合法取得的资质证书，并在其资质等级许可的业务范围内承包工程。禁止建筑施工企业超越本企业资质等级许可的业务范围或以任何形式使用其他建筑施工企业的名义承包工程。禁止建筑施工企业以任何形式允许其他单位或个人使用本企业的资质证书、营业执照，以本企业的名义承包工程
关于联合承包的规定	《建筑法》中规定大型土木工程或者结构复杂的土木工程，可由两个以上的承包单位联合共同承包，联合承包的各方对承包合同的履行承担连带责任

5.3 土木工程招标管理机构及职责

土木工程的招标投标，由县以上各级人民政府建设行政主管部门，或其授权的机构负责管理与监督。

(1)住房和城乡建设部负责全国土木工程招标投标的管理工作，主要职责有：

①贯彻执行国家有关土木工程招标投标的法律、法规和方针、政策，制定招标投标的规定和办法；

②审批全国范围内土木工程招标投标的代理机构；

③指导、检查各地区、各部门的招标投标工作；

④总结、交流招标投标工作的经验，提供相应的服务；

⑤维护国家利益，监督重大土木工程的招标投标活动。

(2)各省、自治区、直辖市的建设行政主管部门负责管理本行政区域内的土木工程招标投标工作，主要职责有：

①贯彻国家有关土木工程招标投标的法规和方针、政策，制定土木工程招标投标实施办法；

②审批咨询、监理等单位代理土木工程招标投标业务的资格；

③监督、检查本行政区域内有关的建设招标投标活动，总结、交流招标投标的工作经验；

④否决违反招标投标规定的定标结果；

⑤调解招标投标的纠纷。

5.4 土木工程招标

5.4.1 土木工程招标应具备的条件

拟建的土木工程项目只有在具备一定的条件后才能进行招标，这些条件主要表现在以下三方面：

(1)已落实建设工程的资金；

(2)已履行好相关审批手续；

(3)必要的准备工作已完成。

如土木工程在施工招标时，必须具备的条件是：概算已经过批准；建设项目已正式列入国家、部门或地方的年度固定资产投资计划；建设用地的征地工作已完成；有能满足所需的设计图纸及技术资料；建设资金和主要建筑材料、设备的来源已经落实；已经建设项目所在地的规划部门批准，施工现场的“三通一平”工作已完成或一并列入施工招标范围；有相应资金或资金来源已经落实。

土木工程项目具备必要的条件后，招标人可向当地建设行政主管部门或其招标办事机构提出招标申请，经审查批准后，方可开展招标活动。

5.4.2 土木工程招标准备阶段的主要工作

1. 确定招标相关事宜

(1)根据土木工程的特点和招标人的管理能力确定发包范围。

(2)根据土木工程的总进度计划,确定项目建设过程中的招标次数和每次招标的工作内容。

(3)按照每次招标前准备工作的完成情况,选择合同的计价方式。

(4)根据土木工程项目的特点、招标前准备工作的完成情况、合同类型等因素的影响,确定招标方式。

2. 申请招标

招标人向建设行政主管部门办理申请招标手续。申请文件应说明招标工作的范围、招标方式、计划工期、对投标人的资质要求等内容,经批准后方可开展招标工作。

3. 编制与招标有关的各种文件

招标准备阶段,应编制出在招标活动过程中可能涉及的有关文件,以保证招标活动的正常进行。可能涉及的文件大致包括:招标广告、资格预审文件、招标文件、合同协议书以及资格预审和评标的方法等。

5.4.3 发布土木工程招标公告

发布土木工程招标公告,是公开招标的特点之一,也是公开招标的第一个环节。

招标公告的作用是让所有的潜在投标人获得招标信息,以便进行项目筛选,确定是否参与投标。

采用公开招标方式的,应发布招标公告,依法必须招标的项目,其招标公告必须通过国家指定的报刊、信息网络或其他媒介发布。招标公告应说明以下事项:

(1)招标人的名称和地址;

(2)招标项目的性质、数量、实施地点和时间;

(3)获取招标文件的办法。

采用邀请招标方式的,应发出投标邀请书。采用邀请招标方式的前提条件是:对市场供给状况比较了解,对潜在投标人的情况比较了解。邀请招标的对象应具备的条件有:投标邀请书应向三个以上具备承担招标项目能力、资信良好的特定的法人发出。

5.4.4 土木工程招标投标资格审查

资格审查程序,是指为了在招标投标过程中剔除资格条件不适合承担或履行合同的潜在投标人或投标人。

土木工程招标投标资格审查,可分为资格预审和资格后审。

资格预审是在投标前对潜在投标人进行的资格审查。

资格后审是在投标后(一般是在开标后)对投标人进行的资格审查。无论是资格预审或资格后审,都是招标人对投标人是否符合条件进行的资格审查。投标人应符合的条件包括:

(1)具有独立订立合同的能力;

(2)具有履行合同的能力,包括专业、技术资格和能力,资金、设备和其他物质设施状况,管理能力,经验、信誉和相应的工作人员;

(3)以往承担类似项目的业绩状况;

(4)没有处于被责令停业,财产被接管、冻结、破产状态;

(5)近几年内没有与骗取合同有关的犯罪或严重违法行为。

在使用资格审查程序时,招标人应规定审查的标准和要求,且规定的标准和要求应平等地适用于所有的潜在投标人或投标人。招标人不得规定任何并非客观合理的标准、要求或程序,不得限制或排斥潜在投标人或投标人,不得规定歧视某一投标人或某些投标人的标准、要求或程序。

招标人可根据招标项目自身的要求,在招标公告或投标邀请书中,要求潜在投标人提供有关资质证明文件和业绩情况,并对潜在投标人进行资格预审。在招标实践中,招标人经常采用资格预审程序,并且专门发布资格预审公告。资格预审公告包括:

(1)招标人的名称和地址;

(2)招标项目的性质和数量;

(3)招标项目的地点和时间;

(4)获取资格预审文件的办法、地点和时间;

(5)对资格预审文件收取的费用;

(6)提交资格预审申请书的地点和截止时间;

(7)资格预审的日程安排。

5.4.5 发售土木工程招标文件

土木工程招标文件的组成,见表5-7。

表5-7 土木工程招标文件的组成

项 目	内 容
投标须知	投标须知,主要包括招标人及招标代理人的概况、土木工程概况及招标范围、招标文件的组成、投标文件的编制和递交要求、评标标准以及开标、评标、定标的时间、地点等有关规定
合同条件	合同条件是招标人事先拟定好的,是招标文件的一个重要组成部分,确定中标人后,应据此签订合同。招标人可采用标准的土木工程合同示范文本,在采用标准的示范文本时,可以直接指定,不用把所有的合同条件都写进招标文件,只需把要特别约定的专用条款写进文件即可
技术规范	技术规范,主要指国家、地方或行业的法律、法规、规范、规程等
投标文件格式	投标文件格式规定了投标文件各组成部分的格式要求,包括投标函格式、商务标格式和技术标格式三个部分。 投标函格式主要规定投标文件封面、法定代表人资格证明、法定代表人授权委托书、投标保证金等文件的格式;商务标格式主要规定各种报价、计价表格的格式,一般采用国家规定的工程量清单报价表格式;技术标格式主要规定施工组织设计中涉及的各种表格及项目管理人员、技术人员、设备等情况说明的表格

续表

项　目	内　容
图纸和技术资料	图纸和技术资料，包括土木工程的规模、范围等
工程量清单	工程量清单，主要由分部分项工程量清单、措施项目清单、其他项目清单、规费项目清单和税金组成。分部分项工程量清单中对应每个清单项目要写明的项目编码、项目名称及特征、计量单位和工程量，项目特征要描述清楚

招标文件应在招标公告或投标邀请书中规定的时间、地点，按规定的价格发售给各投标人，投标人据此招标文件编制投标文件。招标人在招标文件中应明确提交投标文件的截止时间，即确定投标人编制投标文件所需要的合理时间，给投标人充分的时间编制投标文件。

招标文件发出后，招标人可对其进行必要的澄清或修改，但应当在招标文件中规定的提交投标文件截止时间至少 15 d 前，以书面形式通知所有招标文件收受人。招标文件澄清或修改的内容是招标文件的组成部分，而不作为另一份招标文件。

5.4.6 编制土木工程招标控制价

1. 招标控制价的编制依据

(1)《建设工程工程量清单计价规范》。

(2)国家或省级、行业建设主管部门颁发的计价定额和计价办法。

(3)土木工程设计文件及有关资料。

(4)招标文件中的工程量清单及有关要求。

(5)与工程建设项目相关的标准、规范、技术资料。

(6)采用的材料价格应是工程造价管理机构通过工程造价信息发布的材料单价，工程造价信息未发布材料单价的材料，其材料价格应经市场调查后确定。

(7)其他相关资料。

2. 招标控制价的编制内容

招标控制价的编制内容，见表 5-8。

表 5-8　招标控制价的编制内容

项　目	内　容
分部分项工程费	(1)工程量的确定，依据分部分项工程量清单中的工程量。 (2)按照招标控制价的编制依据确定综合单价，综合单价包括人工费、材料费、施工机械使用费和企业管理费与利润，招标文件提供了暂估单价的材料，应按暂估单价计入综合单价。 (3)为使招标控制价与投标报价包含的内容一致，综合单价中应包括招标文件中要求投标人所承担的风险内容及其范围(幅度)产生的风险费用

续表

项　目	内　容
措施项目费	(1)措施项目的确定,依据招标文件中措施项目清单所列内容。 (2)措施项目清单计价,应根据拟建工程的施工组织设计,计算工程量采用分部分项工程量清单方式的措施项目应采用综合单价计价;其余的措施项目可以"项"为单位计价,并包括除规费、税金外的全部费用。措施项目清单中的安全文明施工费应按国家或省级、行业建设主管部门的规定计价,不得作为竞争性费用
其他项目费	其他项目费由暂列金额、暂估价、计日工以及总承包服务费组成。 (1)暂列金额由招标人根据土木工程的特点,按照有关计价规定进行估算后确定。 (2)暂估价中的材料单价应按照工程造价管理机构发布的工程造价信息或市场价格确定;暂估价中的专业工程暂估价应分不同专业,按有关的计价规定进行估算。 (3)计日工由招标人根据土木工程的特点,按照所列的计日工项目和有关计价依据计算。 (4)总承包服务费,由招标人根据招标文件中列出的内容和向总承包人提出的要求参照下列标准计算: ①招标人要求对分包的专业工程进行总承包管理和协调时,按分包的专业工程估算造价的1.5%计算; ②招标人要求对分包的专业工程进行总承包管理和协调,并要求提供配合服务时,根据招标文件中列出的配合服务内容和提出的要求按分包的专业工程估算造价的3%～5%计算; ③招标人自行供应材料的,按招标人供应材料价值的1%计算
规费和税金	规费和税金,应按国家或省级、行业建设主管部门的规定计算,不得作为竞争性费用

5.4.7　组织现场考察和标前会议

1. 现场考察

(1)自然地理条件。土木工程所在地的地理位置、地形地貌、用地范围、气象、水文情况(如气温、湿度、风力、降雨)、地质情况等。

(2)施工条件。施工场地周围的情况,布置临时性设施、生活区的可能性;供水排水、供电、通信、道路交通条件;附近既有建筑物情况等。

(3)市场环境。建筑及装饰材料、施工机械设备、燃料动力和生活用品供应情况以及价格水平;劳务市场情况等。

2. 标前会议

标前会议,也称投标预备会或答疑会,是招标人为解答投标人在招标文件和现场考察中发现的问题,以便投标人更好地编制投标文件组织召开的会议。

投标人提出招标文件和现场考察中发现的问题，招标人在标前会议上予以解答，并形成书面文件，发送给每位投标人。

除解答问题外，招标人还可对招标文件的某些内容进行修改或予以补充，补充文件作为招标文件的组成部分，具有同等效力。但补充或修改的内容影响到编制投标文件时，招标人可适当延长提交投标文件的截止时间。

标前会议应在招标管理机构的监督下，由招标人或其委托的招标代理机构组织并主持召开，参加会议的人员包括招标人、投标人、招标文件的编制人员等。

5.4.8 《招标投标法》关于招标的其他规定

(1)招标人不得以不合理的条件限制或排斥潜在投标人，不得对投标的潜在投标人实行歧视性待遇。本条规定主要为防止一些利用不合理的评标标准、设置多个标底等手段限制或排斥潜在投标人的违法行为。

(2)招标文件不得要求或者表明特定的生产供应者以及含有倾向或排斥潜在投标人的其他内容。

(3)招标人不得强制投标人组成联合体投标，不得限制投标人之间的竞争。投标时，投标人是否与他人组成联合体、与谁组成联合体，都由投标人自行决定，任何人都不得干涉。

(4)招标人不得向他人透露已获取招标文件的潜在投标人的名称、数量以及可能影响有关招标投标公平竞争的其他情况。招标人设有标底的，标底必须保密。

5.5 土木工程投标

5.5.1 投标的定义和程序

投标，是指投标人从填写资格预审调查表起，到将正式的投标文件送交招标人，中标签订土木工程承包合同为止所进行的全部工作。

投标程序，应按下列步骤进行：取得项目招标信息→准备资料参加投标报名→领取资格预审文件→编制资格预审文件→提交资格预审资料→通过资格预审后领取招标文件→研究招标文件→提出质疑问题→考察现场、领取答疑文件并对招标人进行考察→投标策划及确定投标策略→核算工程量清单→编制施工组织设计或施工方案→计算施工方案工程量→多种方法进行报价→计算综合单价→确定工程成本价→报价分析、决策并确定最终的投标报价→根据招标文件要求编制、汇总、审核投标文件→递交投标文件→参加开标会议→等候询标。

5.5.2 资格预审的准备

资格预审的准备工作包括以下方面：

(1)严格按招标人的要求填写所有表格。

(2)尽量突出自身的特长，如施工技术、施工组织管理能力等。

(3)对强制性指标的填写应特别慎重，必须满足招标人的要求。

(4)注意平时资料的积累,做好资料储存工作,以便随时调用。

5.5.3 投标前的准备工作

1. 投标环境的调查

(1)政治文化方面。如国际关系、法律规定、宗教信仰等。

(2)经济方面。如生产水平、利率、价格水平等。

(3)法律方面。如与承包活动有关的法律政策。

(4)自然环境。如水文、气候、地质、自然灾害等。

(5)社会状况。如土木工程所在地的宗教信仰、风俗习惯以及当地的治安状况等。

(6)市场情况。包括建筑材料、施工机械设备、动力、水源等供应情况,价格水平以及劳动力市场的状况。

投标环境的资料,可通过多种途径获得。对于一般的土木工程项目投标可能不需将上述各方面全面地调查一遍;对于大型的土木工程项目,特别是异地投标或国际投标的项目就需要做好各方面的详细调查。

2. 土木工程项目情况调查

(1)土木工程的性质、规模、发包范围。

(2)土木工程的技术规模和对材料性能及工人技术水平的要求。

(3)对总建设工期和分批竣工交付使用的要求。

(4)土木工程所在地的气象和水文资料。

(5)施工现场的地形、土质、地下水、交通运输、给水排水、供电、通信条件等情况。

(6)土木工程项目的资金来源和业主的资信状况。

(7)土木工程价款的支付方式。

(8)业主、监理工程师的资历和工作作风等。

(9)其他。

投标人通过上述调查获取相应信息后,应结合自身的状况,如资金状况、工程经验、管理水平、施工力量、技术水平等决定是否参与投标。对于技术水平、管理水平、财务能力和竞争能力勉强达到或根本达不到要求的投标人,应予以否决。

5.5.4 投标文件的编制和投送

1. 投标文件内容要求

(1)投标文件是衡量一个施工企业的资历、质量、技术水平和管理水平的综合文件,也是审标和决标的主要依据。

投标人做出投标决策后,应按照招标文件的要求编制投标文件,对招标文件中提出的实质性要求和条件做出响应。投标文件包括:

①投标函;

②投标函附录;

③投标保证金;

④法定代表人资格证明书;

⑤法定代表人授权委托书；

⑥具有标价的工程量清单与报价表；

⑦辅助资料表；

⑧资格审查表；

⑨对招标文件中的合同协议内容、协议条款的确认和响应；

⑩项目管理规划；

⑪招标文件要求提交的其他内容。

(2)在编制投标文件时，应做好工程量的校核、施工规划的编制以及报价的计算等工作。此外，投标人还应向招标人提供下列材料：

①企业简介；

②企业的营业执照和资质证书；

③自有资金情况；

④全员职工人数，包括技术人员、技术工人数量及平均技术等级等；

⑤企业自有的主要施工机械设备一览表；

⑥近三年承建的主要工程及其质量情况；

⑦现有的主要施工任务，包括在建和尚未开工工程一览表等。

投标人编制好投标文件后，应在招标文件要求提交投标文件的截止时间之前，将投标文件送达指定的投标地点。招标人在收到投标文件后，应签收保存，不得开启。在招标文件要求提交投标文件的截止时间之后送达的投标文件，招标人应拒绝签收。

2. 注意事项

在编制及投送标书时，应注意下列事项：

(1)防止可能造成无效标书的工作漏洞。如标书未密封、未加盖单位及其法定代表人的印章、字迹涂改或辨认不清等。

(2)不得改变标书的格式。

(3)对工程量清单中所列工程量进行校核，发现有错误时，不得随意修改，也不能按自己所核实的工程量计算标价。

(4)计算数字要准确，单价、合计、分部合计、总标价及其大写数字均应仔细核对。特别是在单价合同承包方式中的单价更应准确无误，否则中标签订建设项目合同后，整个施工期间均按错误的合同单价结算，以致蒙受不应有的经济损失。

(5)标书投送时，应严格执行各项规定，不得行贿、营私舞弊，不得泄露标价或串通其他投标人哄抬标价，不得隐瞒事实真相，不得有损害国家和他人利益的行为，否则将被取消投标或承包资格，以及受到法律和经济的制裁。

根据契约自由的原则，投标文件投送后，投标人可进行补充、修改或撤回，但必须以书面形式通知招标人。投标人对投标文件的补充、修改、撤回通知部分的材料，必须密封，并在规定的投标文件的截止时间之前，送到指定地点。补充或修改材料是原投标文件的组成部分，不是另一投标文件，招标人不得以此为理由拒收该补充或修改材料。

5.5.5 《招标投标法》关于投标的其他规定

《招标投标法》关于投标的其他规定,见表 5-9。

表 5-9 《招标投标法》关于投标的其他规定

项 目	内 容
关于联合体投标的规定	(1)联合体的地位。联合体是由两个以上的投标人组成,在投标时作为一个整体出现,即以一个投标人的身份出现,只提交一份投标文件,而不是每个成员都提交一份投标文件。 (2)联合体的能力和资格。联合体各方均应具备承担招标项目的能力,国家有关规定或者招标文件对投标人资格条件有规定的,联合体各方均应具备规定的相应资格条件;由同一专业的单位组成的联合体,按照资质等级较低的单位确定资质等级。 (3)联合体各方的责任。联合体各方应签订共同投标协议,明确约定各方在拟承包的土木工程中所承担的义务和责任。中标后,联合体各方共同与招标人签订土木工程承包合同,承担连带责任
关于约束投标人行为的规定	(1)禁止投标人之间串通。投标人之间不得相互串通投标,不得排挤其他投标人的公平竞争,不得损害招标人或其他投标人的合法权益。 (2)禁止投标人与招标人串通。投标人不得与招标人串通投标,损害国家、社会公共利益和他人的合法权益。 (3)禁止投标人行贿。禁止投标人以向招标人或评标委员会行贿的手段谋取中标。 (4)禁止挂靠等弄虚作假行为。投标人不得以低于成本的报价竞争,也不得以他人名义投标或者以其他方式弄虚作假、骗取中标

5.6 土木工程开标、评标和中标

5.6.1 开标

1. 开标的时间与地点

开标时间,应在招标文件确定的提交投标文件截止时间的同一时间公开进行,之所以这样规定,是避免开标时间与投标截止时间之间存在时间间隔,以防止泄露投标内容等不正当行为的发生。

开标地点事先在招标文件中明确规定,有利于投标人准时参加开标,从而维护了其合法利益。

2. 开标的主持人和参加人

开标由招标人主持,邀请所有投标人参加。邀请所有投标人参加,是为了保证招标投标活动的公正,使其了解开标的过程和其他投标人的投标情况,判断评标结果是否合理,对招标活动起到一定的监督作用。

开标时,还可邀请招标投标的主管部门、评标委员会、监察部门的有关人员参加,也可委托公证部门对整个开标过程进行公证。

3. 投标文件有效性的查验

开标时，由投标人或其推选的代表检查投标文件的密封情况，也可由招标人委托的公证机关检查并公证；经确认无误后，当众拆封，宣读投标文件的内容。

投标截止日期前收到的所有投标文件，确认密封无误后，均应当众拆封、公开宣读。同时，还应将整个开标过程记录在案，由开标的主持人和其他工作人员签字确认后，存档备查。

5.6.2　评标

1. 注意事项

评标时应注意的事项，见表 5-10 。

表 5-10　评标的注意事项

项　目	内　容
评标标准	评标时，应按照招标文件确定的评标标准和方法，对投标文件进行评审和比较；设有标底的，应参考标底。 未在招标文件中列明的标准和方法，不得采用；招标文件中已列明的标准和方法，不得有任何改变
独立评审	评标是招标人和评标委员会的独立活动，不应受外界的干扰和影响，以免影响评标过程的公正性
标价的确认	对于报价存在前后矛盾的投标文件，除招标文件另有规定外，应按以下原则进行修正和确认： (1)用数字表示的数额与用文字表示的数额不一致时，以文字数额为准； (2)单价与工程量的乘积和总价不一致时，以单价为准； (3)若单价有明显的小数点错位，以总价为准，并修改单价。 调整后的报价，经投标人确认后即产生约束力
投标文件的澄清	评标时，若发现投标文件的内容不明确或明显的文字错误或属于计算上的错误等情况，评标委员会可通知投标人做出必要的澄清和说明，以确认其正确的内容。投标文件澄清的要求及答复均应采取书面形式

2. 评标的工作程序

(1)初评。评标委员会以招标文件为依据，审查各投标文件是否响应了招标文件的实质性要求，确定投标文件的有效性。初评审查的内容包括：投标人的资格、投标文件的有效性、报送资料的完整性、报价计算的正确性等。

投标文件对招标文件实质性要求和条件响应的偏差分为重大偏差和细微偏差两类。未做实质性响应的重大偏差，包括：

①没有按照招标文件要求由投标人授权代表签字并加盖公章；

②没有按照招标文件要求提供投标担保或者提供的投标担保有问题；

③投标文件记载的招标项目完成期限超过招标文件规定的完成期限；

④投标文件记载的货物包装方式、检验标准和方法等不符合招标文件的要求；

⑤明显不符合技术规格、技术标准要求；

⑥投标文件附有招标人不能接受的条件；

⑦不符合招标文件中规定的其他实质性要求。

存在重大偏差的投标文件均属于初评中应淘汰的标书。

对存在细微偏差的投标文件，即对招标文件没有实质性的背离，只在个别地方存在漏项或者不详细、不完整的情况，并且修正此类偏差不会对其他投标人造成不公平的投标文件，经过修正后，可作为有效标书。

属于细微偏差的投标文件，评标委员会可以要求投标人进行书面澄清、说明或者补正，但不得超过投标文件的范围或改变投标文件的实质性内容。

(2)详评。详评分为技术标评审和商务标评审两个部分。根据土木工程项目的规模及招标目的的不同，评审方法可分为定性评审和定量评审两类。大型土木工程应采用综合评标法或评标价最低法进行评审。

综合评标法是指将评审内容分类后分别赋予不同权重，评标委员会依据评分标准对各类内容细分的小项进行打分，根据预先设定好的权重，计算总得分，总得分反映投标人的综合水平，按照得分高低确定排名顺序和中标候选人。

评标价最低法是指评标过程中以投标人的报价为基础进行评审，但报价的高低并非确定排名顺序的唯一因素，在报价的基础上，评标委员会要对其进行必要的调整，得出经评审的投标价，并据此确定排名顺序和中标候选人，但不保证报价最低者中标。

3. 评标报告

评标结束后，评标委员会应向招标人提交书面评标报告。评标报告包括评标情况说明、对各合格投标文件的评价、经评审的投标人排序、废标情况说明、推荐合格的中标候选人等内容。评标报告主要分三种情况，见表5-11。

表5-11 评标报告情况

项　目	内　容
推荐中标候选人	评标委员会可在评标报告中推荐1～3个中标候选人，以供招标人参考，由招标人确定中标人
直接确定中标人	招标人也可授权评标委员会，委托其直接确定中标人
否决所有投标人	如果评标委员会经过评审，认为所有投标文件都不符合招标文件的要求，可以否决所有投标的文件，即废标。废标后，必须进行招标的项目应重新进行招标

5.6.3 中标

1. 中标的条件

中标人的投标文件，应符合下列条件之一：

(1)能够最大限度地满足招标文件中规定的各项综合评价标准。适用于没有通用技术、性能标准或有特殊要求的招标项目。

(2)能够满足招标文件的实质性要求,并经评审的投标价格最低,但投标价格低于成本的除外。适用于具有通用技术、性能标准或招标人对其技术、性能没有特殊要求的招标项目,其适用于一般项目。

2. 中标通知书

中标通知书,是招标人向中标的投标人发出告知其中标的书面通知文件。中标人确定后,招标人应向中标人发出中标通知书,并同时将中标结果通知所有未中标的投标人。中标通知书发出后,即对招标人和中标人双方产生法律效力。

3. 中标后合同的签订

招标人和中标人应自中标通知书发出之日起 30 日内,按照招标文件和中标人的投标文件订立书面合同。招标人和中标人不得再行订立背离合同实质性内容的其他协议,若签订此类协议,其在法律上也是无效的。

4. 中标人的法定义务

中标人应按照承包合同的约定履行义务,完成中标项目。中标人不得向他人转让中标项目,也不得将中标项目肢解后向他人转让。

中标人可按照合同约定或经招标人同意,将中标项目的部分非主体、非关键性工作分包给他人完成。接受分包的人具备相应的资格条件,并不得进行再次分包。中标人应对分包项目向招标人负责,接受分包的人对分包项目承担连带责任。

中标人在接到中标通知书后,即成为该招标工程的施工承包商,应在规定的时间内与招标人签订施工合同。此时,招标人与中标人还应进行决标后的谈判,将双方在以前谈判过程中达成的协议具体落实到合同内,并签订合同。在决标后的谈判中,若中标人拒绝签订合同,招标人有权没收其投标保证金,另与其他单位签订合同。

5. 提交招标投标报告

强制招标的项目,招标人应自确定中标人之日起 15 日内,向有关行政监督部门提交招标投标报告。

提交招标投标报告是国家对招标投标活动进行的监督活动之一,对保护国家利益、社会公共利益及公众安全,起到一定的作用。

5.6.4 《招标投标法》关于决标的其他规定

1. 关于评标委员会的规定

关于评标委员会的规定,见表 5-12。

表 5-12 关于评标委员会的规定

项 目	内 容
评标委员会的组成	依法必须进行招标的项目,其评标委员会由招标人的代表和有关技术、经济、法律等方面的专家组成,应为 5 人以上的单数,其中技术、经济、法律等方面的专家不得少于成员总数的 2/3
评标委员会中专家的资格	为保证评标的质量,参加评标的专家必须是具有较高的专业水平,并有丰富的实际工作经验,对相关业务相当熟悉的专业技术人员。参加评标委员会的专家应满足从事相关领域工作满 8 年并具有高级职称或具有同等专业水平的条件

续表

项　目	内　容
评标委员会专家人选的确定	为防止招标人选定评标专家的主观随意性，评标委员会专家由招标人从国务院或省、自治区、直辖市人民政府有关部门提供的专家名册或招标代理机构的专家库中确定。 一般招标项目可采取随机抽取方式；特殊招标项目因有特殊要求或技术特殊复杂，只有少数专家能够胜任时，可由招标人直接确定，但与投标人有利害关系的人不得进入评标委员会，已经进入的也应更换

2. 关于废标和重新招标的规定

(1)投标人少或收到的有效投标文件少。投标人少于 3 个的，招标人应当依照《招标投标法》重新招标。

当投标人少于 3 个时，会缺乏有效竞争力，投标人可能会提高承包条件，损害招标人利益，与招标目的相违背，因此必须重新招标。

(2)所有投标均被否决。评标委员会经评审认为所有投标文件都不符合招标文件要求时，可以否决所有投标。经评标委员会按规定否决不合格的投标文件后，有效投标文件少于 3 个使得投标活动缺乏竞争力的，评标委员会可以否决所有投标。依法必须进行招标的项目所有投标均被否决的，招标人应当依照《招标投标法》重新招标。

一般情况下，招标文件中规定招标人可以废除所有的投标的情况有以下几种。

①缺乏有效竞争力，即上述所讲收到投标书少的情况。

②大部分或全部投标文件未被接受，主要的情况有：

a. 投标人不合格；

b. 未按照招标文件的规定进行投标；

c. 投标文件为不符合要求的投标；

d. 借用或冒用他人名义或证件，或以伪造、变造的文件投标；

e. 伪造或变造投标文件；

f. 投标人直接或间接地提议给予或同意给予招标人或其他有关人员任何形式的报酬或利益，促使招标人在采购过程中做出某一行为或决定，或采取某一程序；

g. 投标人拒不接受对计算错误所做的纠正；

h. 所有投标价格或评标价均高于招标人的期望价。

习题与思考

5-1　土木工程招标投标的定义及其特点是什么？

5-2　土木工程发包与承包的定义是什么？土木工程承包的方式有哪些？

5-3　土木工程招标应具备的条件有哪些？土木工程招标准备阶段的主要工作有哪些？

5-4　《招标投标法》关于评标委员会的规定有哪些方面？

6　土木工程合同管理法规

内容提要

掌握：要约和承诺；土木工程施工合同的法定形式；劳动合同的规定。

了解：合同法律的特征以及订立的原则。

6.1　土木工程合同概述

6.1.1　合同的法律特征及订立原则

1. 合同的法律特征

合同的法律特征，包括：

(1)合同是一种法律行为。

(2)合同当事人的法律地位一律平等，双方自愿协商，任何一方不得将自己的意志、观点强加给另一方。

(3)订立合同的目的在于设立、变更、终止民事权利义务关系。

(4)合同的成立必须有两个以上的当事人；两个以上当事人不仅要做出意思表示，而且意思表示是一致的。

2. 合同的订立原则

合同的订立原则，见表6-1。

表6-1　合同的订立原则

原　则	内　容
公平原则	(1)订立合同时，根据公平原则确定双方的权利和义务，不得欺诈，不得假借订立合同之名恶意进行磋商。 (2)根据公平原则确定风险的合理分配。 (3)根据公平原则确定违约责任
自愿原则	自愿原则体现了民事活动的基本特征，是民事法律关系区别于行政法律关系、刑事法律关系所特有的原则。自愿原则贯穿于合同活动的全过程，包括合同内容由当事人在不违法的情况下自愿约定，在合同履行过程中当事人可以协议补充、协议变更有关内容，双方也可以协议解除合同，可以约定违约责任，以及自愿选择解决争议的方式等。故只要不违背法律、行政法规强制性的规定，合同当事人有权自愿决定，任何单位和个人不得非法干预

续表

原 则	内 容
平等原则	(1)合同当事人的法律地位一律平等。 (2)合同中的权利义务对等。 (3)合同当事人必须对合同的条款进行充分协商,在互利互惠基础上取得一致后,合同方能成立。任何一方不得将自己的意志强加给另一方,更不得以强制命令、胁迫等手段签订合同
合法原则	合同的订立和履行,属于合同当事人之间的民事权利义务关系,只要当事人的意志不与法规、社会公共利益和社会公德相抵触,即承认合同的法律效力。但合同不只是合同当事人之间的问题,有时可能会涉及社会公共利益、社会公德和经济秩序。因此对损害社会公共利益、扰乱社会经济秩序的行为,国家应依法进行干预,并由法律、行政法规做出规定
诚实信用原则	(1)订立合同时,不得有欺诈或其他违背诚实信用原则的行为。 (2)履行合同义务时,合同当事人应根据合同的性质、目的和交易习惯,履行及时通知、协助、提供必要条件、防止损失扩大、保密等义务。 (3)合同终止后,合同当事人应根据交易习惯,履行通知、协助、保密等义务,也称为后契约义务

3. 合同的分类

合同的分类,见表6-2。

表6-2 合同的分类

项 目	内 容
有名合同与无名合同	有名合同(又称典型合同),是指法律上已经确定了一定的名称及具体规则的合同。 无名合同(又称非典型合同),是指法律上尚未确定一定的名称与规则的合同。合同当事人可自行决定合同的内容,即使合同当事人订立的合同不属于有名合同的范围,但只要不违背法律的禁止性规定和社会公共利益,其仍然是有效的合同。 有名合同与无名合同的区分意义,主要在于两者适用的法规不同
双务合同与单务合同	双务合同,是指合同当事人双方互负对待给付义务的合同,即双方当事人互享债权、互负债务,一方的合同权利正好是对方的合同义务,彼此形成对价关系。 单务合同,是指合同当事人中仅有一方负担义务,另一方只享有合同权利的合同
诺成合同与实践合同	诺成合同(又称不要物合同),是指合同当事人双方意思表示一致成立的合同。 实践合同(又称要物合同),是指除合同当事人双方意思表示一致以外,还须交付标的物才能成立的合同

续表

项 目	内 容
要式合同与不要式合同	要式合同,是指根据法律规定必须采取特定形式的合同。 不要式合同,是指合同当事人订立的合同依法并不需要采取特定的形式,合同当事人可以采取口头形式,也可以采取书面形式或其他形式。 要式合同与不要式合同的区别,实质上是一个关于合同成立与生效的条件问题。如法律规定某种合同必须采用书面形式才成立,则当事人未采用书面形式时合同便不成立
有偿合同与无偿合同	有偿合同,是指合同当事人一方通过履行合同义务给对方某种利益,对方要得到该利益必须支付相应代价的合同。 无偿合同,是指合同当事人一方给对方某种利益,对方取得该利益,但不支付任何代价的合同
主合同与从合同	主合同,是指能够独立存在的合同。 从合同,是指依附于主合同才能存在的合同

4. 土木工程合同

土木工程合同是承包人进行工程建设,发包人支付价款的合同。土木工程合同实际上是一种特殊的承揽合同。土木工程合同可分为土木工程勘察合同、土木工程设计合同、土木工程施工合同。

土木工程施工合同是土木工程合同中的重要部分,是指承包人(施工人)根据发包人的委托,完成土木工程项目的施工工作,发包人接受工程工作成果并支付报酬的合同。

土木工程施工合同包括土木工程范围、建设工期、中间交工工程的开工和竣工时间、工程质量、工程造价、技术资料交付时间、材料和设备供应责任、拨款和结算、竣工验收等合同条款。

6.1.2 合同的要约与承诺

1. 要约

(1)要约的概念。要约是希望和他人订立合同的意思表示。发出要约的人称为要约人,接受要约的人称为受要约人。要约是订立合同的必经阶段。

(2)要约的构成要件。

①内容具体、确定。内容具体,是指要约的内容必须具有使合同成立的主要条款。如果没有包含使合同成立的主要条款,则受要约人难以做出承诺,即使做出承诺,也会因双方的这种合意不具备合同的主要条款致使合同不能成立;内容确定,是指要约的内容必须明确,不能含糊不清,否则受要约人无法承诺。

②表明经受要约人承诺,要约人即受该意思表示的约束。要约必须具有订立合同的意图。要约作为希望与他人订立合同的一种意思表达,其内容已经包含可以得到履行的合同成立所需要具备的基本条件。

(3)要约邀请。要约邀请是希望他人向自己发出要约的意思表示,包括寄送的价目表、拍卖公告、招标公告等。要约邀请是合同的准备阶段,不具有法律约束力。

(4)要约的法律效力。要约到达受要约人时起生效。要约的有效期间由要约人在要约邀请中规定。要约人如果在要约邀请中规定有存续期间的,则受要约人必须在此期间内承诺。

要约可以撤回,但撤回要约的通知应在要约到达受要约人前或者与要约同时到达受要约人。

有下列情形之一时,要约不得撤销:

①要约人确定了承诺期限或者以其他形式明示要约不可撤销;

②受要约人有理由认为要约是不可撤销的,并已经为履行合同做了准备工作。

2. 承诺

(1)承诺的方式。承诺应以通知的方式做出,根据交易习惯或者要约表明可以通过行为做出承诺的除外。

(2)承诺的生效。承诺通知到达要约人时生效。承诺不需要通知的,根据交易习惯或者要约要求做出的承诺行为时生效。

(3)承诺的内容。承诺的内容应与要约的内容相一致。受要约人对要约的内容做出实质性变更的,为新要约。有关合同标的、数量、质量、价款或者报酬、履行期限、履行地点和方式、违约责任和解决争议方法等的变更,是对要约内容的实质性变更。

6.1.3 土木工程施工合同的法定形式和内容

1. 土木工程施工合同的法定形式

土木工程施工合同,应当采用书面形式。

合同当事人订立合同,有书面形式、口头形式和其他形式。法律、行政法规规定采用书面形式的,应采用书面形式;合同当事人约定采用书面形式的,应采用书面形式。

书面形式合同的内容具体、明确,有据可循,对防止争议和解决争议有积极的意义;口头形式合同有简便、直接、快速的特点,但缺乏凭证,若发生争议,难以进行取证,且不易分清责任;其他形式合同,可根据合同当事人的行为或者特定情形推定合同的成立,也称之为默示合同。

2. 合同的内容

合同的内容,见表 6-3。

表 6-3 合同的内容

条款	内容
当事人的名称或者姓名和住所	当事人的名称或者姓名和住所,是合同必备的条款,必须把各方当事人的名称或姓名和住所都规定准确、清楚
标的	(1)有形财产,是指具有价值和使用价值,并且法律允许流通的有形物。 (2)无形财产,是指具有价值和使用价值,并且法律允许流通的不以实物形态存在的智力成果,如商标权、著作权等。 (3)劳务,是指不以有形财产体现其成果的劳动与服务。 (4)工作成果,是指在合同履行过程中产生的、体现履约行为的有形物或无形物

续表

条　款	内　容
数量	数量是合同的重要条款。一般情况下，合同的数量要准确，选择使用共同接受的计量单位、计量方法和计量工具
质量	合同中应对质量问题尽量规定细致、准确和清楚；有国家强制性标准的，必须按照强制性标准执行。合同当事人可以约定质量检验方法、质量责任期限和条件等
价款或者报酬	价款或者报酬，是指合同一方当事人向对方当事人所付出代价的货币支付。在合同中，应明确规定计算价款或者报酬的方法
履行期限、地点和方式	履行期限，是指合同中约定的当事人履行自己的义务；履行地点，是指合同一方当事人履行合同义务和对方当事人接受履行的地点，是在发生纠纷后确定由哪一地法院管辖的依据；履行方式，是指合同当事人履行合同义务的具体做法
违约责任	违约责任，是指合同当事人一方或者双方不履行合同，或者不适当履行合同，按照法律规定或者合同约定应承担的法律责任。为了保证合同义务的严格履行，及时解决合同纠纷，可在合同中约定定金、违约金、赔偿金额以及赔偿金的计算方法等
解决争议的方法	解决争议的方法，是指合同争议的解决途径，对合同条款发生争议时的解释及法律适用等。合同当事人可以约定解决争议的方法，如若通过诉讼解决争议则不用约定。 解决争议的途径主要有： (1)合同双方协商和解； (2)第三人调解； (3)仲裁； (4)诉讼

3. 土木工程施工合同的内容

(1)工程范围，是指施工的界限，是施工单位进行施工的工作范围。

(2)建设工期，是指施工方完成施工任务的期限。在实际应用中，发包人常要求缩短工期，施工方为加快施工进度，为此往往会发生严重的工程质量问题。因此，为保证工程质量，合同双方当事人应在土木工程施工合同中确定合理的建设工期。

(3)中间交工工程，是指施工过程中的阶段性工程。为了保证工程各阶段的交接，圆满完成工程建设，合同当事人应在土木工程施工合同中明确中间交工工程的开工和竣工时间。

(4)工程质量条款，是明确施工方施工要求，确定施工方责任的依据。施工方必须按照土木工程设计图纸和施工技术标准施工，不得擅自修改工程设计，不得偷工减料。发包人不得暗示或明示施工方违反土木工程强制性标准，降低土木工程质量。

(5)工程造价，是指进行工程建设所需的全部费用，包括人工费、材料费。在实际应用中，有的发包人为获得更多的利益，通常压低工程造价，施工方为赚取利益或不亏本，不得不偷工减料、以次充好，从而导致工程质量不合格，甚至造成严重的工程质量事故。因此，为保证工程质量，双方当事人应在合同中合理确定工程造价。

(6)技术资料，主要是指勘察、设计文件以及其他施工方施工时所必需的基础资料。合同当事人应在土木工程施工合同中明确技术资料的交付时间。

(7)材料和设备供应责任，是指由哪一方当事人提供土木工程所需材料设备及其应承担的责任。材料和设备可由发包人负责提供，也可由施工方负责采购。如按照合同约定由发包人负责采购建筑材料、构配件和设备，发包人应保证建筑材料、构配件和设备符合设计文件和合同的要求，施工方则必须按照土木工程设计要求、施工技术标准和合同的约定，对建筑材料、构配件和设备进行检验。

(8)拨款和结算条款，是施工方请求发包人支付工程款和报酬的依据。拨款，是指工程款的拨付；结算是指施工方按照合同约定和已完工程量向发包人办理工程款的清算。

(9)竣工验收条款，应包括验收范围与内容、验收标准与依据、验收方式和日期等内容。

(10)土木工程质量保修范围和质量保证期，应按照《建设工程质量管理条例》的规定执行。

(11)双方相互协作条款，一般包括合同双方当事人在施工前的准备工作，施工方及时向发包人提出开工通知书、施工进度报告书，对发包人的监督检查提供必要协助等。

4. 土木工程施工合同发包承包双方的主要义务

(1)土木工程施工合同发包人的主要义务，见表6-4。

表6-4 土木工程施工合同发包人的主要义务

义务	内容
不得违法发包	发包人不得将应当由一个承包人完成的土木工程肢解成若干部分发包给几个承包人
提供必要施工条件	发包人未按照约定的时间和要求提供建筑材料、设备、场地、资金、技术资料的，承包人可以适当延长土木工程日期，并有权要求发包人赔偿其停工、窝工等损失
及时检查隐蔽工程	隐蔽工程在隐蔽前，承包人应通知发包人进行检查。发包人未及时检查的，承包人可以顺延土木工程日期，并有权要求发包人赔偿其停工、窝工等损失
及时验收工程	土木工程竣工后，发包人应根据施工图纸及说明书、国家颁发的施工验收规范和质量检验标准及时进行竣工验收
支付工程价款	发包人应按照合同约定的时间、地点和方式等，向承包人支付工程价款

(2)土木工程施工合同承包人的主要义务,见表 6-5。

表 6-5 土木工程施工合同承包人的主要义务

义 务	内 容
不得转包和违法分包工程	承包人不得将其承包的全部土木工程转包给第三人,不得将其承包的全部土木工程肢解以后以分包的名义转包给第三人。禁止承包人将工程分包给不具备相应资质条件的单位。禁止分包单位将其承包的工程再进行分包
自行完成土木工程主体结构施工	土木工程主体结构的施工必须由承包人自行完成。承包人将土木工程主体结构的施工分包给第三人的,则该分包合同无效
接受发包人有关检查	发包人在不影响承包人正常作业的情况下,可随时对作业进度、质量进行检查。隐蔽工程在隐蔽以前,承包人应通知发包人进行检查
交付竣工验收合格的土木工程	土木工程经竣工验收合格后,方可交付使用;未经验收或验收不合格的,不得交付使用
土木工程质量不符合约定的无偿修理	因承包人的原因导致土木工程质量不符合约定的,发包人有权要求承包人在一定的期限内无偿修理或者返工、改建。经过修理或者返工、改建后,造成逾期交付的,承包人应承担违约责任

6.1.4 土木工程工期和支付价款的规定

1. 土木工程工期

开工及开工日期、工程暂停施工、工期顺延、竣工日期等因素,直接决定了土木工程工期的天数。

(1)开工日期,是指发包人与承包人在合同中约定,承包人开始施工的绝对或相对的日期。承包人应按照合同约定的开工日期开工,承包人不能按时开工,应当不迟于协议书约定的开工日期前 7 d,以书面形式向工程师(指该工程监理单位委派的总监理工程师或发包人指定的履行本合同的代表人,下同)提出申请延期开工的理由和要求。工程师应在接到延期开工申请后的 48 h 内以书面形式答复承包人。工程师在接到延期开工申请后 48 h 内未予以答复的,视为同意承包人的延期开工申请要求,则工期相应顺延。工程师不同意承包人的延期开工要求或承包人未在规定时间内提出延期开工要求的,则工期不予顺延。

因发包人原因不能按照合同中约定的开工日期开工时,工程师应以书面形式告知承包人,推迟开工日期。发包人赔偿承包人因延期开工所造成的损失,并相应顺延工期。

(2)暂停施工。工程师认为确有必要暂停施工时,应以书面形式要求承包人暂停施工,并在提出暂停施工要求后 48 h 内提出书面处理意见。承包人应按工程师的要求停止施工,并妥善保护已完成的工程。承包人实施工程师做出的处理意见后,可以书面形式提出复工申请,工程师应在接到复工申请后 48 h 内予以答复;工程师未在规定时间内提出处理意见,或接到承包人复工申请后 48 h 内未予以答复的,承包人可自行复工。

因发包人原因造成停工的，由发包人承担所发生的追加合同价款，并赔偿承包人由此造成的损失，相应顺延工期；因承包人原因造成停工的，由承包人承担由此发生的费用，工期不予顺延。

(3)工期顺延。因下列原因造成工期延误的，经工程师确认，工期相应顺延：

①发包人未能按专用条款的约定提供图纸及开工条件；

②发包人未能按约定日期支付工程预付款、进度款，致使施工不能正常进行；

③工程师未按合同约定提供所需指令、批准等，致使施工不能正常进行；

④一周内非承包人原因的停水、停电、停气造成停工累计超过 8 h；

⑤不可抗力；

⑥设计变更和工程量增加；

⑦专用条款中约定或工程师同意工期顺延的其他情况。

承包人在工期可以顺延的情况发生后 14 d 内，就延误的工期以书面形式向工程师提出报告。工程师在接到报告后 14 d 内予以确认，逾期不予确认也不提出修改意见的，视为同意顺延工期。

(4)竣工日期。竣工日期是指发包人、承包人双方在协议书中约定，承包人完成承包范围内工程的绝对或相对日期。

2. 工程价款的支付

按照合同约定的时间、金额和支付条件支付工程价款，是发包人的主要合同义务，也是承包人的主要合同权利。

(1)支付工程竣工结算价款的前提条件和支付程序。

竣工验收合格的土木工程，发包人应按照合同的约定支付价款，并接收该土木工程。工程经竣工验收合格是承包人取得工程价款的前提条件。

工程竣工结算价款的支付程序一般为：

①承包人向发包人递交竣工结算报告及完整的结算资料；

②发包人对承包人的竣工结算报告及结算资料进行审核；

③发包人确认竣工结算报告后通知经办银行向承包人支付工程竣工结算价款；

④发包人、承包人对工程竣工结算价款有争议时，按照合同约定的争议解决条款处理。

(2)合同价款的确定。

招标工程的合同价款由发包人、承包人根据中标通知书中的中标价格在合同内约定。非招标工程的合同价款由发包人、承包人根据工程预算书在合同内约定。合同价款在合同内约定后，任何一方不得擅自改变。

(3)解决工程价款结算争议的规定，见表 6-6。

表 6-6 解决工程价款结算争议的规定

规　定	内　容
视为发包人认可承包人的单方结算价	合同双方当事人约定，发包人收到竣工结算文件后，在约定期限内不予答复的，视为认可该竣工结算文件，并按照合同约定处理。承包人请求按照竣工结算文件结算工程价款的，应予以支持

续表

规 定	内 容
对工程量有争议的工程款结算	当事人对工程量有争议的，应按照施工过程中所形成的签证等书面文件确认。 承包人能够证明发包人同意其施工，但未能提供签证等书面文件证明发生的工程量，可按照承包人提供的其他证据确认实际发生的工程量
欠付工程款的利息支付	发包人拖欠承包人工程款，不仅应支付工程款本金，还应支付该工程款利息。 合同双方当事人对欠付工程款利息计算标准有约定的，按照约定处理；没有约定的，按照中国人民银行发布的同期同类贷款利率计算。 当事人对付款时间没有约定或者约定不明的，以下时间视为应付款时间： (1)土木工程已实际交付的，为交付之日； (2)土木工程没有交付的，为提交竣工结算文件之日； (3)土木工程未交付，工程价款也未结算的，为当事人起诉之日
工程垫资的处理	当事人对垫资和垫资利息有约定，承包人请求按照约定返还垫资及其利息的，应予支持。约定的垫资利息计算标准高于中国人民银行发布的同期同类贷款利率部分的除外。 当事人对垫资没有约定的，按照工程欠款处理；当事人对垫资利息没有约定，承包人请求支付垫资利息的，不予支持
承包人工程价款的优先受偿权	发包人未按照合同约定支付工程价款的，承包人可以催告发包人在一定期限内支付土木工程价款。发包人逾期不予支付的，除按土木工程的性质不宜折价、拍卖的情况外，承包人可与发包人协商将该土木工程折价，也可以申请人民法院将该土木工程依法进行拍卖。承包人对该土木工程的折价或者拍卖的价款享有优先受偿权

6.1.5 土木工程赔偿损失的规定

1. 赔偿损失的概念及其特征

赔偿损失，是指合同违约方因不履行或不完全履行合同义务给对方造成损失，依法或根据合同约定赔偿对方所受损失的一种违约责任形式。

赔偿损失的特征，见表6-7。

表6-7 赔偿损失的特征

序 号	内 容
特征一	赔偿损失是合同违约方违反合同义务所产生的责任形式
特征二	赔偿损失以赔偿非违约方实际承受的全部损害为原则
特征三	赔偿损失具有一定的任意性。当事人订立合同时，可以事先约定对违约的赔偿损失的计算方法，或者直接约定违约方给付非违约方一定数额的金钱。同时，当事人也可以事先约定免责的条款

续表

序 号	内 容
特征四	赔偿损失具有补偿性，是强制违约方对非违约方所受损失的一种补偿。违约的赔偿损失一般以违约所造成的损失为标准

2. 赔偿损失的范围

赔偿损失的范围，包括直接损失和间接损失。直接损失是指财产上的直接减少；间接损失(又称所失利益)，是指失去的可以预期取得的利益。可以预期取得的利益(也称可得利益)，是指利润，不是营业额。

3. 赔偿损失的形式

赔偿损失的主要形式是法定赔偿损失，约定赔偿损失是为了弥补法定赔偿损失的不足，原则上约定赔偿损失优先于法定赔偿损失。

约定赔偿损失，是指合同当事人可以约定一方违约时应根据违约情况向对方支付一定数额的违约金，并约定因违约产生的损失赔偿额的计算方法。约定的违约金低于造成的损失，当事人可以请求人民法院或者仲裁机构予以增加；约定的违约金高于造成的损失，当事人可以请求人民法院或者仲裁机构予以适当减少。作为约定赔偿损失，若一方发生违约并造成另一方的损害以后，受害一方不必证明其具体的损害范围即可依据约定赔偿损失条款获得赔偿。

法定赔偿损失，是指根据法律规定的赔偿范围、损失的计算原则与标准，确定损失赔偿的金额。

4. 承担赔偿损失责任的构成要件

承担赔偿损失责任的构成要件有：

(1)具有违约行为；

(2)违约行为与财产等损失间有因果关系；

(3)造成损失后果；

(4)违约人有过错，或虽无过错，但法律规定应当赔偿。

5. 赔偿损失的限制

(1)赔偿损失的可预见性原则。赔偿损失不得超过违反合同一方订立合同时预见到或者应预见到的违反合同可能造成的损失。

当违约所造成的损害是违约方在约定时可以预见的情况下发生的，且认定损害结果与违约行为之间具有因果关系时，违约方应对造成的损害承担赔偿责任；若损害是不可预见的，则违约方不应承担赔偿责任。

(2)采取措施防止损失的扩大。合同当事人一方违约后，另一方应采取适当措施防止损失的扩大；没有采取适当措施导致损失扩大的，无权就扩大的损失部分要求赔偿。当事人因采取适当措施防止损失的扩大而支出的费用，由违约方承担。

6. 土木工程施工合同中的赔偿损失

土木工程施工合同中的赔偿损失，见表6-8。

表 6-8 土木工程施工合同中的赔偿损失

项 目	内 容
发包人承担的赔偿损失	(1)未及时检查隐蔽工程造成的损失。 (2)未按照约定提供原材料、设备等造成的损失。 (3)因发包人原因致使工程中途停建、缓建造成的损失。 (4)提供图纸或者技术要求不合理且怠于答复等造成的损失。 (5)中途变更承包工作要求造成的损失。 (6)要求压缩合同约定工期造成的损失。 (7)验收违法行为造成的损失
承包人承担的赔偿损失	(1)转让、出借资质证书等造成的损失。 (2)转包、违法分包造成的损失。 (3)偷工减料等造成的损失。 (4)与监理单位串通造成的损失。 (5)不履行保修义务造成的损失。 (6)保管不善造成的损失。 (7)合理使用期限内造成的损失

6.1.6 无效合同和效力待定合同

1. 无效合同

无效合同，是指合同内容或合同的形式违反了法律、行政法规的强制性规定和社会公共利益，因此不能产生法律约束力，不受法律保护的合同。

无效合同的特征是：具有违法性；具有不可履行性；自订立之日就不具有法律效力。

(1)无效合同的类型，见表 6-9。

表 6-9 无效合同的类型

类 型	内 容
一方以欺诈、胁迫的手段订立合同，损害国家利益	欺诈，是指故意隐瞒真实情况或者故意告知对方虚假的情况，欺骗对方，致使对方做出错误的意思表示，并与其订立合同。 胁迫，是指行为人以将要发生的损害或者以直接实施损害相威胁，使对方产生恐惧，并与其订立合同
恶意串通，损害国家、集体或者第三人利益	恶意串通，是指合同双方当事人非法勾结，为牟取私利而共同订立损害国家、集体或第三人利益的合同
以合法形式掩盖非法目的	以合法形式掩盖非法目的的合同，又称伪装合同，即行为人为达到非法的目的以合法的形式避开法律或者行政法规的强制性规定
损害社会公共利益	损害社会公共利益的合同，是指违反了社会主义的公共道德，破坏了社会经济秩序和生活秩序

续表

类　型	内　容
违反法律、行政法规的强制性规定	法律、行政法规中包含强制性规定和任意性规定。强制性规定排除了合同当事人的意思自由，即当事人在合同中不得协议排除法律、行政法规的强制性规定，否则将视为无效合同；对于任意性规定，当事人可以约定排除

(2)无效的免责条款。免责条款，是指当事人在合同中约定免除或者限制其未来责任的合同条款。无效的免责条款，是指没有法律约束力的免责条款，包括造成对方人身伤害的，以及因故意或重大过失造成对方财产损失的。

(3)土木工程无效施工合同的主要情形。

土木工程施工合同具有下列情形之一的，应当根据《合同法》的规定，认定无效：

①承包人未取得建筑施工企业资质证书或者超过资质等级的；

②没有资质的实际施工人借用有资质的建筑施工企业名义的；

③土木工程必须进行招标而未招标或者中标无效的。

此外，承包人非法转包、违法分包土木工程或者没有资质的实际施工人借用有资质的建筑施工企业名义与他人签订土木工程施工合同的行为无效。

(4)无效合同的法律后果。无效的合同或者被撤销的合同没有法律约束力。合同部分无效，但不影响其他部分效力的，其他部分仍有效。

合同无效、被撤销或者终止的，不影响合同中独立存在的有关解决争议方法的条款的效力。合同无效或者被撤销后，因该合同取得的财产，应予以返还；不能返还或者没有必要返还的，应进行折价补偿。有过错一方应赔偿对方因此所受到的损失，双方均有过错的，应各自承担相应的责任。

(5)无效施工合同的工程款结算。土木工程施工合同无效，但土木工程经竣工验收合格，承包人请求按照合同约定支付工程价款的，应予支持。

土木工程施工合同无效，且工程经竣工验收不合格的按照以下情形分别处理：

①修复后的土木工程经竣工验收合格，发包人要求承包人承担此修复费用的，应予支持；

②修复后的土木工程经竣工验收不合格，承包人要求支付工程价款的，不予支持。

2. 效力待定合同

效力待定合同，是指合同虽已成立，但因其不完全符合有关生效要件的规定，能否发生合同效力尚未确定，须由有权人表示承认后才能生效。

效力待定合同的类型，见表 6-10。

表 6-10　效力待定合同的类型

类　型	内　容
无权代理人订立的合同	行为人没有代理权、超越代理权或者代理权终止后以被代理人名义订立的合同，未经被代理人追认，对被代理人不发生效力，由行为人承担责任。 相对人可以催告被代理人在 1 个月内予以追认；被代理人未做表示的，视为拒绝追认。合同被追认之前，善意相对人有撤销的权利。撤销应当以通知的方式做出

续表

类　型	内　容
限制民事行为能力人订立的合同	限制民事行为能力人订立的合同，经法定代理人追认后，该合同有效，但纯获利的合同或者与其年龄、智力、精神健康状况相适应而订立的合同，不必经法定代理人追认。 相对人可以催告法定代理人在1个月内予以追认；法定代理人未做表示的，视为拒绝追认。合同被追认之前，善意相对人有撤销的权利。撤销应当以通知的方式做出
无权处分行为	无处分权的人处分他人财产，经权利人追认或者无处分权的人订立合同后取得处分权的，该合同有效

6.1.7　合同的履行、变更、转让、撤销和终止

1. 合同的履行

当事人应遵循诚实信用的原则，根据合同的性质、目的和交易习惯履行通知、协助、保密等义务。

合同生效后，当事人不得因姓名、名称的变更或法定代表人、负责人、承办人的变动而不履行合同义务。

2. 合同的变更

(1)合同的变更须经当事人双方协商一致。如果合同双方当事人对变更事项达成统一意见，则变更后的内容取代原合同的内容，当事人应按照变更后的内容履行合同。如果一方当事人未经对方同意擅自变更合同的内容，变更的内容对另一方当事人没有约束力，其做法还是一种违约行为，并应承担违约责任。

(2)合同的变更须遵循法定的程序。法律、行政法规规定变更合同事项应办理批准、登记手续的，应依法办理相应手续。如果未遵循法定程序，即使双方当事人已协议变更合同的内容，其变更内容也不发生法律效力。

(3)对合同变更内容约定不明确的推定。合同变更的内容必须明确约定，如果当事人对合同变更的内容约定不明确，则将被推定为未变更。任何一方均不得要求对方履行约定不明确的变更内容。

3. 合同权利的转让

(1)禁止转让的合同权利。

①根据合同性质不得转让的权利，主要是指合同是基于特定当事人的身份关系订立的，如果合同权利转让给第三人，将使合同的内容发生变化，违反当事人订立合同的目的，使当事人的合法利益得不到应有的保护。

②按照当事人约定不得转让的权利。当事人订立合同时可以对权利的转让做出特别约定，禁止债权人将权利转让给第三人，如果债权人将权利转让给第三人，其行为将构成违约。

③依照法律规定不得转让的权利。当事人应严格遵守，不得擅自转让法律禁止转让的权利。

(2)合同权利的转让应通知债务人。债权人转让权利应通知债务人,未经通知的转让行为对债务人不发生任何效力,但债权人的转让无需得到债务人的同意。当债务人接到债权权利转让的通知后,即该权利转让生效,原债权人被新的债权人替代,或者新债权人的加入使原债权人不再完全享有原债权。债权人转让权利的通知不得撤销,但经受让人同意的除外。

(3)债务人对让与人的抗辩。债务人接到债权转让通知后,债务人对让与人的抗辩,可以向受让人主张。抗辩权是指债权人行使债权时,债务人根据法定事由对抗债权人行使请求权的权利。债务人的抗辩权是其固有的一项权利,不随权利的转让而消失。因此在权利转让的情况下,债务人可以向新的债权人行使抗辩权利。受让人不得以任何理由拒绝债务人权利的行使。

(4)从权利随同主权利转让。债权人转让权利的,受让人取得与债权有关的从权利,但该从权利属于债权人自身的除外。

4. 合同义务的转让

(1)合同义务的全部转让。新的债务人完全取代旧的债务人,新的债务人负责全面履行合同义务。

(2)合同义务的部分转让。即新的债务人加入到原债务中,与原债务人一起向债权人履行义务。

债务人不论是合同义务的全部转让或合同义务的部分转让,均需征得债权人同意。未经债权人同意,债务人转让合同义务的行为对债权人不发生效力。

5. 合同权利和义务的一并转让

合同权利和义务的一并转让,又称为概括转让,是指合同一方当事人将其权利和义务一并转让给第三人,由第三人承受全部的权利和义务。合同权利和义务一并转让,致使原合同关系的消灭,第三人取代了转让方的地位,产生了一种新的合同关系。

合同的权利和义务一并转让,须经对方当事人同意。如果未经对方当事人同意,一方当事人擅自一并转让权利和义务的,其转让行为无效,对方有权就转让行为对其造成的损害,追究转让方的违约责任。

6. 可撤销合同

(1)可撤销合同的种类,见表 6-11 。

表 6-11 可撤销合同的种类

种 类	内 容
因重大误解订立的合同	重大误解,是指误解者做出意思表示时,对涉及合同法律效果的重要事项存在认识上的明显缺陷,致使误解者的利益受到较大的损失,或者达不到误解者订立合同的目的
在订立合同时显失公平的合同	显失公平的合同,是指一方当事人在时间紧迫或者缺乏经验的情况下订立的使当事人双方之间享有的权利和承担的义务严重不对等的合同
以欺诈、胁迫的手段或者乘人之危订立的合同	一方当事人以欺诈、胁迫的手段订立合同,如果损害国家利益的,按照《合同法》的规定属于无效合同;如果未损害国家利益,则受欺诈、胁迫的一方可自主决定该合同有效或者请求撤销该合同

(2)合同撤销权的行使。有下列情形之一的,撤销权消灭:

①具有撤销权的当事人自知道或者知道撤销事由之日起一年内没有行使撤销权;

②具有撤销权的当事人知道撤销事由后明确表示或者以自身的行为放弃撤销权。

值得注意的是,行使撤销权应在知道或者应知道撤销事由之日起一年内行使,并向人民法院或者仲裁机构申请。

(3)被撤销合同的法律后果。合同无效、被撤销或者终止的,不影响合同中独立存在的有关解决争议方法的条款的效力。

7. 合同的终止

(1)有下列情形之一的,合同的权利义务终止。

①债务已按照约定履行。

②合同解除。

③债务相互抵消。

④债务人依法将标的物提存。

⑤债权人免除债务。

⑥债权债务归于一人。

⑦法律规定或者当事人约定终止的其他情形。

(2)合同解除的特征。

①合同解除,适用于合法有效的合同,无效合同、可撤销合同不发生合同解除。

②合同解除须具备法律规定的条件。

③合同解除必须有解除的行为。

④合同的解除,使合同的关系自始消灭或者向将来消灭,可视为双方当事人之间未发生合同关系,或者合同尚存的权利义务不再履行。

(3)合同解除的种类,见表6-12。

表6-12 合同解除的种类

种 类	内 容
约定解除合同	双方当事人协商一致,可以解除合同。当事人可以约定一方解除合同的条件
法定解除合同	有下列情形之一的,当事人可以解除合同: (1)因不可抗力条件致使不能实现合同目的的; (2)在履行期限届满之前,当事人一方明确表示或者以自己的行为表明不履行主要债务的; (3)当事人一方延迟履行主要债务,经催告后在合理期限内仍未履行的; (4)当事人一方延迟履行债务或有其他违约行为致使不能实现合同目的的; (5)法律规定的其他情形

(4)解除合同的程序。主张解除合同的一方,应通知对方,合同自通知到达对方时解除。对方有异议的,可以请求人民法院或者仲裁机构确认解除合同的效力。法律、行政法规规定解除合同应按规定办理批准、登记等手续。当事人对异议期限有约定的依照约定执行;没有约定的,最长期限为三个月。

(5)土木工程施工合同的解除。

①发包人解除土木工程施工合同。承包人具有下列情形之一,发包人请求解除土木工程施工合同的,应予支持。

a. 明确表示或者以行为表明不履行合同主要义务的。

b. 在合同约定的期限内没有完工,且在发包人催告的合理期限内仍未完工的。

c. 已完成的土木工程质量不合格,并拒绝修复的。

d. 将承包的土木工程非法转包、违法分包的。

②承包人解除土木工程施工合同。发包人具有下列情形之一,致使承包人无法施工,且在催告的合理期限内仍未履行相应义务,承包人请求解除土木工程施工合同的,应予支持。

a. 未按约定支付工程价款的。

b. 提供的主要建筑材料、构配件和设备不符合强制性标准的。

c. 不履行合同约定的协助义务的。

③土木工程施工合同解除的法律后果。土木工程施工合同解除后,已完成的土木工程质量合格的,发包人应按照约定支付相应的工程价款;已完成的土木工程质量不合格的,参照有关规定进行处理。因一方违约导致合同解除的,违约方应赔偿因此而给对方造成的损失。

6.1.8 违约责任及违约责任的免除

1. 违约责任

(1)违约责任,又称违反合同的民事责任,是指合同当事人因违反合同义务所应承担的责任。

(2)违约责任的特征。

①违约责任的产生是以合同当事人不履行合同义务为条件的。

②违约责任具有相对性。

③违约责任具有补偿性,即弥补或补偿因违约行为造成的损害后果。

④违约责任可以由合同当事人约定,但约定不符合法律要求的,将被宣告无效或被撤销。

⑤违约责任是民事责任的一种形式。

2. 当事人承担违约责任应具备的条件

当事人一方明确表示或者以行为表明不履行合同义务的,对方可以在履行期限届满之前要求其承担违约责任。

承担违约责任,前提是合同当事人一方发生了违约行为,即有违反合同义务的行为;非违约方只需证明违约方的行为不符合合同约定,不需证明其主观上是否具有过错,即可要求其承担违约责任;违约方如果想免于承担违约责任,必须举证证明其存在法定的或约定的免责事由。

法定的免责事由主要是不可抗力,约定的免责事由主要是合同中的免责条款。

3. 承担违约责任的种类

承担违约责任的种类,见表6-13。

表 6-13　承担违约责任的种类

类　型	内　容
继续履行	继续履行是一种违约后的补救方式，是否要求违约方继续履行是非违约方的权利。继续履行可与违约金、定金、赔偿损失并用，但不能与解除合同的方式并用
支付违约金和定金	违约金有法定违约金和约定违约金两种。由法律规定的违约金为法定违约金；由当事人约定的违约金为约定违约金

4. 违约责任的免除

在合同履行过程中，若出现法定的免责条件或合同约定的免责事由，则违约人将免于承担违约责任。《合同法》中仅承认不可抗力为法定的免责事由。

因不可抗力不能履行合同的，根据不可抗力的影响，可免除部分或者全部的责任，但法律另有规定的除外。当事人迟延履行后发生不可抗力的，不能免除责任。这里所指的不可抗力，是指不能预见、不能避免并不能克服的客观情况。

当事人一方因不可抗力不能履行合同的，应当及时通知对方，以减轻可能给对方造成的损失，并应当在合理期限内提供证明。

6.2　劳动合同及劳动关系概述

6.2.1　劳动合同的规定

1. 订立劳动合同应遵循的原则

订立劳动合同，应遵循合法、公平、平等自愿、协商一致、诚实信用的原则。

2. 劳动合同的种类

劳动合同的种类，见表 6-14。

表 6-14　劳动合同的种类

类　型	内　容
固定期限劳动合同	固定期限劳动合同，是指用人单位与劳动者约定合同终止时间的劳动合同，即劳动合同双方当事人在劳动合同中明确规定合同效力的起始和终止的时间。劳动合同期限届满，劳动关系即告终止。固定期限劳动合同可以是 1 年、2 年，亦可以是 5 年、10 年等
无固定期限劳动合同	无固定期限劳动合同，是指用人单位与劳动者约定无确定终止时间的劳动合同。无确定终止时间的劳动合同并不是没有终止时间，若出现了法定的解除合同的情形(如到了法定退休年龄)或者双方协商一致解除的，无固定期限劳动合同也可以解除。用人单位与劳动者协商一致，可订立无固定期限劳动合同。有下列情形之一，劳动者提出或者同意续签、订立劳动合同的，除劳动者提出订立固定期限劳动合同外，应订立无固定期限劳动合同

续表

类　型	内　容
无固定期限劳动合同	(1)劳动者在该用人单位连续工作满10年的； (2)用人单位初次实行劳动合同制度或者国有企业改制重新订立劳动合同时，劳动者在该用人单位连续工作满10年且距法定退休年龄不足10年的； (3)连续订立2次固定期限劳动合同，且劳动者没有《劳动合同法》有关规定的情形，续订劳动合同的。 应注意的是，用人单位自用工之日起满1年不与劳动者订立书面劳动合同的，则视为用人单位与劳动者已订立无固定期限劳动合同
劳动合同期限	劳动合同的期限是指劳动合同的有效时间，是劳动关系当事人双方享有权利和履行义务的时间。它一般始于劳动合同的生效之日，终于劳动合同的终止之时。 劳动合同期限由用人单位和劳动者协商确定，是劳动合同的一项重要内容。无论劳动者与用人单位建立何种期限的劳动关系，都需要双方将该期限用合同的方式确认下来，否则就不能保证劳动合同内容的实现，劳动关系将会处于一个不确定状态。劳动合同期限是劳动合同存在的前提条件

3. 劳动合同的基本条款

(1)用人单位的名称、住所和法定代表人或者主要负责人。

(2)劳动者的姓名、住址和居民身份证或者其他有效身份证件号码。

(3)劳动合同期限。

(4)工作内容和工作地点。

(5)工作时间和休息休假。

(6)劳动报酬。

(7)社会保险。

(8)劳动保护、劳动条件和职业危害防护。

(9)法律、法规规定应纳入劳动合同的其他事项。

4. 订立劳动合同应当注意的事项

(1)建立劳动关系即应订立劳动合同。用人单位自用工之日起即与劳动者建立劳动关系。已建立劳动关系，未同时订立书面劳动合同的，应自用工之日起1个月内订立书面劳动合同。用人单位未在用工的同时订立书面劳动合同，与劳动者约定的劳动报酬不明确的，新招用的劳动者的劳动报酬应按照企业的或者同行业的集体合同规定的标准执行；没有集体合同的，用人单位应对劳动者实行同工同酬。用人单位与劳动者在用工前订立劳动合同的，劳动关系自用工之日起建立。

劳动合同有书面形式、口头形式和其他形式。除非全日制用工(即以小时计酬为主，劳动者在同一用人单位一般平均每日工作时间不超过4 h，每周工作时间累计不超过24 h的用工形式)可以订立口头协议外，其他劳动关系应订立书面劳动合同。如果没有订立书面合同，则不订立书面合同的一方将承担相应的法律后果。劳动合同文本由用人单位和劳动者各执一份。

(2)劳动报酬和试用期。劳动合同对劳动报酬和劳动条件等标准约定不明确,引发争议的,用人单位与劳动者可以重新协商;协商不成的,使用集体合同规定;没有集体合同或者集体合同未规定劳动报酬的,实行同工同酬;没有集体合同或者集体合同未规定劳动条件等标准的,使用国家有关规定。

劳动合同期限 3 个月以上不满 1 年的,试用期不得超过 1 个月;劳动合同期限 1 年以上不满 3 年的,试用期不得超过 2 个月;3 年以上固定期限和无固定期限的劳动合同,试用期不得超过 6 个月。同一用人单位与同一劳动者只能约定 1 次试用期。以完成一定工作任务为期限的劳动合同或者劳动合同期限不满 3 个月的,不得约定试用期。试用期包含在劳动合同期限内。劳动合同仅约定试用期的,试用期不成立,该期限为劳动合同期限。

劳动者在试用期的工资,不得低于该用人单位相同岗位最低档工资或者劳动合同约定工资的 80%,并不得低于用人单位所在地的最低工资标准。用人单位在试用期解除劳动合同的,应向劳动者说明理由。

(3)劳动合同的生效与无效。劳动合同由用人单位与劳动者协商一致,并经用人单位与劳动者在劳动合同文本上签字或者盖章生效。双方当事人签字或者盖章时间不一致的,以最后一方签字或者盖章的时间为准;如果一方没有写明签字时间,则另一方写明的签字时间为合同生效时间。劳动合同无效或者部分无效的情形:

①以欺诈、胁迫的手段或者乘人之危,使对方在违背其真实意思的情况下订立或变更劳动合同的;

②用人单位免除自己的法定责任、排除劳动者权利的;

③违反法律、行政法规强制性规定的。

对于部分无效的劳动合同,只要不影响其他部分效力的,其他部分仍然有效。劳动合同确认无效,劳动者已付出劳动的,用人单位应向劳动者支付劳动报酬。劳动报酬的数额,参照本单位相同或者相近岗位劳动者的劳动报酬确定。对劳动合同的无效或者部分无效有争议的,由劳动争议仲裁机构或者人民法院确认。

5. 集体合同

企业职工一方与用人单位通过平等协商,可就工作时间、休息休假、劳动报酬、保险福利等事项订立集体合同。集体合同草案应提交职工代表大会或者由全体职工讨论通过。集体合同由工会代表企业职工一方与用人单位订立;尚未建立工会的用人单位,由上级工会指导劳动者推举的代表与用人单位订立。企业职工一方还可与用人单位订立劳动安全卫生、工资调整机制等专项集体合同。集体合同中劳动报酬等标准不得低于当地人民政府规定的最低标准;用人单位与劳动者订立的劳动合同中劳动报酬和劳动条件等标准不得低于集体合同规定的标准。

集体合同订立后,应报送劳动行政部门,劳动行政部门自收到集体合同文本之日起 15 日内未提出异议的,集体合同即产生法律效力。依法订立的集体合同对用人单位和劳动者均具有约束力。

用人单位违反集体合同,侵犯职工劳动权益的,工会可依法要求用人单位承担责任;因履行集体合同发生争议,经协商解决不成的,工会可依法申请仲裁、提起诉讼。

6.2.2 劳动合同的履行、变更、解除和终止

1. 劳动合同的履行和变更

(1)用人单位应履行向劳动者支付劳动报酬的义务。用人单位应按照劳动合同的约定和国家规定,向劳动者及时足额支付劳动报酬。劳动报酬是指劳动者为用人单位提供劳动而获得的各种报酬,包括货币工资、实物报酬、社会保险三个部分。劳动报酬的支付应遵守国家的有关规定。

(2)依法限制用人单位安排劳动者的加班。用人单位应严格执行劳动定额标准,不得强迫或者变相强迫劳动者加班。用人单位安排加班的,应按照国家有关规定向劳动者支付加班费。

(3)劳动者有权拒绝违章指挥、冒险作业。劳动者有权对危害生命安全和身体健康的劳动条件,对用人单位提出批评、检举和控告。劳动者拒绝用人单位管理人员违章指挥、冒险作业的,不视为违反劳动合同。

(4)用人单位发生变动不影响劳动合同的履行。用人单位变更名称、法定代表人、主要负责人或者投资人等事项,不影响劳动合同的履行;用人单位合并或者分立等情况,原劳动合同继续有效,由承继其权利和义务的用人单位继续履行。

(5)劳动合同的变更。用人单位与劳动者协商一致,可以变更劳动合同约定的内容。变更劳动合同,应采用书面形式。变更后的劳动合同文本由用人单位和劳动者各执一份。

2. 劳动合同的解除和终止

(1)劳动者可以单方解除劳动合同的规定。劳动者提前 30 日以书面形式通知用人单位,可以解除劳动合同。劳动者在试用期内提前 3 日通知用人单位,可以解除劳动合同。用人单位有下列情形之一的,劳动者可以解除劳动合同:

①未按照劳动合同约定提供劳动保护或者劳动条件的;

②未及时足额支付劳动报酬的;

③未依法为劳动者缴纳社会保险费的;

④用人单位的规章制度违反法律、法规的规定,损害劳动者权益的;

⑤因《劳动合同法》第 26 条第 1 款规定的情形致使劳动合同无效的;

⑥法律、行政法规规定劳动者可以解除劳动合同的其他情形。

用人单位以暴力或威胁等手段强迫劳动者劳动的,或者用人单位违章指挥、强令冒险作业危及劳动者人身安全的,劳动者可立即解除劳动合同,不需事先告知用人单位。

(2)用人单位可以单方解除劳动合同的规定。法律在赋予劳动者单方解除权的同时,也赋予用人单位对劳动合同的单方解除权,以保障用人单位的用工自主权。劳动者有下列情形之一的,用人单位可以解除劳动合同:

①在试用期间被证明不符合录用条件的;

②严重违反用人单位的规章制度的;

③严重失职,营私舞弊,给用人单位造成重大损害的;

④劳动者同时与其他用人单位建立劳动关系,对完成本单位的工作任务造成严重影响,或者经用人单位提出,拒不改正的;

⑤因《劳动合同法》第 26 条第 1 款第 1 项规定的情形致使劳动合同无效的;

⑥被依法追究刑事责任的。

有下列情形之一的，用人单位提前 30 日以书面形式通知劳动者或者额外支付劳动者 1 个月工资后，可以解除劳动合同：

①劳动者患病或者非因工负伤，在规定的医疗期满后不能从事原工作，也不能从事由用人单位另行安排的工作的；

②劳动者不能胜任工作，经过培训或者调整工作岗位，仍不能胜任工作的；

③劳动合同订立时所依据的客观情况发生重大变化，致使劳动合同无法履行，经用人单位与劳动者协商，未能就变更劳动合同内容达成协议的。

(3)用人单位经济性裁员的规定。经济性裁员是指用人单位由于经营不善等经济原因，一次性辞退部分劳动者的情形。经济性裁员属于用人单位单方解除劳动合同。

有下列情形之一，需要裁减人员 20 人以上或者裁减不足 20 人但占企业职工总数 10%以上的，用人单位需提前 30 日向工会或者全体职工说明情况，听取工会或者职工的意见后，将裁减人员方案向劳动行政部门报告，可以裁减人员：

①依照《企业破产法》规定进行重整的；

②生产经营发生严重困难的；

③企业转产、重大技术革新或者经营方式调整，经变更劳动合同后，仍需裁减人员的；

④其他因劳动合同订立时所依据的客观经济情况发生重大变化，致使劳动合同无法履行的。

裁减人员时，用人单位应优先留用的人员：与本单位订立较长期限的固定期限劳动合同的；与本单位订立无固定期限劳动合同的；家庭无其他就业人员，有需要扶养的老人或者未成年人的。

用人单位在 6 个月内重新招用劳动者的，应通知被裁减的人员，并在同等条件下优先招用被裁减人员。

(4)用人单位不得解除劳动合同的规定。为保护一些特殊群体劳动者的权益，劳动者有下列情形之一的，用人单位不得依照《劳动合同法》第 40 条、第 41 条的规定解除劳动合同：

①从事接触职业病危害作业的劳动者未进行离岗前职业健康检查，或疑似职业病病人在诊断或者医学观察期间的；

②在本单位患职业病或者因工负伤并被确认丧失或者部分丧失劳动能力的；

③患病或者非因工负伤，在规定的医疗期内的；

④女职工在孕期、产期、哺乳期的；

⑤在本单位连续工作满 15 年，且距法定退休年龄不足 5 年的；

⑥法律、行政法规规定的其他情形。

用人单位违反《劳动合同法》规定解除或者终止劳动合同，劳动者要求继续履行劳动合同的，用人单位应继续履行；劳动者不要求继续履行劳动合同或者劳动合同已不能继续履行的，用人单位应依法向劳动者支付赔偿金，赔偿金标准为经济补偿标准的 2 倍。

(5)劳动合同的终止。《劳动合同法》第 44 条规定，有下列情形之一的，劳动合同终止：

①劳动合同期满的；

②劳动者开始依法享受基本养老保险待遇的；

③劳动者死亡，或者被人民法院宣告死亡或者宣告失踪的；

④用人单位被依法宣告破产的；

⑤用人单位被吊销营业执照、责令关闭、撤销或者用人单位决定提前解散的；

⑥法律、行政法规规定的其他情形。

在劳动合同期满时，有《劳动合同法》第42条规定的情形之一的，劳动合同应继续延续至相应的情形消失时才能终止。但在本单位患有职业病或者因工负伤并被确认丧失或者部分丧失劳动能力的劳动者的劳动合同的终止，应按照国家有关工伤保险的规定执行。

(6)终止劳动合同的经济补偿。有下列情形之一的，用人单位应向劳动者支付经济补偿：

①劳动者依照《劳动合同法》第38条规定解除劳动合同的；

②用人单位向劳动者提出解除劳动合同并与劳动者协商一致解除劳动合同的；

③用人单位依照《劳动合同法》第40条规定解除劳动合同的；

④用人单位依照《劳动合同法》第41条第1款规定解除劳动合同的；

⑤除用人单位维持或者提高劳动合同约定条件续订劳动合同，劳动者不同意续订的情形外，依照《劳动合同法》第44条第1项规定终止固定期限劳动合同的；

⑥依照《劳动合同法》第44条第4项、第5项规定终止劳动合同的；

⑦法律、行政法规规定的其他情形。

6.2.3 合法用工方式与违法用工模式的规定

1. "包工头"用工模式

随着土木工程规模的不断扩大，建筑业的发展需要大量务工人员，而农村富余劳动力迫切想要找到工作，因此"包工头"用工模式便应运而生。"包工头"用工模式是在特殊历史条件下的特殊产物。"包工头"作为自然人的民事主体，为解决农村富余劳动力就业提供了一个渠道，也扮演了损害农民工利益的重要角色，在建设领域和劳动领域产生较大的负面影响。

"包工头"的用工模式，容易导致大量农民工未经安全和相关职业技能的培训就进入建筑工地，给建筑工程的质量和安全带来隐患；非法用工现象较为严重，损害农民工合法权益的事件时有发生，尤其是违法合同无效的规定，容易造成拖欠农民工工资债务链的法律关系的断层，扰乱了建筑市场的政策顺序。

2. 劳务派遣

(1)劳务派遣单位。劳务派遣单位应依照公司法的有关规定设立，注册资本金不得少于50万元。劳务派遣一般在临时性、辅助性或替代性的工作岗位上实施。

(2)劳动合同与劳务派遣协议。劳务派遣单位与被派遣劳动者应订立劳动合同。该劳动合同中除应载明《劳动合同法》第17条规定的事项外，还应载明被派遣劳动者的用工单位以及派遣期限等情况。劳务派遣单位应与被派遣劳动者订立2年以上的固定期限劳动合同，并按月支付劳动报酬；被派遣劳动者在无工作期间，劳务派遣单位应按照所在地人民政府规定的最低工资标准，向其按月支付报酬。

劳务派遣单位派遣劳动者应与接受以劳务派遣形式用工的单位(以下称用工单位)订立劳务派遣协议。劳务派遣协议应约定派遣岗位和人员数量、派遣期限、劳动报酬和社会保险费的数额与支付方式以及违反协议的责任。用工单位应根据工作岗位的实际需要与劳务派遣单位确定派遣期限，不得将连续用工期限分割订立为数个短期劳务派遣协议。

劳务派遣单位应将劳务派遣协议的内容告知被派遣劳动者。劳务派遣单位不得克扣用工单位按劳务派遣协议支付给被派遣劳动者的劳动报酬。劳务派遣单位和用工单位不得对被派遣劳动者收取费用。

(3)被派遣劳动者。被派遣劳动者享有与用工单位的劳动者同工同酬的权利。用工单位无同类岗位劳动者的，应按照与用工单位所在地相同或者相近岗位劳动者的劳动报酬确定。劳务派遣单位跨地区派遣劳动者的，被派遣劳动者享有的劳动报酬和劳动条件，按照用工单位所在地的标准执行。被派遣劳动者有权在劳务派遣单位或者用工单位参加或者组织工会，维护自身的合法权益。

(4)用工单位。用工单位应当履行的义务：

①告知被派遣劳动者的工作要求和劳动报酬。

②执行国家劳动标准，提供相应的劳动条件和劳动保护。

③支付加班费、绩效奖金，提供与工作岗位相关的福利待遇。

④对被派遣劳动者进行工作岗位所必需的培训。

⑤连续用工的，实行正常的工资调整机制。

用工单位不得将被派遣劳动者再派遣到其他用人单位。

3. 劳务分包企业

劳务分包企业的政策及监管措施，见表 6-15。

表 6-15 劳务分包企业的政策及监管措施

项　目	内　容
政策措施	(1)明确建筑劳务分包制度的法律地位，建立预防和惩戒拖欠工资的长效机制。 (2)简化建筑劳务分包企业资质的审批程序，多渠道建立和发展劳务分包企业。 (3)允许砌筑等相关专业劳务企业承担农房施工。 (4)施工总承包、专业承包企业用工必须办理社会保险。 (5)建立农村富余劳动力向建筑劳务有序、有效的转化途径。 (6)加强对承包企业职工教育经费的使用监管，加大农民工职业技能培训资金投入数额。 (7)各地可根据实际情况，研究对农民工的多种管理方式
监督管理措施	(1)对施工总承包、专业承包企业直接雇用农民工，不签订劳动合同，或只签订劳动合同不办理社会保险，或只与“包工头”签订劳务合同等行为，均视为违法分包，应依法进行处理。 (2)无论承包企业在工程建设投标时是否压减职工教育经费，均视为已经计提职工教育经费。 (3)加强日常监管，严格执法检查

6.2.4 劳动保护的规定

1. 劳动者的工作时间和休息休假

(1)工作时间。工作时间(又称劳动时间)，是指法律规定的劳动者在一昼夜和一周内从事生产、劳动或工作的时间。国家实行劳动者每日工作时间不超过 8 h、平均每周工作时间不超过 44 h 的工时制度。用人单位应当保证劳动者每周至少休息 1 日。

①缩短工作日。在特殊条件下从事劳动和有特殊情况，需要适当缩短工作时间的，按照国家有关规定执行。目前，我国实行缩短工作时间的劳动者包括从事矿山、高山、有毒、有害、特别繁重和过度紧张的体力劳动职工等。

②不定时工作日。企业对符合下列条件之一的职工，可以实行不定时工作日制：

a. 企业中的高级管理人员、外勤人员、推销人员、部分值班人员和其他因工作无法按标准工作时间衡量的职工；

b. 企业中的长途运输人员、出租汽车司机和铁路、港口、仓库的部分装卸人员以及因工作性质特殊，需机动作业的职工；

c. 其他因生产特点、工作特殊需要或职责范围的关系，适合实行不定时工作日制的职工。

③综合计算工作日。即分别以周、月、季、年等为周期综合计算工作时间，但其平均日工作时间和平均周工作时间应与法定标准工作时间基本相同。按规定，企业对交通、铁路等行业中因工作性质特殊需连续作业的职工，地质及资源勘探、建筑等受季节和自然条件限制的行业的部分职工等，可实行综合计算工作日。

④计件工资时间。对实行计件工作的劳动者，用人单位应根据有关规定的工时制度合理确定其劳动定额和计件报酬标准。

(2)休息休假。休息休假(又称休息时间)，是指劳动者在国家规定的法定工作时间外，不从事生产、劳动或工作，自行支配的时间，包括劳动者每天休息的时间、每周休息的天数、节假日等。

用人单位在下列节日期间，应依法安排劳动者休假：元旦，春节，国际劳动节，国庆节，法律、法规规定的其他休假节日。

劳动者连续工作 1 年以上的，享受带薪年休假。除此之外，劳动者还可按有关规定享受探亲假、婚丧假、生育(产)假、节育手术假等。

用人单位由于生产经营的需要，经与工会和劳动者协商可以适当延长工作时间，一般每日不得超过 1 h；因特殊原因需要延长工作时间的，在保障劳动者身体健康的条件下延长工作时间每日不得超过 3 h，且每月不得超过 36 h。在发生自然灾害、事故等需要紧急处理，或者生产设备、交通运输线路、公共设施发生故障必须及时抢修等法律、行政法规规定的特殊情况的，延长工作时间不受上述内容所限制。

用人单位应按照下列标准支付高于劳动者正常工作时间工资的工资报酬：

①安排劳动者延长工作时间的，支付不低于工资的 150％的工资报酬；

②安排劳动者休息日工作又不能安排补休的，支付不低于工资的 200％的工资报酬；

③安排劳动者法定休假日工作的，支付不低于 300％的工资报酬。

2. 劳动者的工资

(1)工资基本规定。工资分配应遵循按劳分配原则，实行同工同酬。用人单位应根据本单位的生产经营特点和经济效益，依法自主确定本单位的工资分配方式和工资水平。国家对工资总量实行宏观调控，工资水平在经济发展的基础上逐步提高。

工资应以货币的形式按月支付给劳动者本人，不得克扣或者无故拖欠劳动者的工资。劳动者在法定休假日和婚丧假期间以及依法参加社会活动期间，用人单位应依法支付其工资。

企业基本工资制度有等级工资制、岗位工资制、岗位技能工资制、结构工资制、经营者年薪制等。

(2)最低工资保障制度。最低工资标准，是指劳动者在法定工作时间或依法签订的劳动合同约定的工作时间内提供正常劳动的前提下，用人单位依法应支付的最低劳动报酬。正常劳动，是指劳动者按依法签订的劳动合同约定，在法定工作时间或劳动合同约定的工作时间内从事的劳动。

劳动者依法享受带薪年休假、探亲假、婚丧假、生育(产)假、节育手术假等国家规定的假期间，以及法定工作时间内依法参加社会活动期间，视为提供了正常劳动。

最低工资的具体标准由省、自治区、直辖市人民政府规定，报国务院备案。用人单位支付劳动者的工资不得低于当地最低工资标准。

劳动者在提供正常劳动的情况下，用人单位应支付给劳动者的工资在除去下列各项后，不得低于当地最低工资标准：

①延长工作时间工资；

②中班、夜班、高温、低温、井下、有毒、有害等特殊工作环境、条件下的津贴；

③法律、法规和国家规定的劳动者福利待遇等。

实行计件工资或提成工资等工资形式的用人单位，在合理的劳动定额基础上，其支付劳动者的工资不得低于相应的最低工资标准。

3. 劳动安全卫生制度

用人单位必须建立健全的劳动安全卫生制度，严格执行国家劳动安全卫生规程和标准，对劳动者进行劳动安全卫生教育，防止劳动过程中的事故，减少职业危害。

劳动安全卫生设施必须符合国家规定的标准。新建、改建、扩建工程的劳动安全卫生设施必须与主体工程同时设计、同时施工、同时投入生产和使用。

用人单位必须为劳动者提供符合国家规定的劳动安全卫生条件和必要的劳动防护用品，对从事有职业危害作业的劳动者应定期进行健康检查。

4. 女职工和未成年工的特殊保护

(1)女职工的特殊保护。禁止安排女职工从事矿山、井下、国家规定的第 4 级体力劳动强度的劳动和其他禁忌从事的劳动；不得安排女职工在经期从事高处、低温、冷水作业和国家规定的第 3 级体力劳动强度的劳动；不得安排女职工在怀孕期间从事国家规定的第 3 级体力劳动强度的劳动和孕期禁忌从事的活动；对怀孕 7 个月以上的女职工，不得安排其延长工作时间和夜班劳动。女职工生育享受不少于 98 d 的产假。不得安排女职工在哺乳未满 1 周岁的婴儿期间从事国家规定的第 3 级体力劳动强度的劳动和哺乳期禁忌从事的其他劳动，不得安排其延长工作时间和夜班劳动。

《女职工劳动保护规定》规定，凡适合妇女从事劳动的单位，不得拒绝招收女职工。不得在女职工怀孕期、产期、哺乳期降低其基本工资，或者解除劳动合同。女职工劳动保护的权益受到侵害时，有权向所在单位的主管部门或者当地劳动部门提出申诉。受理申诉的部门应当自收到申诉书之日起 30 日内做出处理决定；女职工对处理决定不服的，可以在收到处理决定书之日起 15 日内向人民法院起诉。

(2)未成年工的特殊保护。未成年工的特殊保护是针对未成年工处于生长发育期的特点，以及接受义务教育的需要，采取的特殊劳动保护措施。未成年工是指年满 16 周岁未满 18 周岁的劳动者。

禁止用人单位招用未满 16 周岁的未成年人；不得安排未成年工从事矿山、井下、有毒有害、国家规定的第 4 级体力劳动强度的劳动和其他禁忌从事的劳动。用人单位应对未成年工定期进行健康检查。

用人单位应根据未成年工的健康检查结果安排其从事适合的劳动，对不能胜任原劳动岗位的，应根据医务部门的证明，减轻其劳动量或安排其他劳动。对未成年工的使用和特殊保护实行登记制度，用人单位招收未成年工除应符合一般用工要求外，还须向所在地的县级以上劳动行政部门办理登记。未成年工上岗前用人单位应对其进行有关的职业安全卫生教育、培训。

5. 劳动者的社会保险与福利

(1)基本养老保险。职工应参加基本养老保险，由用人单位和职工共同缴纳基本养老保险费。用人单位应按照国家规定的本单位职工工资总额的比例缴纳基本养老保险费，记入基本养老保险统筹基金。职工应按照国家规定的本人工资的比例缴纳基本养老保险费，记入个人账户。

①基本养老金的组成。基本养老金由统筹养老金和个人账户养老金组成。基本养老金根据个人累计缴费年限、缴费工资、当地职工平均工资、个人账户金额、城镇人口平均预期寿命等因素确定。

②基本养老金的领取。参加基本养老保险的个人，达到法定退休年龄时累计缴费满 15 年的，按月领取基本养老金。参加基本养老保险的个人，达到法定退休年龄时累计缴费不足 15 年的，可以缴费至满 15 年后，按月领取基本养老金；也可以转入新型农村社会养老保险或者城镇居民社会养老保险，并按照国务院规定享受相应的养老保险待遇。

参加基本养老保险的个人，因病或者非因工死亡的，其遗属可以领取丧葬补助金和抚恤金；未达到法定退休年龄时因病或者非因工致残完全丧失劳动能力的，可以领取病残津贴。所需资金从基本养老保险基金中支付。个人跨统筹地区就业的，其基本养老保险关系随本人转移，缴费年限累计计算。个人达到法定退休年龄时，基本养老金分段计算、统一支付。

(2)基本医疗保险。职工应参加职工基本医疗保险，由用人单位和职工按照国家规定共同缴纳基本医疗保险费。医疗机构应为参保人员提供合理、必要的医疗服务。

参加职工基本医疗保险的个人，达到法定退休年龄时累计缴费达到国家规定年限的，退休后不再缴纳基本医疗保险费，按照国家规定享受基本医疗保险待遇；未达到国家规定年限的，可以缴费至国家规定年限后，按照国家规定享受基本医疗保险待遇。

符合基本医疗保险药品目录、诊疗项目、医疗服务设施标准以及急诊、抢救的医疗费用，按照国家规定从基本医疗保险基金中支付。下列医疗费用，不纳入基本医疗保险基金支付范围：

①应从工伤保险基金中支付的；

②应由第三人负担的；

③应由公共卫生负担的；

④在境外就医的。

医疗费用依法应由第三人负担，第三人不支付或者无法确定第三人的，由基本医疗保险基金先行支付，基本医疗保险基金先行支付后，有权向第三人追偿。个人跨统筹地区就业的，其基本医疗保险关系随本人转移，缴费年限累计计算。

(3)工伤保险。职工应参加工伤保险，由用人单位缴纳工伤保险费，职工不缴纳工伤保险费。建筑施工企业必须为从事危险作业的职工办理意外伤害保险，支付保险费。

(4)失业保险。职工应参加失业保险，由用人单位和职工按照国家规定共同缴纳失业保险费。个人跨统筹地区就业的，其失业保险关系随本人转移，缴费年限累计计算。

(5)生育保险。职工应参加生育保险，由用人单位按照国家规定缴纳生育保险费，职工不缴纳生育保险费。用人单位已经缴纳生育保险费的，其职工享受生育保险待遇；职工未就业配偶按照国家规定享受生育医疗费用待遇。所需资金从生育保险基金中支付。生育保险待遇包括生育医疗费用和生育津贴。生育医疗费用包括生育的医疗费用；计划生育的医疗费用；法律、法规规定的其他项目费用。

职工有下列情形之一的，可以按照国家规定享受生育津贴：

①女职工生育享受产假；

②享受计划生育手术休假；

③法律、法规规定的其他情形。

(6)福利。国家发展社会福利事业，兴建公共福利设施，为劳动者休息、休养和疗养提供条件。用人单位应创造条件，改善集体福利，提高劳动者的福利待遇。

6.2.5 劳动争议的规定

1. 劳动争议的范围

(1)因确认劳动关系发生的争议。

(2)因订立、履行、变更、解除和终止劳动合同发生的争议。

(3)因除名、辞退职工和职工辞职、自动离职发生的争议。

(4)因工作时间、休息休假、工资、社会保险、福利、培训以及劳动保护发生的争议。

(5)因劳动报酬、工伤医疗费、经济补偿或者赔偿金等发生的争议。

(6)劳动者退休后，与尚未参加社会保险统筹的原用人单位因追索养老金、医疗费、工伤保险待遇和其他社会保险而发生的争议。

(7)法律、法规规定的其他劳动争议。

2. 劳动争议的解决方式

劳动争议的解决方式，见表6-16。

表6-16 劳动争议的解决方式

方 式	内 容
调解	劳动争议发生后，当事人可以向本单位劳动争议调解委员会申请调解。 在用人单位内，可以设立劳动争议调解委员会。劳动争议调解委员会由职工代表、用人单位代表和工会代表组成，由工会代表担任劳动争议调解委员会主任一职。劳动争议经调解达成协议的，当事人应当履行

续表

方　式	内　容
仲裁	对调解不成，当事人一方要求仲裁的，可以向劳动争议仲裁委员会申请仲裁。当事人一方也可直接向劳动争议仲裁委员会申请仲裁。 劳动争议仲裁委员会由劳动行政部门代表、同级工会代表、用人单位方面的代表组成，由劳动行政部门代表担任劳动争议仲裁委员会主任一职。 按照《劳动争议调解仲裁法》的规定，劳动争议申请仲裁的时效期间为1年。仲裁时效期间从当事人知道或者应当知道其权利被侵害之日起计算。前款规定的仲裁时效，因当事人一方向对方当事人主张权利，或者向有关部门请求权利救济，或者对方当事人同意履行义务而中断。从中断时起，仲裁时效期间重新计算。因不可抗力或者有其他正当理由，当事人不能在本条第一款规定的仲裁时效期间重新仲裁的，仲裁时效中止。从中止时效的原因消除之日起，仲裁时效期间继续计算。劳动关系存续期间因拖欠劳动报酬发生争议的，劳动者申请仲裁不受本条第一款规定的仲裁时效期间的限制；但是，劳动关系终止的，应当自劳动关系终止之日起1年内提出
诉讼	劳动争议当事人对仲裁裁决不服的，可以自收到仲裁裁决书之日起15日内向人民法院提起诉讼。 一方当事人在法定期限内不起诉又不履行仲裁裁决的，另一方当事人可以申请人民法院强制执行

3. 集体合同争议的解决

因签订集体合同发生争议，当事人协商解决不成的，当地人民政府劳动行政部门可以组织有关各方协调处理。因履行集体合同发生争议，当事人协商解决不成的，可以向劳动争议仲裁委员会申请仲裁；对仲裁裁决不服的，可以自收到仲裁裁决书之日起15日内向人民法院提起诉讼。

6.2.6 工伤处理的规定

1. 工伤认定

职工有下列情形之一的，应认定为工伤：

(1)在工作时间和工作场所内，因工作原因受到事故伤害的；

(2)工作时间前后在工作场所内，从事与工作有关的预备性或者收尾性工作受到事故伤害的；

(3)在工作时间和工作场所内，因履行工作职责受到暴力等意外伤害的；

(4)患职业病的：

(5)因工外出期间，由于工作原因受到事故伤害或者发生事故下落不明的；

(6)在上下班途中，受到非本人主要责任的交通事故或者城市轨道交通、客运、轮渡、火车事故伤害的；

(7)法律、行政法规规定应当认定为工伤的其他情形。

职工有下列情形之一的，视同工伤：

(1)在工作时间和工作岗位,突发疾病死亡或者在48 h之内经抢救无效死亡的;

(2)在抢险救灾等维护国家利益、公共利益活动中受到伤害的;

(3)职工原在军队服役,因战、因公负伤致残,已取得革命伤残军人证,到用人单位后旧伤复发的。

2. 劳动能力鉴定

劳动能力鉴定是指劳动功能障碍程度和生活自理障碍程度的等级鉴定。劳动功能障碍分为10个伤残等级,最重的为1级,最轻的为10级。生活自理障碍分为生活完全不能自理、生活大部分不能自理和生活部分不能自理3个等级。

劳动能力鉴定由用人单位、工伤职工或者其近亲属向设区的市级劳动能力鉴定委员会提出申请,并提供工伤认定决定和职工工伤医疗的有关资料。设区的市级劳动能力鉴定委员会应自收到劳动能力鉴定申请之日起60日内做出劳动能力鉴定结论,必要时,做出劳动能力鉴定结论的期限可以延长30日。

劳动能力鉴定结论应及时送达申请鉴定的用人单位和职工。申请劳动能力鉴定的单位或者个人对设区的市级劳动能力鉴定委员会做出的鉴定结论不服的,可在收到鉴定结论之日起15日内向省、自治区、直辖市劳动能力鉴定委员会提出再次鉴定申请。省、自治区、直辖市劳动能力鉴定委员会做出的劳动能力鉴定结论为最终结论。

自劳动能力鉴定结论做出之日起1年后,工伤职工或者其近亲属、所在单位或者经办机构认为伤残情况发生变化的,可以申请劳动能力复查鉴定。

3. 工伤保险待遇

(1)工伤的治疗。职工治疗工伤应在签订服务协议的医疗机构就医,情况紧急时可先到就近的医疗机构急救。治疗工伤所需费用符合工伤保险诊疗项目目录、工伤保险药品目录、工伤保险住院服务标准的,从工伤保险基金内支付。职工住院治疗工伤的伙食补助费,以及经医疗机构出具证明,报经办机构同意,工伤职工到统筹地区以外就医所需的交通、食宿费用从工伤保险基金支付。

工伤职工到签订服务协议的医疗机构进行工伤康复的费用,符合规定的从工伤保险基金支付。工伤职工治疗非工伤引发的疾病,不享受工伤医疗待遇,按照基本医疗保险办法处理。

(2)工伤医疗的停工留薪期。职工因工作遭受事故伤害或者患职业病需要暂停工作接受工伤医疗的,在停工留薪期内,原工资、福利待遇不变,由其所在用人单位按月支付。停工留薪期一般不超过12个月,伤情严重或者情况特殊的,经设区的市级劳动能力鉴定委员会确认,可适当延长,但延长不得超过12个月。工伤职工评定伤残等级后,停发原工资、福利待遇,按照有关规定享受伤残待遇。工伤职工在停工留薪期满后仍需治疗的,继续享受工伤医疗待遇。

(3)工伤职工的护理。生活不能自理的工伤职工在停工留薪期需要护理的,由其所在用人单位负责。

工伤职工已经评定伤残等级并经劳动能力鉴定委员会确认需要生活护理的,从工伤保险基金按月支付生活护理费。生活护理费按照生活完全不能自理、生活大部分不能自理或者生活部分不能自理不同等级支付,其标准分别为统筹地区上年度职工月平均工资的50%、40%或者30%。

(4)职工因工致残的待遇。职工因工致残被鉴定为1级至4级伤残的,保留劳动关系,退出工作岗位,从工伤保险基金按伤残等级支付其一次性伤残补助金;从工伤保险基金按月支付伤残津贴,伤残津贴实际金额低于当地最低工资标准的,由工伤保险基金补足差额。

工伤职工达到退休年龄并办理退休手续后,停发伤残津贴,按照国家有关规定享受基本养老保险待遇;基本养老保险待遇低于伤残津贴的,由工伤保险基金补足差额。

职工因工致残被鉴定为5级、6级伤残的,从工伤保险基金按伤残等级支付其一次性伤残补助金;保留与用人单位的劳动关系,由用人单位安排适合的工作,难以安排工作的由用人单位按月发给伤残津贴,并由用人单位按照规定为其缴纳应缴纳的各项社会保险费。经工伤职工本人提出,其可与用人单位解除或者终止劳动关系,由工伤保险基金支付一次性工伤医疗补助金;由用人单位支付其一次性伤残就业补助金。

职工因工致残被鉴定为7级至10级伤残的,从工伤保险基金按伤残等级支付其一次性伤残补助金,劳动、聘用合同期满终止,或者职工本人提出解除劳动、聘用合同的,由工伤保险基金支付其一次性工伤医疗补助金,由用人单位支付一次性伤残就业补助金。

(5)其他规定。职工因工外出期间发生事故或者在抢险救灾中下落不明的,从事故发生当月起3个月内照发工资,从第4个月起停发工资,由工伤保险基金向其供养亲属按月支付供养亲属抚恤金;生活有困难的,可预支一次性工亡补助金的50%。

职工被派遣出境工作,根据派往国家或者地区的法律应参加当地工伤保险的,参加当地工伤保险,其国内工伤保险关系中止;不能参加当地工伤保险的,其国内工伤保险关系不中止。职工再次发生工伤,根据规定应享受伤残津贴的,按照新认定的伤残等级享受伤残津贴待遇。职工因工死亡,其近亲属按照规定从工伤保险基金领取丧葬补助金、供养亲属抚恤金和一次性工亡补助金。

6.2.7 违法行为应承担的法律责任

违法行为应承担的法律责任,见表6-17。

表6-17 违法行为应承担的法律责任

项目	内容
劳动合同订立中违法行为应承担的法律责任	用人单位提供的劳动合同文本未载明劳动合同法规定的劳动合同必备条款或者用人单位未将劳动合同文本交付劳动者的,由劳动行政部门责令其改正;给劳动者造成损害的,应承担赔偿责任。 用人单位自用工之日起超过1个月不满1年未与劳动者订立书面劳动合同的,应向劳动者每月支付2倍的工资。用人单位自用工之日起满1年不与劳动者订立书面劳动合同的,视为用人单位与劳动者已订立无固定期限劳动合同。 用人单位违反劳动合同法规定不与劳动者订立无固定期限劳动合同的,应自订立无固定期限劳动合同之日起向劳动者每月支付2倍的工资。 劳动合同按照《劳动合同法》的规定被确认无效,给对方造成损害的,有过错的一方应承担赔偿责任

续表

项　目	内　容
劳动合同履行、变更、解除和终止违法行为应承担的法律责任	(1)用人单位应承担的法律责任。 ①用人单位有下列情形之一的，由劳动行政部门责令其限期支付劳动者的劳动报酬、加班费或者经济补偿；劳动报酬低于当地最低工资标准的，应支付其差额部分；逾期不支付的，责令用人单位按应付金额50%以上100%以下的标准向劳动者加付赔偿金： a. 未按照劳动合同的约定或者国家规定及时足额支付劳动者劳动报酬的； b. 低于当地最低工资标准支付劳动者工资的； c. 安排加班不支付加班费的； d. 解除或者终止劳动合同，未依照《劳动合同法》的规定向劳动者支付经济补偿的。 ②用人单位有下列情形之一的，依法给予行政处罚；构成犯罪的，依法追究刑事责任；给劳动者造成损害的，应承担其赔偿责任： a. 以暴力、威胁或者非法限制人身自由的手段强迫劳动的； b. 违章指挥或者强令冒险作业危及劳动者人身安全的； c. 侮辱、体罚、殴打、非法搜查或者拘禁劳动者的； d. 劳动条件恶劣、环境污染严重，给劳动者身心健康造成严重损害的。 (2)劳动者违法行为应承担的法律责任。劳动者违反《劳动合同法》的规定解除劳动合同，或者违反劳动合同中约定的保密义务或者竞业限制，给用人单位造成损失的，应承担赔偿责任。 (3)劳务派遣单位违法行为应承担的法律责任。用人单位招用与其他用人单位尚未解除或者终止劳动合同的劳动者，给其他用人单位造成损失的，应承担连带赔偿责任
劳动保护违法行为应承担的法律责任	用人单位违反劳动法的规定，延长劳动者工作时间的，由劳动行政部门给予警告，责令改正，并可处以罚款。 用人单位的劳动安全设施和劳动卫生条件不符合国家规定或者未向劳动者提供必要的劳动保护用品和劳动保护设施的，由劳动行政部门或者有关部门责令改正，可处以罚款；情节严重的，提请县级以上人民政府决定责令停产整顿；对事故隐患不采取措施，致使发生重大事故，造成劳动者生命和财产损失的，对责任人员按照刑法的有关规定追究刑事责任。 用人单位违反劳动法对女职工和未成年工的保护规定，侵害其合法权益的，由劳动行政部门责令改正，处以罚款；对女职工或者未成年工造成损害的，应承担赔偿责任。 用人单位无故不缴纳社会保险费的，由劳动行政部门责令其限期缴纳；逾期不缴纳的，可加收滞纳金
工伤处理违法行为应承担的法律责任	用人单位、工伤职工或者其直系亲属骗取工伤保险待遇，医疗机构、辅助器具配置机构骗取工伤保险基金支出的，由劳动保障行政部门责令退还，并处骗取金额1倍以上3倍以下的罚款；情节严重，构成犯罪的，应依法追究刑事责任

习题与思考

6-1 合同的法律特征及订立原则有哪些?

6-2 什么是要约?要约人是谁?受要约人是谁?

6-3 土木工程施工合同的法定形式及内容是什么?

6-4 订立劳动合同应遵循的原则及劳动合同的种类有哪些?

7　土木工程质量管理法规

内容提要

掌握：土木工程勘察设计单位、施工单位、监理单位的质量责任与义务；土木工程质量保修。

了解：土木工程质量的定义、管理体系；质量体系认证；政府部门对工程的监督管理。

7.1　土木工程质量概述

7.1.1　土木工程质量的定义

土木工程质量有广义和狭义之分。

从狭义上讲，土木工程质量只指土木工程实体质量，是指在国家现行的有关法律、法规、技术标准、设计文件和合同中，对土木工程的安全、适用、经济美观等特性的综合要求。

从广义上讲，土木工程质量包括土木工程参与者的服务质量和工作质量，体现在其服务是否及时、主动，态度是否诚恳、守信，管理水平是否先进等方面。土木工程实体质量的好坏是决策、计划、勘察、设计、施工等单位各方面各环节工作质量的综合体现。

7.1.2　土木工程质量的管理体系

土木工程的质量直接关系到国民经济的发展和人民生命的安全。因此，加强土木工程质量管理尤为重要。对土木工程质量进行管理的体系，包括纵向管理和横向管理两方面。

(1)纵向管理是国家对土木工程质量进行的监督管理，其具体由建设行政主管部门及其授权机构实施，贯穿在土木工程的全过程和各环节中，既对土木工程从计划、规划、土地管理、环保等方面进行监督管理，也对土木工程的主体从资质认定审查、成果质量检测等方面进行监督管理，还对土木工程中各种活动进行监督管理。

(2)横向管理，包括两个方面：一是工程承包单位，如勘察单位等对所承担工作的质量管理，按要求建立专门的质检机构，配备相应的质检人员，建立相应的质量保证制度；二是建设单位对所建工程的管理，可成立相应的机构和人员，对所建工程的质量进行监督管理，也可委托社会监理单位对土木工程的质量进行监理。

7.2　质量体系认证

7.2.1　质量体系认证的标准

ISO 9000《质量管理和质量保证》系列标准是国际标准化组织(ISO)颁发的第一套具有管理性质的国际标准,从第一版 ISO 9000 正式颁发以来,其以广泛的适用性和实效性被世界数十万家企业所接受并执行。

是否拥有 ISO 9000 证书,已成为衡量一个企业是否具备稳定地提供满足顾客和适用的法律要求的产品,是否具有与国际管理行为接轨能力的重要标志。获取 ISO 9000 第三方注册证书已成为许多渴望持续、良性发展企业的当务之急。

为与国际接轨,1992 年 10 月国家技术监督局决定等同采用 ISO 9000《质量管理和质量保证》,颁布了 GB/T 19000～ISO 9000《质量管理和质量保证》系列标准。这些标准既可作为生产企业质量保证工作的依据,也可作为企业申请质量体系认证标准;如双方同意,也可作为供需双方对产品质量的认证标准。

GB/T 19001～ISO 9000《质量管理和质量保证》系列标准是在总结国际成功经验的基础上,从质量管理的共性出发,阐述质量管理工作的基本原则、基本规律和质量体系要素的基本构成,适用于不同体制、不同行业的生产、服务企业开展质量管理工作。GB/T 19000《质量管理和质量保证》系列标准只是一套推荐性标准,编号中 T 是“推荐”一词的汉语拼音的第一个大写字母,但其被法规或合同确定采用后就成为强制性标准。如果供需双方或第三方选择某一质量保证模式作为产品认证标准,即该质量保证模式在合同约定范围内具有法律效力。

7.2.2　2000 版质量体系系列标准内容

(1)核心标准。2000 版质量体系系列标准的内容主要包括 ISO 9000 ： 2000、ISO 9001 ： 2000、ISO 9004 ： 2000、ISO 19011 ： 2000 四个。

(2)其他标准。其他标准有 ISO 10012《测量设备的质量保证要求》一个。

(3)技术报告若干份。现已列入计划的有:

①ISO/TR 10006《项目管理指南》;

②ISO/TR 10007《技术状态管理指南》;

③ISO/TR 10013《质量管理体系文件指南》;

④ISO/TR 10014《质量经济性指南》;

⑤ISO/TR 10015《教育和培训指南》;

⑥ISO/TR 10017《统计技术在 ISO 9001 中的应用指南》。

(4)小册子若干份。现已列入计划的有:

①《质量管理原理・选择和使用指南》;

②《ISO 9001 在小型企业中的应用指南》。

7.2.3 ISO标准及中国国家标准编号方法

1. ISO标准编写方法

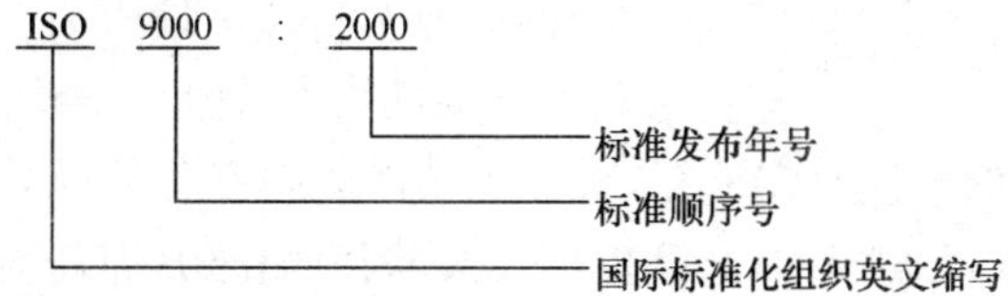

2. 中国国家标准编号方法

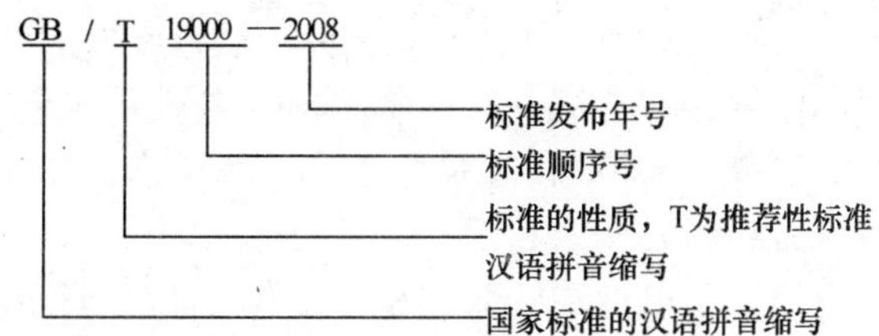

7.2.4 以过程为基础的质量管理体系模式

2000版ISO 9000族标准倡导的质量管理体系模式是以过程为基础的质量管理体系模式，是在全面质量管理的基础上发展起来的。

以过程为基础的质量管理体系模式由管理职责、资源管理、产品实现和测量分析改进四大模块构成，在ISO 9001：2000《质量管理体系要求》中，序号分别为5、6、7、8。

管理职责、资源管理、产品实现和测量分析改进四大模块同时构成了质量管理体系的框架体系结构。管理职责、资源管理、产品实现和测量分析改进的紧密相连，形成一个封闭的环，不断滚动、上升，从而实现整个管理体系的持续改进。

7.2.5 ISO 9000族质量体系文件的构成

(1)质量手册。根据已制定的质量方针、质量目标和适用的标准描述质量管理体系。

(2)质量程序。描述实施质量体系要素所涉及的活动、职责和权限，控制原则，控制方法和证实方法。

(3)第三层文件(作业文件)。详细的工作文件，是指具体规定各专业服务队、各岗位完成某项工作、任务或作业的文件，主要供各岗位使用，包括报告、制度、规程、流程等。

7.3 政府部门对质量监督管理的规定

7.3.1 我国的土木工程质量监督管理体制

国务院建设行政主管部门对全国的土木工程质量实施统一监督管理。国务院铁路、交通、水利等有关部门按照国务院规定的职责分工，对全国的有关专业土木工程质量进行监督管理。

国务院发展计划部门按照国务院规定的职责，组织稽查特派员，对国家出资建设的重大建设项目实施监督检查；国务院经济贸易主管部门按照国务院规定的职责，对国家重大技术改造项目实施监督检查。

县级以上地方人民政府建设行政主管部门对本行政区域内的土木工程质量实施监督管理。县级以上地方人民政府交通、水利等有关部门在各自职责范围内，对本行政区域内的专业土木工程质量实施监督管理。

在加强政府监督管理的同时，还要发挥社会监督的作用，即任何单位和个人对土木工程质量的事故、质量缺陷都有权检举、控告、投诉。

7.3.2 政府监督检查的内容和有权采取的措施

(1)国务院建设行政主管部门和国务院铁路、交通、水利等有关部门以及县级以上地方人民政府建设行政主管部门和其他有关部门，应加强对有关土木工程质量的法律、法规和强制性标准执行情况的监督检查。

(2)县级以上人民政府建设行政主管部门和其他有关部门履行监督检查职责时，有权采取下列措施：

①要求被检查单位提供有关土木工程质量的文件和资料；

②进入被检查单位的施工现场进行检查；

③发现有影响土木工程质量的问题时，责令改正。

(3)有关单位和个人对县级以上人民政府建设行政主管部门和其他有关部门进行的监督检查应予以支持和配合，不得拒绝或者阻碍土木工程质量监督检查人员依法执行职务。

7.3.3 禁止滥用权力的行为

供水、供电、供气、公安消防等部门或单位不得明示或者暗示建设单位、施工单位购买其指定的生产供应单位的建筑材料、建筑构配件和设备。政府有关部门滥用职权的行为，是法律所禁止的。

7.3.4 土木工程质量事故报告制度

土木工程发生质量事故，有关单位应在 24 h 内向当地建设行政主管部门和其他有关部门报告。

对重大质量事故，事故发生地的建设行政主管部门和其他有关部门应按照事故类别和等级向当地人民政府和上级建设行政主管部门和其他有关部门报告。

特别重大质量事故的调查程序按照国务院有关规定办理。

7.3.5 违法行为应承担的法律责任

(1)发生重大工程质量事故隐瞒不报、谎报或者拖延报告期限的，对直接负责的主管人员和其他责任人员依法给予行政处分。

(2)供水、供电、供气、公安消防等部门或者单位明示或者暗示建设单位或者施工单位购买其指定的生产供应单位的建筑材料、建筑构配件和设备的，责令改正。

(3)国家机关工作人员在土木工程质量监督管理工作中玩忽职守、滥用职权、徇私舞弊,构成犯罪的,依法追究其刑事责任;尚不构成犯罪的,依法给予行政处分。

7.4　建设行为主体的质量责任与义务

7.4.1　建设单位相关的质量责任和义务

1. 依法发包工程

建设单位应将工程发包给具有相应资质等级的单位。建设单位不得将土木工程肢解发包。建设单位应依法对工程建设项目的勘察、设计、施工、监理以及与工程建设有关的重要设备、材料等的采购进行招标。

2. 依法向有关单位提供原始资料

建设单位必须向有关的勘察、设计、施工、监理等单位提供与土木工程有关的原始资料,且原始资料必须真实、准确、齐全。

3. 限制不合理的干预行为

建设单位不得以任何理由,要求建筑设计单位或者建筑施工企业在土木工程设计或者工程施工作业中,违反法律、行政法规和建筑工程质量、安全标准,降低工程质量。

土木工程发包单位,不得迫使承包方以低于成本的价格竞标,不得任意压缩合理工期。建设单位不得明示或者暗示设计单位或者施工单位违反工程建设强制性标准,降低土木工程质量。

4. 依法报审施工图设计文件

建设单位应将施工图设计文件报县级以上人民政府建设行政主管部门或者其他有关部门审查。施工图设计文件未经审查批准的,不得使用。

施工图设计文件是设计文件的重要内容,是编制施工图预算,安排材料、设备订货和非标准设备制作,进行施工、安装和工程验收等工作的依据。

施工图设计文件一经完成,土木工程所要达到的工程质量,就有了约束。因此,施工图设计文件的质量直接影响土木工程的质量。

5. 依法实行工程监理

实行监理的土木工程,为保证监理工作的质量,建设单位应委托具有相应资质等级的工程监理单位进行监理,也可委托具有工程监理相应资质等级,并与被监理工程的施工承包单位没有隶属关系或者其他利害关系的该土木工程的设计单位进行监理。

国家对开展工程监理工作的单位实行资质许可,这就要求监理人员具有较高的技术水平和较丰富的工程经验。工程监理单位的资质反映了其从事某项监理工作的资格和能力。

《建设工程质量管理条例》规定,下列建设工程必须实行工程监理:

(1)国家重点建设工程;

(2)大、中型公用事业工程;

(3)成片开发建设的住宅小区工程;

(4)利用外国政府或者国际组织贷款、援助资金的工程;

(5)国家规定必须实行监理的其他工程。

6. 依法办理工程质量监督手续

建设单位在领取施工许可证或者开工报告前，应按照国家有关规定办理工程质量监督手续。

建设单位办理工程质量监督手续，应提供下列文件和资料：

(1)工程规划许可证；

(2)设计单位资质等级证书；

(3)监理单位资质等级证书、监理合同及《工程项目监理登记表》；

(4)施工单位资质等级证书及营业执照副本；

(5)工程勘察设计文件；

(6)中标通知书及施工承包合同等。

7. 依法保证建筑材料等符合要求

按照合同约定，由建设单位采购建筑材料、建筑构配件和设备的，建设单位应保证建筑材料、建筑构配件和设备符合设计文件和合同要求。建设单位不得明示或者暗示施工单位使用不合格的建筑材料、建筑构配件和设备。

8. 依法进行装修工程

涉及建筑主体和承重结构变动的装修工程，建设单位应在施工前委托原设计单位或者具有相应资质等级的设计单位提出设计方案；没有设计方案的，不得施工。房屋建筑使用者在装修过程中，不得擅自变动房屋建筑主体和承重结构。

9. 建设单位质量违法行为应承担的法律责任

建设单位违反《建筑法》规定，要求建筑设计单位或者建筑施工企业违反建筑工程质量、安全标准，降低工程质量的，责令其改正，可以处以罚款；构成犯罪的，依法追究其刑事责任。

《建设工程质量管理条例》规定，建设单位有下列行为之一的，责令改正，并处 20 万元以上 50 万元以下的罚款：

(1)迫使承包方以低于成本的价格竞标的；

(2)任意压缩合理工期的；

(3)明示或者暗示设计单位或者施工单位违反工程建设强制性标准，降低工程质量的；

(4)施工图设计文件未经审查或者审查不合格，擅自施工的；

(5)建设项目必须实行工程监理而未实行工程监理的；

(6)未按照国家规定办理工程质量监督手续的；

(7)明示或者暗示施工单位使用不合格的建筑材料、建筑构配件和设备的；

(8)未按照国家规定将竣工验收报告、有关认可文件或者准许使用文件报送备案的。

7.4.2 勘察、设计单位相关的质量责任和义务

1. 勘察、设计单位相关的质量责任

勘察、设计单位必须按照工程建设强制性标准进行勘察、设计，并对其勘察、设计的质量负责。注册建筑师、注册结构工程师等注册执业人员应在设计文件上签字，对设计文件

负责。

勘察、设计单位和执业注册人员是勘察设计质量的责任主体，也是整个工程质量的责任主体之一。勘察、设计质量实行单位与执业注册人员双重责任，即勘察、设计单位对其勘察、设计的质量负责，注册建筑师、注册结构工程师等专业人士对其签字的设计文件负责。

2. 勘察、设计单位相关的义务

1）依法承揽工程的勘察、设计业务

从事土木工程勘察、设计的单位应依法取得相应的资质等级证书，并在其资质等级许可的范围内承揽工程。禁止勘察、设计单位超越其资质等级许可的范围或者以其他勘察、设计单位的名义承揽工程。禁止勘察、设计单位允许其他单位或者个人以本单位的名义承揽工程。勘察、设计单位不得转包或者违法分包所承揽的工程。

2）勘察、设计必须执行强制性标准

勘察、设计单位必须按照工程建设强制性标准进行勘察、设计，并对其勘察、设计的质量负责。

强制性标准是工程建设技术和经验的积累，是勘察、设计工作的技术依据。勘察、设计单位必须严格执行，只有满足工程建设强制性标准才能保证质量，才能满足工程对安全、卫生、环保等多方面的质量要求。

3）勘察单位提供的勘察成果必须真实、准确

勘察单位提供的地质、测量、水文等勘察成果必须真实、准确。工程勘察工作是建设工作的基础工作，工程勘察成果文件是设计和施工的基础资料和重要依据。工程勘察成果文件是否真实准确将直接影响到工程设计、施工质量。

4）设计依据和设计深度

设计单位应根据勘察成果文件进行土木工程设计。设计文件应符合国家规定的设计深度要求，并注明工程合理使用年限。勘察成果文件是设计的基础资料，是设计的依据。因此，先勘察、后设计是工程建设的基本做法，也是基本建设程序的要求。

各类设计文件的编制深度都有规定，在实践中应贯彻执行；工程合理使用年限是指自工程竣工验收合格之日起，工程的地基基础、主体结构能保证在正常情况下安全使用的年限。

5）依法规范设计对建筑材料等的选用

设计单位在设计文件中所选用的建筑材料、建筑构配件和设备，应注明规格、型号等技术指标，其质量必须符合国家规定标准的要求。除有特殊要求的建筑材料、专用设备等外，设计单位不得指定生产厂、供应商。

6）依法对设计文件进行技术交底

设计单位应对审查合格的施工图设计文件向施工单位做出详细说明、技术交底。

设计文件的技术交底，是在设计文件完成后，通过建设单位发给施工单位，由设计单位将设计的意图、特殊的工艺要求，以及建筑、结构、设备等各专业在施工中的难点、疑点和容易发生的问题等向施工单位做详细说明，并负责解释施工单位对设计图纸的疑问。

7）依法参与土木工程质量事故分析

设计单位应依法参与土木工程质量事故分析，并对因设计造成的质量事故提出相应

的技术处理方案。

土木工程发生质量事故,则该土木工程的设计单位最有可能在短时间内发现存在的问题,对工程安全事故的分析具有权威性,对及时进行事故处理十分有利。

对因设计造成的质量事故,原设计单位必须提出相应的技术处理方案,是设计单位的法定义务。

8)勘察、设计单位质量违法行为应承担的法律责任

建筑设计单位不按照建筑工程质量、安全标准进行设计的,责令其改正,处以罚款;造成土木工程质量事故的,责令其停业整顿、降低资质等级或者吊销资质证书,没收违法所得,并处罚款;造成损失的,承担赔偿责任;构成犯罪的,依法追究刑事责任。

《建设工程质量管理条例》规定,勘察、设计单位有下列行为之一的,责令改正,处10万元以上30万元以下的罚款:

(1)勘察单位未按照工程建设强制性标准进行勘察的;

(2)设计单位未根据勘察成果文件进行工程设计的;

(3)设计单位指定建筑材料、建筑构配件的生产厂、供应商的;

(4)设计单位未按照工程建设强制性标准进行设计的。

勘察、设计单位有以上所列行为,造成工程质量事故的,责令停业整顿、降低资质等级;情节严重的,吊销其资质证书;造成损失的,依法承担赔偿责任。

7.4.3 工程监理单位相关的质量责任和义务

1. 依法承担工程监理业务

工程监理单位应依法取得相应等级的资质证书,并在其资质等级许可的范围内承担工程监理业务。禁止工程监理单位超越本单位资质等级许可的范围或者以其他工程监理单位的名义承担工程监理业务。禁止工程监理单位允许其他单位或者个人以本单位的名义承担工程监理业务。工程监理单位不得转让工程监理业务。

2. 对有隶属关系或其他利害关系的回避

工程监理单位与被监理工程的施工承包单位以及建筑材料、建筑构配件和设备供应单位有隶属关系或者其他利害关系的,不得承担该土木工程的监理业务。

工程监理单位与被监理工程的承包单位以及建筑材料、建筑构配件和设备供应单位间,是监督与被监督的关系。因此为保证客观、公正地执行监理任务,工程监理单位与被监理工程的施工承包单位以及建筑材料、建筑构配件和设备供应单位不能有隶属关系或者其他利害关系。若与其有隶属关系或者其他利害关系的,工程监理单位在接受监理委托前,应自行回避;对未回避被发现的,建设单位可依法解除委托关系。

3. 监理工作的依据和监理责任

(1)工程监理的依据。

①法律、法规。

②有关技术标准。

③设计文件。

④土木工程承包合同。

(2)监理工作的监理责任。

①违约责任。如果监理单位不按照监理合同约定履行监理义务，给建设单位或其他单位造成损失的，应承担相应的赔偿责任。

②违法责任。如果监理单位违法监理，或者降低工程质量标准，造成质量事故的，应承担相应的法律责任。

4. 工程监理的职责和权限

(1)工程监理单位应选派具备相应资格的总监理工程师和监理工程师进驻施工现场。未经监理工程师签字，建筑材料、建筑构配件和设备不得在土木工程上使用或者安装，施工单位不得进行下一道工序的施工。未经总监理工程师签字，建设单位不予拨付工程款，不进行竣工验收。

(2)监理单位应根据所承担的监理任务，组建驻工地监理机构。监理机构通常由总监理工程师、监理工程师和其他监理人员组成。监理工程师拥有对建筑材料、建筑构配件和设备以及每道施工工序的检查权，对检查不合格的，有权决定是否允许在土木工程上使用或进行下一道工序的施工。总监理工程师依法和在授权范围内可以发布有关指令，全面负责受委托的监理工程。

5. 工程监理的形式

监理工程师应按照工程监理规范的要求，采取旁站、巡视和平行检验等形式，对土木工程实施监理。

旁站，是指对土木工程中有关地基基础和结构安全的关键工序和关键施工过程，进行连续不断地监督检查或检验的监理活动，甚至要连续跟班监理。

巡视，主要是强调除关键点的质量控制外，监理工程师还应对施工现场进行面上的巡查监理。

平行检验，主要是强调监理单位对施工单位已检验的土木工程应及时进行检验。

对关键性、较大体量的土木工程实物，应采取分段后平行检验的方式，有利于及时发现质量问题，并及时采取措施予以纠正。

6. 工程监理单位质量违法行为应承担的法律责任

工程监理单位与建设单位或者建筑施工企业串通，弄虚作假、降低土木工程质量的，责令改正、处以罚款、降低资质等级或者吊销资质证书；有违法所得的，予以没收；造成损失的，承担连带赔偿责任；构成犯罪的，依法追究刑事责任。

7.5 土木工程竣工验收

7.5.1 土木工程竣工验收的主体和法定条件

1. 土木工程竣工验收的主体

对土木工程进行竣工检查和验收，是建设单位法定的权利和义务。在土木工程完工后，承包单位应向建设单位提供完整的竣工资料和竣工验收报告，提请建设单位组织竣工验收。建设单位收到竣工验收报告后，应及时组织设计、施工、工程监理等有关单位参加土木工程的竣工验收，检查整个土木工程项目是否已按照设计要求和合同约定全部建设完成，并符合竣工验收条件。

2. 竣工验收的法定条件

土木工程竣工验收,应具备下列条件:

(1)已完成土木工程设计和合同约定的各项内容。

(2)有完整的技术档案和施工管理资料。

①土木工程项目竣工验收报告;

②分项、分部工程和单位工程技术人员名单;

③图纸会审和技术交底记录;

④设计变更通知单,技术变更核实单;

⑤工程质量事故发生后调查和处理资料;

⑥隐蔽工程验收记录及施工日志;

⑦竣工图;

⑧质量检验评定资料等;

⑨合同约定的其他资料。

(3)有工程使用的主要建筑材料、建筑构配件和设备的进场试验报告。

(4)有勘察、设计、施工、工程监理等单位分别签署的质量合格文件。

(5)有施工单位签署的工程保修书。

凡是未经过竣工验收或者经竣工验收确定为不合格的土木工程,不得交付使用。如果建设单位为提前获得投资效益,在土木工程未经竣工验收前投产或使用,由此发生的工程质量等问题,建设单位应承担责任。

7.5.2 施工单位应提交的档案资料

建设单位应严格按照国家有关档案管理的规定,及时收集、整理建设项目各环节的文件资料,建立健全的建设项目档案,并在土木工程竣工验收后,及时向建设行政主管部门或者其他有关部门移交建设项目档案。

建设单位应在土木工程竣工验收后3个月内,向城建档案馆报送一套符合规定的土木工程档案。土木工程档案不齐全的,应限期补充。对改建、扩建和重要部位维修的工程,建设单位应组织设计、施工单位根据实际发生的变动修改、补充和完善原土木工程档案。

施工单位应按照归档要求制定统一目录,有专业分包工程的,分包单位应按照总承包单位的总体安排做好各项资料整理工作,由总承包单位进行审核、汇总。施工单位应提交的档案资料是:

(1)工程技术档案资料;

(2)工程质量保证资料;

(3)工程检验评定资料;

(4)竣工图等。

7.5.3 规划、消防、环保、节能等验收的规定

1. 土木工程竣工规划验收

县级以上地方人民政府城乡规划主管部门按照国务院规定对土木工程是否符合规划

条件予以核实;未经核实或者经核实不符合规划条件的,建设单位不得组织竣工验收。建设单位应在竣工验收后6个月内向城乡规划主管部门报送有关竣工验收资料。

建设单位未在土木工程竣工验收后6个月内向城乡规划主管部门报送有关竣工验收资料的,由所在地城市、县人民政府城乡规划主管部门责令限期补报;逾期不补报的,处1万元以上5万元以下的罚款。

土木工程竣工后,建设单位应依法向城乡规划行政主管部门提出竣工规划验收申请,由城乡规划行政主管部门按照选址意见书、建设用地规划许可证、土木工程规划许可证、乡村建设规划许可证及其有关规划的要求,对土木工程进行规划验收,包括对建设用地范围内的各项工程建设情况、建筑物的使用性质、层数、标高、各类配套服务设施、临时施工用房、施工场地等进行全面核查,并做出验收记录。对验收合格的,由城乡规划行政主管部门出具规划认可文件或核发土木工程竣工规划验收合格证。

2. 土木工程竣工消防验收

(1)按照国家工程建设消防技术标准需要进行消防设计的土木工程竣工,应按照规定进行消防验收、备案。

①国务院公安部门规定的大型的人员密集场所和其他特殊土木工程,建设单位应向公安机关消防机构申请消防验收;

②其他土木工程,建设单位在验收后应报公安机关消防机构备案,由公安机关消防机构进行抽查。依法应进行消防验收的土木工程,未经消防验收或者消防验收不合格的,禁止投入使用;其他土木工程经依法抽查不合格的,应停止使用。

(2)建设单位申请消防验收应提供的材料:

①土木工程消防验收申报表;

②土木工程竣工验收报告;

③消防产品质量合格证明文件;

④有防火性能要求的建筑构件、建筑材料、室内装饰装修材料符合国家标准或者行业标准的证明文件、出厂合格证;

⑤消防设施、电气防火技术检测合格证明文件;

⑥施工、工程监理、检测单位的合法身份证明和资质等级证明文件;

⑦其他依法需要提供的材料。

公安机关消防机构应当自受理消防验收申请之日起20日内组织消防验收,并出具消防验收意见。公安机关消防机构对申报消防验收的土木工程,应按照土木工程消防验收评定标准对经消防设计审核合格的内容组织消防验收。对综合评定结论为合格的土木工程,公安机关消防机构应出具消防验收合格意见;对综合评定结论为不合格的土木工程,应出具消防验收不合格意见,并说明理由。

对依法应进行消防验收的土木工程,未经消防验收或者消防验收不合格,擅自投入使用的,由公安机关消防机构责令停止施工、停止使用或者停产停业,并处3万元以上30万元以下的罚款。

3. 土木工程竣工环保验收

建设项目竣工后,建设单位应向审批该建设项目环境影响报告书、环境影响报告表或者环境影响登记表的环境保护行政主管部门,申请该建设项目需要配套建设的环境保护设施竣工验收。

环境保护设施竣工验收，应与主体工程竣工验收同时进行；需进行试生产的建设项目，建设单位应自建设项目投入试生产之日起3个月内，向审批该建设项目环境影响报告书、环境影响报告表或者环境影响登记表的环境保护行政主管部门，申请该建设项目需要配套建设的环境保护设施竣工验收；分期建设、分期投入生产或者使用的建设项目，其相应的环境保护设施应进行分期验收。

环境保护行政主管部门应自接到环境保护设施竣工验收申请之日起30日内，完成验收。建设项目需要配套建设的环境保护设施经验收合格，则该建设项目方可正式投入生产或者使用。

建设项目需要配套建设的环境保护设施未建成、未经验收或者经验收不合格，主体工程正式投入生产或者使用的，由审批该建设项目环境影响报告书、环境影响报告表或者环境影响登记表的环境保护行政主管部门责令停止生产或者使用，可处10万元以下的罚款。

4. 土木工程节能验收

(1)建筑节能分部工程进行质量验收的条件。建筑节能分部工程的质量验收，应在检验批、分项工程全部合格的基础上，进行建筑围护结构的外墙节能构造实体检验，严寒、寒冷和夏热冬冷地区的外窗气密性现场检测，以及系统节能性能检测和系统联合试运转与调试，确认建筑节能工程达到质量验收的条件后方可进行。

(2)建筑节能工程验收的程序和组织。

建筑节能工程验收的程序和组织应遵守《建筑工程质量验收统一标准》(GB 50300—2001)的要求，并符合下列规定：

①建筑节能工程的检验批验收和隐蔽工程验收应由监理工程师主持，施工单位相关专业的质量检查员与施工员参加；

②建筑节能分项工程验收应由监理工程师主持，施工单位项目技术负责人和相关专业的质量检查员、施工员参加，必要时可邀请设计单位相关专业的人员参加；

③建筑节能分部工程验收应由总监理工程师(建设单位项目负责人)主持，施工单位项目经理、项目技术负责人和相关专业的质量检查员、施工员参加，施工单位的质量或技术负责人应参加，设计单位节能设计人员参加。

(3)建筑节能工程验收的程序。

①施工单位自检评定。建筑节能分部工程施工完成后，施工单位应对该建筑节能工程质量进行自检，并确认符合节能设计文件要求后，填写“建筑节能分部工程质量验收表”，由项目经理和施工单位负责人签字。

②监理单位进行建设节能分部工程质量评估。监理单位收到“建筑节能分部工程质量验收表”后，应全面审查施工单位的节能工程验收资料，并整理监理资料，对建设节能各分项工程进行质量评估，由监理工程师及项目总监理工程师在“建筑节能分部工程质量验收表”中签字、确认验收结论。

③建筑节能分部工程验收。建筑节能分部工程验收会议由监理单位的总监理工程师(建设单位项目负责人)主持，组织施工单位的相关人员、设计单位节能设计人员对节能工程质量进行检查验收。验收各方对工程质量进行检查，并提出整改意见。

④施工单位按验收意见进行整改。施工单位按照验收各方提出的整改意见进行整改;整改完毕后,建设、监理、设计、施工单位对建设节能工程的整改结果进行确认。对建筑节能工程存在重要的整改内容的项目,质量监督人员应参加复查。

⑤建筑节能工程验收结论。符合建筑节能工程质量验收规范的工程为验收合格,即通过建筑节能分部工程质量验收;建筑节能工程验收不合格的,按照有关验收规范的要求整改完后,重新验收。

⑥验收资料归档。建筑节能工程施工质量验收合格后,相应的建筑节能分部工程验收资料应作为土木工程竣工验收资料中的重要组成部分归档。

(4)建筑节能工程专项验收的注意事项。

①建筑节能工程验收的重点是检查建筑节能工程的效果是否满足设计及规范要求,监理和施工单位应加强和重视建筑节能验收工作,应对验收中发现的土木工程实物质量问题及时处理。

②土木工程项目存在下列情形之一的,监理单位不得组织节能工程验收:

a. 未完成土木工程节能设计内容的;

b. 隐蔽工程验收记录等技术档案和施工管理资料不完整的;

c. 工程使用的主要建筑材料、建筑构配件和设备未提供进场检验报告的,未提供相关的节能性检测报告的;

d. 土木工程存在违反强制性标准的质量问题而未整改完毕的;

e. 对监督机构发出的责令整改内容未整改完毕的;

f. 存在其他违反法律、法规行为而未处理完毕的。

③土木工程项目验收存在下列情形之一的,监理单位应重新组织建筑节能工程验收:

a. 验收组织机构不符合法规及规范要求的;

b. 参加验收人员不具备相应资格的;

c. 参加验收各方主体验收意见不一致的;

d. 验收程序和执行标准不符合要求的;

e. 各方提出的问题未整改完毕的。

④单位工程在办理竣工备案时,应提交建筑节能相关资料,不符合要求的不予备案。

(5)土木工程节能验收违法行为应承担的法律责任。建设单位对不符合民用建筑节能强制性标准的民用建筑项目出具竣工验收合格报告的,由县级以上地方人民政府建设主管部门责令其改正,处以民用建筑项目合同价款2%以上4%以下的罚款;造成损失的,应依法承担赔偿责任。

7.5.4 土木工程竣工结算、质量争议的规定

1. 土木工程竣工结算

1)土木工程竣工结算方式与编审

(1)土木工程竣工结算的方式。土木工程竣工结算方式分为单位工程竣工结算、单项工程竣工结算和建设项目竣工总结算。

(2)土木工程竣工结算的编审。

①单位工程竣工结算由承包人编制,发包人审查;实行总承包的土木工程由具体承包

人编制，在总包人审查的基础上，由发包人审查。

②单项工程竣工结算或建设项目竣工总结算由总（承）包人编制，发包人可直接进行审查，也可委托具有相应资质的工程造价咨询机构进行审查；政府投资的项目，由同级财政部门审查。单项工程竣工结算或建设项目竣工总结算经发、承包人签字盖章后有效。

2）土木工程竣工结算审查期限

（1）单项工程竣工后，承包人应在提交竣工验收报告的同时，向发包人递交竣工结算报告及完整的结算资料，发包人应按下列规定时限进行核对（审查），并提出审查意见：

①500 万元以下，从接到竣工结算报告和完整的竣工结算资料之日起 20 d；

②500～2000 万元，从接到竣工结算报告和完整的竣工结算资料之日起 30 d；

③2000～5000 万元，从接到竣工结算报告和完整的竣工结算资料之日起 45 d；

④5000 万元以上，从接到竣工结算报告和完整的竣工结算资料之日起 60 d。

（2）建设项目竣工总结算在最后一个单项工程竣工结算审查确认后 15 d 内汇总，送发包人后 30 d 内审查完成。

3）工程竣工价款结算

发包人收到承包人递交的竣工结算报告及完整的结算资料后，应按以上规定的时限（合同约定有期限的，从其约定）进行核对（审查），给予确认或者提出修改意见。

发包人根据已确认的竣工结算报告向承包人支付工程竣工结算价款，保留 5%左右的质量保证（保修）金，待工程交付使用 1 年质保期到期后清算（合同另有约定的，从其约定），质保期内如有返修，则所发生费用应从质量保证（保修）金内扣除。

工程竣工结算以合同工期为准，实际施工工期比合同工期提前或延后，发、承包双方应按合同约定的奖惩办法执行。

4）索赔及合同以外零星项目工程价款结算

因一方未能按合同约定履行自己的各项义务或发生错误，给另一方造成经济损失的，由受损方按合同约定提出索赔，索赔金额按合同约定支付。

发包人要求承包人完成合同以外零星项目，承包人应在接受发包人要求的 7 d 内对所用工数量和单价、机械台班数量和单价、使用材料和金额等向发包人提出施工签证，由发包人签证后施工；如发包人未签证，承包人施工后发生争议的，责任由承包人自负。

发、承包双方应加强施工现场的造价控制，及时对合同外的事项如实记录并履行书面手续。由发、承包双方授权的现场代表签字的现场签证及双方协商确定的索赔等费用，应在工程竣工结算中据实办理，不得因发、承包双方现场代表的中途变更而改变其有效性。

5）未按规定时限办理事项的处理

（1）发包人收到竣工结算报告及完整的结算资料后，在规定或合同约定期限内，对结算报告及资料没有提出意见，则视同认可。

（2）承包人未在规定时间内提供完整的土木工程竣工结算资料，经发包人催促后 14 d 内仍未提供或没有明确答复的，发包人有权根据已有的资料进行审查，责任由承包人自负。

（3）根据确认的工程竣工结算报告，承包人向发包人申请支付工程竣工结算价款。发包人应在收到工程竣工结算申请后 15 d 内支付结算价款，到期未支付的应承担违约责任。

承包人可催告发包人支付结算价款，如达成延期支付协议，发包人应按同期银行贷款利率支付拖欠工程价款的利息；如未达成延期支付协议，承包人可与发包人协商将该土木工程折价，或申请人民法院将该土木工程依法拍卖，承包人对该土木工程折价或者拍卖的价款优先受偿。

6)工程价款结算争议处理

工程造价咨询机构接受发包人或承包人委托，编审工程竣工结算的，应按合同约定和实际履约事项办理，出具的工程竣工结算报告经发、承包双方签字后生效。当事人一方对工程结算报告有异议的，可对报告中有异议的部分，向有关部门申请咨询后协商处理；若不能达成一致意见的，双方可按合同约定的争议或纠纷解决程序办理。

当事人对土木工程造价发生合同纠纷时，可通过以下方式解决：

(1)双方协商确定；

(2)按合同条款约定的办法提请调解；

(3)向有关仲裁机构申请仲裁或向人民法院起诉。

7)土木工程价款结算管理

土木工程竣工后，发、承包双方应及时办理工程竣工结算；否则该土木工程不得交付使用，有关部门不予办理权属登记。

2. 竣工工程质量争议的处理

1)承包方责任的处理

(1)因承包人的原因致使土木工程的质量不符合合同约定的，发包人有权要求承包人在合理期限内无偿修理或者返工、改建。

(2)因承包人的原因致使土木工程的质量不符合合同约定，承包人拒绝修理、返工或者改建，发包人请求减少支付工程价款的，应予以支持。

2)发包方责任的处理

建设单位不得以任何理由要求建筑设计单位或者建筑施工企业在工程设计或者施工作业中，违反法律、行政法规和建筑质量、安全标准，降低土木工程质量。

发包人具有下列情形之一，造成土木工程质量缺陷的，应承担过错责任：

(1)提供的设计有缺陷的；

(2)提供或者指定购买的建筑材料、建筑构配件、设备不符合强制性标准的；

(3)直接指定分包人分包专业工程的。

3)未经工程竣工验收擅自使用的处理原则

土木工程竣工经验收合格后，方可交付使用；未经验收或验收不合格的，不得交付使用。

土木工程未经竣工验收，发包人擅自使用后，以使用部分的质量不符合合同约定为由主张权利的，不予支持。但是承包人应当在土木工程的合理使用寿命期内对地基基础工程和主体结构质量承担民事责任。

7.5.5 土木工程竣工验收报告备案的规定

1. 土木工程竣工验收备案的时间及应提交的文件

建设单位应自土木工程竣工验收合格之日起 15 日内，依照法律规定，向该土木工程所在地的县级以上地方人民政府建设主管部门(以下简称备案机关)备案。

建设单位办理工程竣工验收备案应提交的文件：

(1)工程竣工验收备案表；

(2)工程竣工验收报告,应包括工程报建日期,施工许可证号,施工图设计文件审查意见,勘察、设计、施工、工程监理等单位分别签署的质量合格文件及验收人员签署的竣工验收原始文件,市政基础设施的有关质量检测和功能性试验资料以及备案机关认为需要提供的有关资料；

(3)法律、行政法规规定应由规划、环保等部门出具的认可文件或者准许使用文件；

(4)法律规定应由公安消防部门出具的对大型的人员密集场所和其他特殊土木工程验收合格的证明文件；

(5)施工单位签署的土木工程质量保修书；

(6)法规、规章规定必须提供的其他文件,住宅工程还应提交《住宅质量保证书》和《住宅使用说明书》。

2. 土木工程竣工验收备案文件的签收和处理

备案机关收到建设单位报送的竣工验收备案文件,验证文件齐全后,应在土木工程竣工验收备案表上签署文件收讫。土木工程竣工验收备案表一式两份,一份由建设单位保存,一份留备案机关存档。

工程质量监督机构应在土木工程竣工验收之日起 5 日内,向备案机关提交工程质量监督报告;备案机关如发现建设单位在工程竣工验收过程中有违反国家有关土木工程质量管理规定行为的,应当在收讫竣工验收备案文件 15 日内,责令停止使用,重新组织竣工验收。

3. 土木工程竣工验收备案违反规定的处罚

(1)建设单位在土木工程竣工验收合格之日起 15 日内未办理土木工程竣工验收备案的,备案机关应责令其限期改正,处 20 万元以上 50 万元以下罚款。

(2)建设单位将备案机关决定重新组织竣工验收的土木工程,在重新组织工程竣工验收前,擅自使用的,备案机关责令停止使用,处工程合同价款 2%以上 4%以下罚款。

(3)建设单位采用虚假证明文件办理工程竣工验收备案的,该土木工程竣工验收无效,备案机关责令停止使用,重新组织工程竣工验收,处 20 万元以上 50 万元以下罚款;构成犯罪的,依法追究刑事责任。

(4)备案机关决定重新组织竣工验收并责令停止使用的工程,建设单位在备案前已投入使用或者建设单位擅自继续使用造成使用人损失的,由建设单位依法承担赔偿责任。

7.6 土木工程质量保修

7.6.1 土木工程质量保修书和最低保修期限

1. 土木工程质量保修书的提交时间及主要内容

(1)土木工程质量保修书的提交时间。土木工程承包单位在向建设单位提交工程竣工验收报告时,应向建设单位出具土木工程质量保修书。

(2)土木工程质量保修的承诺,应由承包单位以土木工程质量保修书的书面形式体现。土木工程质量保修书是一项保修合同,是承包合同所约定双方权利义务的延续,也是承包单位对竣工验收的土木工程承担保修责任的法律文本。土木工程质量保修书的主要内容,见表7-1。

表7-1　土木工程质量保修书的主要内容

项　目	内　容
质量保修范围	土木工程的质量保修范围,包括地基基础工程、主体结构工程、屋面防水工程和其他土建工程,供热、供冷系统工程等项目。 不同类型的土木工程,其质量保修范围也不同
质量保修期限	土木工程的质量保修期限,应以保证建筑物合理寿命年限内的正常使用,维护使用者合法权益的原则确定。 具体的保修范围和最低保修期限由国务院规定
承诺质量保修责任	承诺质量保修责任,主要是施工单位向建设单位承诺保修范围、保修期限和有关实施质量保修的具体措施,如保修的方法、人员及联络办法,及不履行质量保修责任的罚则等

施工单位在土木工程质量保修书中,应对建设单位合理使用土木工程进行提示。如因建设单位或使用者使用不当或擅自改动结构、设备位置等造成质量问题的,施工单位不承担保修责任,因此造成质量受损或其他使用者损失的,应由相关责任人承担相应的责任。

2. 土木工程质量的最低保修期限

在正常使用条件下,土木工程的最低保修期限为:

(1)基础设施工程、房屋建筑的地基基础工程和主体结构工程,为设计文件规定的该土木工程的合理使用年限;

(2)屋面防水工程、有防水要求的卫生间、房间、外墙面的防渗漏,为5年;

(3)供热与供冷系统,为2个采暖期、供冷期;

(4)电气管线、给水排水管道、设备安装和装修工程,为2年;

其他项目的最低保修期限由发包方与承包方约定。

土木工程在超过合理使用年限后需要继续使用的,产权所有人应委托具有相应资质等级的勘察、设计单位鉴定,根据鉴定结果采取加固、维修等措施,重新界定使用期。

确定土木工程的合理使用年限,并不代表超过合理使用年限后的土木工程一定会报废、拆除。经过具有相应资质等级的勘察、设计单位鉴定,提出技术加固措施,在设计文件中重新界定使用期,并经有相应资质等级的施工单位进行加固、维修和补强的土木工程,达到能继续使用条件的,方可继续使用;若违法继续使用的,所产生的后果由产权所有人负责。

7.6.2 质量责任的损失赔偿

1. 保修义务的责任落实与损失赔偿责任的承担

(1)施工单位未按照国家有关标准规范和设计要求施工所造成质量缺陷的,由施工单位负责返修并承担经济责任。

(2)由于设计问题造成质量缺陷的,由施工单位负责维修,其经济责任按有关规定通过建设单位向设计单位索赔。

(3)因建筑材料、建筑构配件和设备质量不合格引起的质量缺陷,由施工单位负责维修,其经济责任属于施工单位采购的或经其验收同意的,由施工单位承担经济责任;属于建设单位采购的,由建设单位承担经济责任。

(4)因建设单位(含监理单位)错误管理造成的质量缺陷,由施工单位负责维修,其经济责任由建设单位承担;如属监理单位责任,则由建设单位向监理单位索赔。

(5)因使用单位使用不当造成的损坏问题,由施工单位负责维修,其经济责任由使用单位自行负责。

(6)因地震、台风、洪水等自然灾害或其他不可抗力原因造成的损坏问题,由施工单位负责维修,土木工程项目参与各方根据国家具体政策分担经济责任。

2. 土木工程质量保证金

(1)缺陷责任期的确定。缺陷,是指土木工程质量不符合工程建设强制性标准、设计文件,以及承包合同的约定。缺陷责任期通常为6个月、12个月或24个月,具体可由发、承包双方在合同中约定。缺陷责任期从该土木工程通过竣(交)工验收之日起计。

由于承包人原因导致土木工程无法按规定期限进行竣(交)工验收的,缺陷责任期从实际通过竣(交)工验收之日起计;由于发包人原因导致土木工程无法按规定期限进行竣(交)工验收的,在承包人提交竣(交)工验收报告90 d后,该土木工程自动进入缺陷责任期。

(2)预留保证金的比例。全部或者部分使用政府投资的建设项目,按土木工程价款结算总额5%左右的比例预留保证金。

缺陷责任期内,由承包人原因造成的缺陷,由承包人负责维修,并承担鉴定及维修费用;如承包人不维修也不承担费用,发包人可按合同约定扣除保证金,并由承包人承担违约责任;由他人原因造成的缺陷,发包人负责组织维修,承包人不承担费用,且发包人不得从保证金中扣除费用。

(3)质量保证金的返还。缺陷责任期内,承包人应认真履行合同约定的责任,到期后,承包人可向发包人申请返还保证金。

发包人应在接到承包人返还保证金申请后14日内,会同承包人按照合同约定的内容进行核实,如无异议,发包人应在核实后14日内将保证金返还给承包人;发包人逾期支付的,应从逾期之日起,按照同期银行贷款利率计付利息,并承担违约责任。发包人在接到承包人返还保证金申请后14日内不予答复,经催告后14日内仍不予答复的,视同认可承包人的返还保证金申请。

7.6.3 土木工程质量保修违法行为应承担的法律责任

(1)建筑施工企业违反法律规定、不履行保修义务的,责令其改正,可处以罚款,并对在质量保修期内因屋顶、墙面渗漏、开裂等质量缺陷造成的损失，承担赔偿责任。

(2)施工单位不履行保修义务或拖延履行保修义务的，责令改正，处 10 万元以上 20 万元以下的罚款，并对在质量保修期内因质量缺陷造成的损失，承担赔偿责任。

(3)缺陷责任期内，由承包人原因造成的缺陷，应由承包人负责维修，并承担由此产生的鉴定及维修费用；如承包人不维修也不承担费用，发包人可按合同约定扣除保证金，并由承包人承担违约责任。承包人维修并承担相应费用后，不免除对工程的一般损失赔偿责任。

(4)建筑业企业申请晋升资质等级或者主项资质以外的资质，在申请之日前 1 年内有未履行保修义务，造成严重后果的，建设行政主管部门不予批准。

习题与思考

7-1 土木工程质量有广义和狭义之分，其意义分别是什么？建立对土木工程质量进行管理的体系，包括哪两方面？

7-2 ISO 9000 族质量体系文件的构成有哪些？

7-3 建设单位相关的质量责任和义务有哪些？

7-4 施工单位应提交的档案资料有哪些？

7-5 土木工程质量保修书的提交时间及主要内容有哪些？

8 土木工程监理法规

内容提要

掌握：土木工程监理各方的关系；建设监理合同和监理程序。

了解：土木工程监理的定义、原则；土木工程监理规范；工程企业监理资质管理。

8.1 土木工程监理法规概述

8.1.1 土木工程监理制度概述

1. 土木工程监理的定义

土木工程监理，是指具有相应资质的监理单位受土木工程项目业主的委托，根据国家有关法律、法规，经建设主管部门批准的工程项目建设文件，土木工程委托监理合同及其他土木工程合同，对工程建设实施的专业化监督和管理。

2. 理解土木工程监理定义的注意事项

理解土木工程监理定义的注意事项，见表 8-1。

表 8-1 理解土木工程监理定义的注意事项

项 目	内 容
土木工程监理的行为主体	土木工程监理中，监理的对象不是工程本身，而是建设活动中有关单位的行为及其权利、义务的履行
土木工程监理实施的前提	土木工程监理工作在建设单位委托的前提下，与建设单位订立书面土木工程委托监理合同，明确土木工程监理的范围、权利、义务、责任等，才能使土木工程监理企业在规定的范围内行使管理权，开展土木工程监理工作，其所拥有的管理权，是建设单位授权的结果
土木工程监理的依据	土木工程监理的依据，包括土木工程文件、有关的法律法规规章制度和标准规范、土木工程监理合同和有关的土木工程合同

3. 土木工程监理的范围

(1)工程范围。必须实行工程监理的建设项目：

①国家重点建设工程；

②大、中型公用事业工程；

③成片开发建设的住宅小区工程；

④利用外国政府或者国际组织贷款、援助资金的工程；

⑤国家规定必须实行监理的其他工程。

(2)建设阶段范围。土木工程监理适用于土木工程投资决策阶段和实施阶段，目前主要应用于土木工程实施阶段。

8.1.2 土木工程监理的原则

土木工程监理的原则，见表 8-2 。

表 8-2 土木工程监理的原则

原 则	内 容
依法监理	监理是土木工程管理体制改革的一项新制度，是依靠行政手段和法律手段在全国范围内推行的。 为维护正常的经济秩序和监理制度的健康发展，国家颁发了相应的土木工程建设法规，对土木工程监理单位的设立及管理、土木工程监理的范围、土木工程监理合同、土木工程监理的收费等都做了明确的规定
科学性、公正性	科学性是由土木工程监理要达到的基本目的决定的。 公正性是社会公认的土木工程监理单位的职业道德准则，是工程监理行业能长期生存和发展的基本职业道德准则
参照国际惯例	国际咨询工程师联合会(FIDIC)制定的土木工程合同条款(FIDIC 条款)，被国际建筑界普遍认可和采用。 FIDIC 条款总结了世界土木建设工程百余年的经验，把工程技术、管理经济、法律有机地、科学地结合在一起，突出监理工程师的负责制，为土木工程监理的规范化和国际化起到重要作用
强制监理	监理是在受建设单位的委托方可实施的建设活动，因此土木工程实施监理是建立在业主自愿的基础上进行的。 在国家投资建设的工程中，国家有权以业主的身份要求土木工程项目法人实施工程监理；对个人资金投资的土木工程及与社会公共利益关系重大的土木工程，为确保土木工程的质量和社会公众的生命财产安全，国家也可要求其建设单位必须实施工程监理，即对土木工程活动强制实行工程监理

8.2 土木工程监理规定

8.2.1 土木工程监理的管理机构及职责

(1)国家发改委和住建部共同负责推进土木工程监理事业的发展，住建部归口管理全国土木工程监理工作。住建部的主要职责包括：

①起草并商国家发改委制定、发布建设工程监理行政法规，监督实施；

②审批甲级监理单位资质；

③管理全国监理工程师资格考试、考核和注册等工作。

(2)省、自治区、直辖市人民政府建设行政主管部门，归口管理本行政区域内的土木工程监理工作，其主要职责包括：

①贯彻执行国家土木工程监理法规，起草或制定地方土木工程监理法规并监督实施；

②审批本行政区域内乙级、丙级监理单位的资质，初审并推荐甲级监理单位；

③组织本行政区域内监理工程师资格考试、考核和注册工作；

④指导、监督、协调本行政区域内的土木工程监理工作。

(3)国务院工业、交通等部门管理本部门土木工程监理工作，其主要职责包括：

①贯彻执行国家土木工程监理法规，根据需要制定本部门土木工程监理实施办法，并监督实施；

②审批直属的乙级、丙级监理单位资质，初审并推荐甲级监理单位；

③管理直属监理单位的监理工程师资格考试、考核和注册工作；

④指导、监督、协调本部门的土木工程监理工作。

8.2.2 土木工程监理合同与监理程序

(1)项目法人应通过招标投标方式择优选定监理单位。

(2)监理单位承担土木工程监理业务，应与项目法人签订书面土木工程监理合同。土木工程监理合同的主要条款有：

①监理的范围和内容；

②双方的权利与义务；

③监理费的计取与支付；

④违约责任；

⑤双方约定的其他事项。

(3)工程监理费从土木工程概算中列支，并核减建设单位的管理费。

(4)监理单位应根据所承担的监理任务，组建土木工程监理机构。监理机构应由总监理工程师、监理工程师和其他监理人员组成。承担土木工程施工阶段的监理工作，监理机构应进驻施工现场。

(5)土木工程监理的程序。编制土木工程监理规划→按土木工程进度、分专业编制土木工程监理细则→按照土木工程监理细则进行土木工程监理→参与土木工程竣工预验收，签署土木工程监理意见→土木工程监理工作完成后，向项目法人提交土木工程监理档案资料。

(6)实施工程监理前，项目法人应将委托的监理单位、监理的内容、总监理工程师姓名及所赋予的权限，以书面的形式通知被监理单位；总监理工程师应将其授予监理工程师的权限，以书面的形式通知被监理单位。

(7)土木工程监理过程中，被监理单位应按照与项目法人签订的土木工程合同的规定接受监理。

8.2.3 土木工程监理单位与监理工程师

1. 土木工程监理单位

(1)土木工程监理单位实行资质审批制度。设立土木工程监理单位，应报土木工程监理主管机关进行资质审查合格后，向工商行政管理机关申请企业法人登记。监理单位应按照核准的经营范围承接土木工程监理业务。

（2）土木工程监理单位是建筑市场的主体之一，土木工程监理是一种高智能的有偿技术服务。监理单位与项目法人之间是委托与被委托的合同关系；与被监理单位是监理与被监理关系。监理单位应按照公正、独立、自主的原则，开展土木工程监理工作，维护项目法人和被监理单位的合法权益。

（3）土木工程监理单位不得转让监理业务。监理单位不得承包工程，不得经营建筑材料、建筑构配件和建筑机械、设备。

监理单位在土木工程监理过程中因过错造成重大经济损失的，应承担一定的经济责任和法律责任。监理工程师不得在政府机关或施工、设备制造、材料供应单位兼职，不得是施工、设备制造和材料、构配件供应单位的合伙经营者。

2. 土木工程监理工程师

（1）土木工程监理工程师实行注册制度。监理工程师不得出卖、出售、转让、涂改“监理工程师岗位证书”。

（2）土木工程项目监理实行总监理工程师负责制。总监理工程师行使合同赋予监理单位的权限，全面负责受委托的监理工作。总监理工程师在授权范围内发布有关指令，签认所监理的土木工程项目有关款项的支付凭证。项目法人不得擅自更改总监理工程师的指令。总监理工程师有权建议撤换不合格的土木工程分包单位和项目负责人及有关人员。

（3）总监理工程师应公正地协调项目法人与被监理单位的争议。

8.2.4 外资、中外合资和国外贷款、赠款、捐款土木工程监理

（1）外资、中外合资和国外贷款建设的工程项目的监理费用计取标准及付款方式，应参照国际惯例由双方协商确定。

（2）国外赠款、捐款建设的工程项目，应由中国监理单位承担土木工程监理业务。

（3）国外公司或社团组织在中国境内独立投资的土木工程项目，如需要委托国外监理单位承担建设监理业务时，应聘请中国监理单位参加，进行合作监理。中国监理单位能够监理的中外合资的土木工程项目，应委托中国监理单位监理。如有必要，可以委托与该工程项目建设有关的国外监理机构监理或者聘请监理顾问。

（4）国外贷款的工程项目建设，应由中国监理单位负责建设监理。如贷款方要求国外监理单位参加的，应与中国监理单位进行合作监理。

8.3 土木工程监理与各方的关系

8.3.1 业主与承包商的关系

（1）在 FIDIC 合同条件下，业主和承包商之间是互相合作、互相监督的合同法规关系。

合同是一种民事法律行为，其基本特征之一是行为主体的法律地位完全平等。在合

同中，合同双方的责任和利益互为前提条件，业主的义务是提供土木工程施工的外部条件及支付工程款，这是承包商享有的权利；承包商的义务是按合同规定的工期及质量要求对土木工程项目进行施工、竣工及修复其缺陷，这是业主享有的权利。

(2)承包商按照合同条件的规定，对合同范围内的土木工程进行设计、施工和竣工，并修补其任何缺陷；业主也要按照合同条件的规定履行自己的职责。

在土木工程施工过程中，业主一般不与承包商直接进行接触，是通过监理工程师下达指令、行使权力、管理工程。作为土木工程施工合同的主体，应由业主和承包商行使最终权力。当双方发生争议时，监理工程师可以调解；调解不成而履行仲裁和诉讼程序时，监理工程师的意见只具有一般参考价值。

(3)业主作为土木工程和服务的买方，承包商是卖方和服务者，按照合同管理的目标，业主和承包商应相互保持联系，以使土木工程顺利进行。

(4)作为项目的合作者，业主和承包商在各自利益方面是对立的两方。承包商的行为会对业主构成风险，业主的处事也会威胁承包商的利益，双方利益冲突的结果导致索赔和反索赔行为的产生。

如果业主违约，承包商可降低工程施工速度或中止工程，提出索赔，乃至撤销合同；如果承包商违约，业主可授权其他人完成工作，如果承包商未能履约，业主可以终止合同。

8.3.2 业主与监理单位的关系

按照FIDIC合同条件实施一项工程，业主和监理单位之间是监理咨询合同法规关系，也可以说是一种雇佣关系，业主聘用监理工程师代其进行土木工程管理。

监理工程师的任务和职权是由业主与承包商之间签订的施工合同及业主与监理工程师签订的监理服务合同两种合同文件确定的。

(1)在业主与承包商签订的合同文件中，详细规定了被委托的监理工程师的权利和职责，包括监理工程师对业主的约束权利和监理工程师独立、公正地执行合同条件的权利。

(2)业主与监理单位签订的监理合同。监理合同主要对监理人员数量、素质、服务范围、服务时间、服务费用以及其他有关监理人员生活方面的安排进行详细的规定；同时，合同中对监理工程师的权力也需予以明确。

在监理合同中明确监理工程师的权力时应注意到协议中明确的权力要与施工合同中所赋予监理工程师的权力相一致。

监理工程师在行使监理权力时，是业主的代理人，应维护业主的利益。监理工程师的良好服务，能给业主带来利益，如监理工程师严格控制质量，可使工程的未来维护费用、运行费用降低等。

作为独立的一方管理合同，当监理工程师行使自主处理权时，则必须行为公正，不得偏向任何一方，但监理工程师的报酬由业主支付，监理工程师必定会维护业主的利益。如果业主极力向监理工程师加以影响，使自己的利益远在承包商之上时，业主即违反了其合同义务。施工合同是业主和承包商之间的合同，如果监理工程师在管理中发生失误，造成工期延期和承包商的费用损失，承包商无法让没有合同关系的监理工程师赔偿损失，则业主必须为监理工程师的行为承担赔偿责任。

8.3.3 承包商与监理工程师的关系

在 FIDIC 合同条件下，承包商与监理工程师之间没有合同，不存在合同主体的法规关系。但在工程实施过程中，承包商要常与监理工程师进行联系，因此承包商必须接受和听从监理工程师的指示，监理工程师在行使权力时，须经业主批准，承包商无权核实监理工程师是否已获得此类批准。

在工程实施过程中，未经承包商同意，业主不得私自更换监理工程师。在 FIDIC 合同中，监理工程师具有很大的权力，具有特殊的作用，因此监理工程师的信誉、工作能力、公正性等，是承包商投标报价必须考虑的重要因素之一。

业主和承包商之间的合同文件规定，根据合同在监理工程师有酌情处理权的地方，监理工程师在业主和承包商之间应行为公正，以没有偏见的方式使用合同。承包商应考虑，是否可以相信业主委托的监理工程师具有独立做出决定的能力。

8.3.4 分包商与其他各方的关系

1. 承包商与分包商的关系

(1)承包商与分包商是分包合同主体法规关系。在分包合同执行中，承包商拥有相似于主合同中所定义的监理工程师的指令权，分包商具有主合同所定义的承包者的责任和权利。因此在主合同和分包合同中，承包商的角色刚好相反。

(2)通过分包，承包商获得分包效益或管理费。从承担责任的角度看，分包商被视为承包商组织机构的一部分，承包商对分包部分承担全部工程责任，并不能因为工程分包而减少其对该部分工程在承包合同中所应承担的责任和义务。在与业主关系上，承包商承担主合同所定义的全部合同责任，如果分包商履约能力不足，将给承包商带来一定的风险。

(3)主合同所定义的与分包合同工程范围相应的权利和责任关系，则通过分包传递给了分包商。

其中，指定分包商对承包商的责任，不能小于承包商对业主的责任；同时分包商也具有要求补偿和索赔的权利。

2. 业主与分包商的关系

(1)分包合同只是承包商与分包商之间的协议，分包商与业主之间没有合同法规关系，没有权利、义务关系。分包商作为承包商的一部分，业主与分包商之间不能有任何私下约定。

(2)业主拥有权益转让的权利，即在承包商缺陷责任期结束，有一些分包商对承包商的担保或其他义务没有结束，则承包商必须把该权益转让给业主的，而承包商应保证分包商同意这种转让。

(3)业主对分包商的选定有较严格的要求，并对分包商做出资格审查。

在承包商的投标书中，必须附上拟订的分包商的名单，以供业主审查。如果在工程施工中重新委托分包商的，则必须经过业主和监理工程师的批准。

3. 监理工程师与分包商的关系

监理工程师与分包商之间也没有合同法规关系，在项目实施过程中，监理工程师通过承包商管理分包商的工程。在征得承包商同意后，监理工程师可以对一些技术问题直接与分包商进行商讨，并有必要把各个阶段的情况告知承包商，尤其涉及付款和施工计划的问题；同时承包商可以及时了解监理工程师和分包商之间的商讨情况和信函往来的情况，以便在其认为合适的时间发表意见和采取措施。

8.4 土木工程监理规范

8.4.1 土木工程监理基本概念

土木工程监理基本概念，见表8-3。

表8-3 土木工程监理基本概念

项　目	内　容
监理机构	监理单位派驻工程项目负责履行委托监理合同的组织机构
监理工程师	取得国家监理工程师执业资格证书并经注册的监理人员
总监理工程师	由监理单位法定代表人书面授权，全面负责委托监理合同的履行、主持监理机构工作的监理工程师
总监理工程师代表	经监理单位法定代表人同意，由总监理工程师书面授权，代表总监理工程师行使其部分职责和权利的监理机构中的监理工程师
专业监理工程师	根据项目的监理岗位职责分工和总监理工程师的指令，负责实施某一专业或某一方面的监理工作，具有相应监理文件签发权的监理工程师
监理员	经过监理业务培训，具有同类工程相关专业知识，从事具体监理工作的监理人员
监理规划	在总监理工程师的主持下编制，经监理单位技术负责人批准，用以指导监理机构全面开展监理工作的指导性文件
监理实施细则	根据监理规划，由专业监理工程师编写，并经总监理工程师批准，针对工程项目中某一专业或某一方面监理工作的操作性文件
工地例会	由监理机构主持，在工程实施过程中针对工程质量、造价、进度等事宜定期召开的、由有关单位参加的会议
工程变更	在工程项目实施过程中，按照合同约定的程序对部分或全部工程在材料、工艺、功能、构造、技术指标及施工方法等方面做出的改变
工程计量	根据设计文件及承包合同中关于工程量计算的规定，监理机构对承包单位申报的已完成工程的工程量进行的核验
见证	由监理人员现场监督某工序全过程完成情况的活动
旁站	在关键部位或关键工序施工过程中，由监理人员在现场进行的监督活动

续表

项目	内容
巡视	监理人员对正在施工的部位或工序在现场进行的定期或不定期的监督活动
平行检验	监理机构利用一定的检查或检测手段，在承包单位自检的基础上，按照一定的比例独立进行检查或检测的活动
设备监造	监理单位依据委托监理合同和设备订货合同对设备制造过程进行的监理活动
费用索赔	根据承包合同的约定，因合同一方原因给对方造成经济损失，通过监理工程师向对方索赔费用的活动
临时延期批准	当发生非承包单位原因造成的持续性影响工期的事件时，总监理工程师所做出的临时延长合同工期的批准
延期批准	当发生非承包单位原因造成的持续性影响工期的事件时，总监理工程师所做出的最终延长合同工期的批准

8.4.2 土木工程监理人员的职责及其设施

1. 监理人员的职责

(1)总监理工程师的职责。

总监理工程师应履行的职责，包括：

①确定监理机构人员的分工和岗位职责；检查和监督监理人员的工作，根据工程项目的进展情况进行监理人员调配，对不称职的监理人员调换其工作。

②主持编写项目监理规划、审批项目监理实施细则，并负责管理监理机构的日常工作；主持监理工作会议，签发监理机构的文件和指令；组织编写并签发监理月报、监理工作阶段报告、专题报告和项目监理工作总结；主持整理工程项目的监理资料。

③审查分包单位的资质，并提出审查意见；审定承包单位提交的开工报告、施工组织设计、技术方案、进度计划；审核签署承包单位的申请、支付证书和工程竣工结算。

④审查和处理工程变更；主持或参与工程质量事故的调查。

⑤调解建设单位与承包单位的合同争议，处理索赔，审批工程延期。

⑥审核签认分部工程和单位工程的质量检验评定资料，审查承包单位的工程竣工申请，组织监理人员对待验收的工程项目进行质量检查，参与工程项目的竣工验收。

(2)总监理工程师代表的职责。

总监理工程师代表应履行的职责，包括：

①负责总监理工程师指定或交办的监理工作。

②按总监理工程师的授权，行使总监理工程师的部分职责和权力。

(3)总监理工程师不得委托给总监理工程师代表的工作。

总监理工程师不得将下列工作委托给总监理工程师代表：

①主持编写项目监理规划、审批项目监理实施细则；

②签发工程开工/复工报审表、工程暂停令、工程款支付证书、工程竣工报验单；

③审核签认工程竣工结算；

④调解建设单位与承包单位的合同争议，处理索赔，审批工程延期；

⑤根据工程项目的进展情况进行监理人员的调配，调换不称职的监理人员。

(4)专业监理工程师的职责。

专业监理工程师应履行的职责，包括：

①负责编制本专业的监理实施细则；

②负责本专业监理工作的具体实施；

③组织、指导、检查和监督本专业监理员的工作，当监理人员需要调整时，向总监理工程师提出建议；

④审查承包单位提交的涉及本专业的计划、方案、申请、变更，并向总监理工程师提出报告；

⑤负责本专业分项工程验收及隐蔽工程验收；

⑥定期向总监理工程师提交本专业监理工作实施情况报告，对重大问题及时向总监理工程师汇报和请示；

⑦根据本专业监理工作实施情况做好监理日记；

⑧负责本专业监理资料的收集、汇总及整理，参与编写监理月报；

⑨核查进场材料、设备、构配件的原始凭证、检测报告等质量证明文件及其质量情况，根据情况认为有必要时对进场材料、设备、构配件进行平行检验，合格时予以签认；

⑩负责本专业的工程计量工作，审核工程计量的数据和原始凭证。

(5)监理员的职责。

监理员应履行的职责，包括：

①在专业监理工程师的指导下开展现场监理工作；

②检查承包单位投入工程项目的人力、材料、主要设备及其使用、运行状况，并做好检查记录；

③复核或从施工现场直接获取工程计量的有关数据并签署原始凭证；

④按设计图及有关标准，对承包单位的工艺过程或施工工序进行检查和记录，对加工制作及工序的施工质量检查结果进行记录；

⑤担任旁站工作，发现问题及时指出并向专业监理工程师报告；

⑥做好监理日记和有关的监理记录。

2. 监理设施

(1)建设单位应提供满足委托监理合同约定的监理工作所需的办公、交通、通信、生活设施；监理机构应妥善保管和使用建设单位提供的设施，并在完成工程监理工作后移交给建设单位。

(2)监理机构应根据土木工程项目类别、规模、技术复杂程度、工程项目所在地的环境条件，按委托监理合同的约定，配备满足监理工作需要的常规检测设备和工具。在大、中型项目的工程监理工作中，监理机构应实施监理工作的计算机辅助管理。

8.4.3 土木工程监理规划及监理实施细则

1. 监理规划

(1)监理规划编制的程序与依据,应符合下列规定:

①监理规划应在签订委托监理合同及收到设计文件后开始编制,完成后必须经监理单位技术负责人审核批准,并在召开第一次工地会议前报送建设单位。

②监理规划应由总监理工程师主持,专业监理工程师参加编制。

③编制监理规划的依据。

a. 土木工程的相关法律、法规及项目审批文件;

b. 与土木工程项目有关的标准、设计文件、技术资料;

c. 监理大纲、委托监理合同文件以及与土木工程项目相关的合同文件。

(2)监理规划的内容。

监理规划,应包括下列内容:

①工程项目概况;

②监理工作范围;

③监理工作内容;

④监理工作目标;

⑤监理工作依据;

⑥监理机构的组织形式;

⑦监理机构的人员配备计划;

⑧监理机构的人员岗位职责;

⑨监理工作程序;

⑩监理工作方法及措施;

⑪监理工作制度;

⑫监理设施。

在监理工作实施过程中,如实际情况或条件发生重大变化需要调整监理规划时,应由总监理工程师组织专业监理工程师研究修改,按原报审程序经过批准后报建设单位。

2. 监理实施细则

(1)监理实施细则的编制程序与依据,应符合下列规定:

①监理实施细则,应在相应工程施工开始前编制完成,并必须经总监理工程师批准。

②监理实施细则,应由专业监理工程师编制。

③编制监理实施细则的依据。

a. 已批准的监理规划;

b. 与专业工程相关的标准、设计文件和技术资料;

c. 施工组织设计。

(2)监理实施细则的主要内容。

监理实施细则,应包括下列内容:

①专业工程的特点;

②监理工作的流程;

③监理工作的控制要点及目标值；

④监理工作的方法及措施。

在监理工作实施过程中，监理实施细则应根据实际情况进行补充、修改和完善。

8.4.4 土木工程施工阶段的监理工作

1. 制定监理工作程序的一般规定

(1)制定监理工作程序，应根据专业工程特点，按工作内容分别制定具体的监理工作程序。

(2)制定监理工作程序，应体现事前控制和主动控制的要求。

(3)制定监理工作程序，应结合工程项目的特点，注意监理工作的效果。监理工作程序中应明确监理的工作内容、行为主体、考核标准、工作时限。

(4)当涉及建设单位和承包单位的工作时，监理工作程序应符合委托监理合同和施工合同的规定。

(5)在监理工作实施过程中，应根据实际情况的变化对监理工作程序进行调整和完善。

2. 施工准备阶段的监理工作

(1)在设计交底前，总监理工程师应组织监理人员熟悉设计文件，并对图纸中存在的问题通过建设单位向设计单位提出书面意见和建议。

(2)项目监理人员，应参加由建设单位组织的设计技术交底会，总监理工程师应对设计技术交底会议纪要进行签认。

(3)工程项目开工前，总监理工程师应组织专业监理工程师审查承包单位报送的施工组织设计(方案)报审表，提出审查意见，并经总监理工程师审核、签认后报建设单位。工程项目开工前，总监理工程师应审查承包单位现场项目管理机构的质量管理体系、技术管理体系和质量保证体系，确能保证工程项目的施工质量时予以确认。对质量管理体系、技术管理体系和质量保证体系应审核的内容，包括：

①质量管理、技术管理和质量保证的组织机构；

②质量管理、技术管理制度；

③专职管理人员和特种作业人员的资格证、上岗证。

(4)分包工程开工前，专业监理工程师应审查承包单位报送的分包单位资格报审表和分包单位有关资质资料，符合有关规定后，由总监理工程师予以签认。对分包单位资格应审核的内容，包括：

①分包单位的营业执照、企业资质等级证书、特殊行业施工许可证、国外(境外)企业在国内承包工程许可证；

②分包单位的业绩；

③拟分包工程的内容和范围；

④专职管理人员和特种作业人员的资格证、上岗证。

(5)专业监理工程师，应按下列要求对承包单位报送的测量放线控制成果及保护措施进行检查，符合要求时，专业监理工程师对承包单位报送的施工测量成果报验申请表予以签认：

①检查承包单位专职测量人员的岗位证书及测量设备检定证书;

②复核控制桩的校核成果、控制桩的保护措施以及平面控制网、高程控制网和临时水准点的测量成果。

(6)专业监理工程师,应审查承包单位报送的工程开工报审表及相关资料,具备下列开工条件时,由总监理工程师签发,并报送建设单位:

①施工许可证已获政府主管部门批准;

②征地拆迁工作能满足工程进度的需要;

③施工组织设计已获总监理工程师批准;

④承包单位现场管理人员已到位,施工机具、施工人员已进场,主要工程材料已落实;

⑤进场道路及水、电、通信等满足开工要求。

(7)工程项目开工前,监理人员应参加由建设单位主持召开的第一次工地会议。第一次工地会议的主要内容,包括:

①建设单位、承包单位和监理单位分别介绍各自驻现场的组织机构、人员及其分工;

②建设单位根据委托监理合同宣布对总监理工程师的授权;

③建设单位介绍工程开工的准备情况;

④承包单位介绍施工准备情况;

⑤建设单位和总监理工程师对施工准备情况提出意见和要求;

⑥总监理工程师介绍监理规划的主要内容;

⑦研究、确定各方在施工过程中参加工地例会的主要人员,召开工地例会的周期、地点及主要议题。

3. 工地例会的内容

工地例会的主要内容,应包括下列内容:

(1)检查上次例会议定事项的落实情况,分析未完事项的原因;

(2)检查分析工程项目进度计划完成情况,提出下一阶段的进度目标及其落实措施;

(3)检查分析工程项目质量状况,并针对存在的质量问题提出改进措施;

(4)检查核定工程量及工程款支付情况;

(5)解决需要协调的有关事项;

(6)其他有关事宜。

总监理工程师或专业监理工程师应根据需要组织专题会议,及时解决施工过程中的各种专项问题。

4. 工程质量控制工作

(1)在施工过程中,当承包单位对已批准的施工组织设计进行调整、补充或变动时,应经专业监理工程师审查,并由总监理工程师签认。

(2)专业监理工程师应要求承包单位报送关键部位、关键工序的施工工艺和确保工程质量的措施,经审核同意后予以签认。

(3)当承包单位采用新材料、新工艺、新技术、新设备时,专业监理工程师应要求承包单位报送相应的施工工艺措施和证明材料,组织专题论证,经审定后予以签认。

(4)监理机构应对承包单位在施工过程中报送的施工测量放线成果进行复验和确认。

(5)专业监理工程师应从下列方面对承包单位的试验室进行考核:

①试验室的资质等级及其试验范围；

②法定计量部门对试验设备出具的计量检定证明；

③试验室的管理制度；

④试验人员的资格证书；

⑤本工程的试验项目及其要求。

(6)专业监理工程师应对承包单位报送的拟进场工程材料、构配件和设备的报审表及其质量证明资料进行审核，并对进场的实物按照委托监理合同约定或有关工程质量管理文件规定的比例采用平行检验或见证取样方式进行抽检。对未经监理人员验收或验收不合格的土木工程材料、构配件、设备，监理人员应拒绝签认，并应签发监理工程师通知单，书面通知承包单位限期将不合格的工程材料、构配件、设备撤出施工现场。

(7)监理机构应定期检查承包单位的直接影响土木工程质量的计量设备的技术状况。

(8)总监理工程师应安排监理人员对施工过程进行巡视和检查。对隐蔽工程的隐蔽过程、下道工序施工完成后难以检查的重点部位，专业监理工程师应安排监理员进行旁站。

(9)专业监理工程师应根据承包单位报送的隐蔽工程报验申请表和自检结果进行现场检查，符合要求予以签认。对未经监理人员验收或验收不合格的工序，监理人员应拒绝签认，并要求承包单位严禁进行下一道工序的施工。

(10)专业监理工程师应对承包单位报送的分项工程质量验评资料进行审核，符合要求后予以签认；总监理工程师应组织监理人员对承包单位报送的分部工程和单位工程质量验评资料进行审核和现场检查，符合要求后予以签认。

(11)对施工过程中出现的质量缺陷，专业监理工程师应及时下达监理工程师通知，要求承包单位整改，并检查整改结果。

(12)监理人员发现施工存在重大质量隐患，可能造成工程质量事故或已工程造成质量事故的，应通过总监理工程师及时下达工程暂停令，要求承包单位停工整改；整改完毕并经监理人员复查，符合规定要求后，由总监理工程师签署工程复工报审表。总监理工程师下达工程暂停令和签署工程复工报审表时，应事先向建设单位报告。对需要返工处理或加固补强的质量事故，总监理工程师应责令承包单位报送质量事故调查报告和经设计单位等相关单位认可的处理方案，监理机构应对质量事故的处理过程和处理结果进行跟踪检查和验收。

(13)总监理工程师应及时向建设单位及本监理单位提交有关质量事故的书面报告，并应将完整的质量事故处理记录整理归档。

5. 工程造价控制工作

(1)监理机构进行工程计量和工程款支付工作，应按下列程序进行：

①承包单位统计经专业监理工程师质量验收合格的工程量，按施工合同的约定填报工程量清单和工程款支付申请表；

②专业监理工程师进行现场计量，按施工合同的约定审核工程量清单和工程款支付申请表，并报总监理工程师审定；

③总监理工程师签署工程款支付证书，并报建设单位。

(2)监理机构进行工程竣工结算，应按下列程序进行：

①承包单位按施工合同的规定填报竣工结算报表；

②专业监理工程师审核承包单位报送的竣工结算报表；

③总监理工程师审定竣工结算报表，与建设单位、承包单位协商一致后，签发竣工结算文件和工程款支付证书，并报建设单位。

(3)监理机构应按照施工合同有关条款、施工图，对工程项目造价目标进行风险分析，并制定防范性对策。

(4)总监理工程师应从工程造价、项目的功能要求和工期等方面审查工程变更方案，并在工程变更实施前与建设单位、承包单位协商确定工程变更的价款。

(5)监理机构应按施工合同约定的工程量计算规则和支付条款进行工程量计量和工程款支付。

(6)专业监理工程师应及时建立月完成工程量和工作量统计表，对实际完成量与计划完成量进行比较、分析，制定调整措施，并在监理月报中向建设单位报告。

(7)专业监理工程师应及时收集、整理有关的施工和监理资料，为处理费用索赔提供证据。

(8)监理机构应及时按照施工合同的有关规定进行竣工结算，并应对竣工结算的价款总额与建设单位和承包单位进行协商。

(9)未经监理人员质量验收合格的工程量，或不符合施工合同规定的工程量，监理人员应拒绝计量和提交该部分的工程款支付申请。

6. 工程进度控制工作

(1)监理机构进行工程进度控制，应按下列程序进行：

①总监理工程师审批承包单位报送的施工总进度计划；

②总监理工程师审批承包单位编制的年、季、月度施工进度计划；

③专业监理工程师对进度计划实施情况进行检查、分析；

④当实际进度符合计划进度时，应要求承包单位编制下一期进度计划；当实际进度滞后于计划进度时，专业监理工程师应书面通知承包单位采取纠偏措施并监督实施。

(2)专业监理工程师应按照施工合同有关条款、施工图及经过批准的施工组织设计制定进度控制方案，对工程施工进度目标进行风险分析，制定防范性对策，经总监理工程师审定后报送建设单位。

(3)专业监理工程师应检查工程进度计划的实施，并记录实际进度及其相关情况。当发现实际进度滞后于计划进度时，应签发监理工程师通知单通知承包单位采取适当的调整措施；当实际进度严重滞后于计划进度时，应及时报总监理工程师，由总监理工程师与建设单位商定，并进一步采取措施。

(4)总监理工程师应在监理月报中向建设单位报告工程进度和所采取进度控制措施的执行情况，并提出合理预防由建设单位原因导致的工程延期及其相关费用索赔的建议。

7. 竣工验收

总监理工程师应组织专业监理工程师，按照有关法律、法规、土木工程强制性标准、设计文件及施工合同的规定，对承包单位报送的竣工资料进行审查，并对土木工程的质量进行竣工预验收。

对竣工预验收中存在的问题，应及时要求承包单位整改。整改完毕后由总监理工程师签署工程竣工报验单，并应在此基础上提出工程质量评估报告。工程质量评估报告应由总监理工程师和监理单位技术负责人审核签字。

监理机构应参加由建设单位组织的竣工验收，并提供相关监理资料。对竣工验收中提出的整改问题，监理机构应要求承包单位进行整改。

工程质量符合竣工验收要求，由总监理工程师会同参加竣工验收的各方签署竣工验收报告。

8. 工程质量保修期的监理工作

工程质量保修期的监理工作，包括：

(1)监理单位应按照委托监理合同约定的工程质量保修期监理工作的时间、范围和内容开展工作。

(2)承担质量保修期监理工作时，监理单位应安排监理人员对建设单位提出的工程质量缺陷进行检查和记录，对承包单位进行修复的工程质量进行验收，经验收合格后予以签认。

(3)监理人员应对工程质量缺陷原因进行调查分析并确定责任归属，对非承包单位原因造成的工程质量缺陷，监理人员应核实修复工程的费用和签署工程款支付证书，并报建设单位。

8.4.5 土木工程施工阶段合同管理的工作

1. 工程暂停及复工

(1)总监理工程师在签发工程暂停令时，应根据暂停工程的影响范围和程度，按照施工合同和委托监理合同的约定签发。发生下列情况之一时，总监理工程师可签发工程暂停令：

①建设单位要求暂停施工且工程需要暂停施工；

②为保证工程质量而需要进行停工处理；

③施工出现安全隐患，总监理工程师认为有必要停工以消除隐患；

④发生必须暂时停止施工的紧急事件；

⑤承包单位未经许可擅自施工，或拒绝监理机构管理。

其中，发生必须暂时停止施工的紧急事件，是由于非承包单位引起，且非上述原因时，总监理工程师在签发工程暂停令前，应对有关工期和费用等事项与承包单位进行协商。

(2)由于建设单位原因，或其他非承包单位原因导致工程暂停时，监理机构应据实记录所发生的实际情况。总监理工程师应在导致施工暂停原因消失，具备复工条件时，及时签署工程复工报审表，指令承包单位继续施工。由于承包单位原因导致工程暂停，在具备恢复施工条件时，监理机构应审查承包单位报送的复工申请及有关材料，同意后由总监理工程师签署工程复工报审表，指令承包单位继续施工。

(3)总监理工程师在签发工程暂停令到签发工程复工报审表之间的时间内，应会同有关各方按照施工合同的约定，处理因工程暂停引起的与工期、费用有关的问题。

2. 工程变更的管理

(1)监理机构处理工程变更的程序。

监理机构应按下列程序处理工程变更：

①设计单位对原设计存在的缺陷提出的工程变更，应编制设计变更文件；建设单位或承包单位提出的工程变更，应提交总监理工程师，由总监理工程师组织专业监理工程师审

查。审查同意后，应由建设单位转交原设计单位编制设计变更文件。当工程变更涉及安全、环保等内容时，应按规定经有关部门审定。

②监理机构应了解实际情况和收集与工程变更有关的资料。

③总监理工程师必须根据实际情况、设计变更文件和其他有关资料，按照施工合同的有关条款，指定专业监理工程师完成以下工作后，对工程变更的费用和工期做出评估：

a. 确定工程变更项目与原工程项目之间的类似程度和难易程度；

b. 确定工程变更项目的工程量；

c. 确定工程变更的单价或总价。

④总监理工程师，应对工程变更费用及工期的评估情况与承包单位和建设单位进行协调。

⑤总监理工程师签发工程变更单。

⑥监理机构应根据工程变更单监督承包单位实施。

(2)监理机构处理工程变更的要求。

①监理机构在工程变更的质量、费用和工期方面取得建设单位授权后，总监理工程师应按照施工合同的规定与承包单位进行协商，经协商达成一致后，总监理工程师应将协商结果向建设单位通报，并由建设单位与承包单位在变更文件上签字。

②监理机构未能对工程变更的质量、费用和工期方面取得建设单位授权时，总监理工程师应协助建设单位与承包单位进行协商，并经协商达成一致。

③建设单位和承包单位未能对工程变更的费用等方面达成协议时，监理机构应提出一个暂定的价格，作为临时支付工程进度款的依据。该项工程款最终结算时，应以建设单位和承包单位达成的协议为依据。

(3)在总监理工程师签发工程变更单之前，承包单位不得进行工程变更。未经总监理工程师审查同意实施的工程变更，监理机构不得予以工程计量。

3. 费用索赔的处理

(1)费用索赔的处理依据。

监理机构处理费用索赔，应依据下列内容：

①国家有关的法律、法规和工程项目所在地的地方法规。

②本工程的施工合同文件。

③国家、部门和地方有关的标准、规范和定额。

④施工合同履行过程中与索赔事件有关的凭证。

(2)费用索赔的处理条件。

承包单位提出费用索赔的理由满足下列条件时，监理机构应予以受理：

①索赔事件造成承包单位直接经济损失的。

②索赔事件是由于非承包单位的责任发生的。

③承包单位已按照施工合同规定的期限和程序提出费用索赔申请表，并附有索赔凭证材料。

(3)费用索赔的处理程序。

承包单位向建设单位提出费用索赔，监理机构应按下列程序处理：

①承包单位在施工合同规定的期限内向监理机构提交对建设单位的费用索赔意向通

知书；

②总监理工程师指定专业监理工程师收集与索赔有关的资料；

③承包单位在承包合同规定的期限内向监理机构提交对建设单位的费用索赔申请表；

④总监理工程师初步审查费用索赔申请表，符合规定条件的予以受理；

⑤总监理工程师进行费用索赔审查，并在初步确定一个额度后，与承包单位和建设单位进行协商；

⑥总监理工程师应在施工合同规定的期限内签署费用索赔审批表，或在施工合同规定的期限内发出要求承包单位提交有关索赔报告的进一步详细资料的通知，待收到承包单位提交的详细资料后决定是否予以审批。

(4)当承包单位的费用索赔要求与工程延期要求有关联时，总监理工程师在做出费用索赔的批准决定时，应与工程延期的批准联系起来，综合做出费用索赔和工程延期的决定。由于承包单位的原因造成建设单位的额外损失，建设单位向承包单位提出费用索赔时，总监理工程师在审查索赔报告后，应公正地与建设单位和承包单位进行协商，并及时做出答复。

4. 工程延期及工程延误的处理

(1)当承包单位提出工程延期要求符合施工合同文件的规定条件时，监理机构应予以受理。

(2)当影响工期的事件具有持续性时，监理机构可在收到承包单位提交的阶段性工程延期申请表并经过审查后，由总监理工程师签署工程临时延期审批表并报建设单位。当承包单位提交最终的工程延期申请表后，监理机构应复查工程延期及临时延期情况，由总监理工程师签署工程最终延期审批表。监理机构在做出临时工程延期批准或最终的工程延期批准之前，均应与建设单位和承包单位进行协商。

(3)监理机构在审查工程延期时，应按照下列情况确定批准工程延期的时间：

①施工合同中有关工程延期的约定；

②工程延期和影响工期事件的事实和程度；

③影响工期事件对工期影响的量化程度。

(4)承包单位未能按照施工合同约定的工期竣工交付造成工期延误时，监理机构应按施工合同规定从承包单位应得的合同价款中扣除误期损害赔偿费。

5. 合同争议的调解

(1)监理机构接到合同争议的调解要求后的工作：

①及时了解合同争议的全部情况，包括进行调查和取证；

②及时与合同争议的双方进行磋商；

③在监理机构提出调解方案后，由总监理工程师进行争议调解；

④当调解未能达成一致时，总监理工程师应在施工合同规定的期限内提出处理该合同争议的意见；

⑤在争议调解过程中，除已达到了施工合同规定的暂停履行合同的条件之外，监理机构应要求施工合同的双方继续履行施工合同。

(2)总监理工程师签发合同争议处理意见后，建设单位或承包单位在施工合同规定的期限内未对合同争议处理意见提出异议的，在符合施工合同的前提下，则该争议处理意见即为最后的决定，双方必须执行。

(3)合同争议的仲裁或诉讼过程中，监理机构接到仲裁机关或法院要求提供有关证据的通知后，应向仲裁机关或法院提供与争议有关的证据。

6. 合同的解除和终止

(1)当建设单位违约导致施工合同解除时，监理机构应对承包单位按施工合同规定应得款项与建设单位和承包单位进行协商，并按施工合同的约定从以下应得款项中确定承包单位应得的全部款项，书面通知建设单位和承包单位：

①承包单位已完成的工程量表中所列的各项工作所应得的款项；

②按批准的采购计划订购工程材料、设备、构配件的款项；

③承包单位撤离施工设备至原基地或其他目的地的合理费用；

④承包单位所有人员的合理遣返费用；

⑤合理的利润补偿；

⑥施工合同约定的建设单位应支付的违约金。

(2)由于承包单位违约导致施工合同终止后，监理机构应按下列程序清理承包单位的应得款项，或偿还建设单位的相关款项，并书面通知建设单位和承包单位：

①施工合同终止时，清理承包单位已按施工合同约定实际完成的工作所应得的款项和已经得到支付的款项；

②施工现场余留的建筑材料、设备及临时工程的价值；

③对已完工程进行检查和验收、移交工程资料、该部分工程的清理、质量缺陷修复等所需的费用；

④施工合同约定的承包单位应支付的违约金；

⑤总监理工程师按照施工合同的约定，与建设单位和承包单位协商后，书面提交承包单位应得款项或偿还建设单位款项的证明。

(3)由于不可抗力或非建设单位、承包单位原因导致施工合同终止时，监理机构应按施工合同规定处理合同解除后的有关事宜。

8.4.6　土木工程施工阶段监理资料的管理

1. 土木工程施工阶段的监理资料

土木工程施工阶段的监理资料，包括：施工合同文件及委托监理合同；勘察设计文件；监理规划；监理实施细则；分包单位资格报审表；设计交底与图纸会审会议纪要；施工组织设计(方案)报审表；工程开工/复工报审表及工程暂停令；测量核验资料；工程进度计划；工程材料、构配件、设备的质量证明文件；检查试验资料；工程变更资料；隐蔽工程验收资料；工程计量单和工程款支付证书；监理工程师通知单；监理工作联系单；报验申请表；会议纪要；来往函件；监理日记；监理月报；质量缺陷与事故的处理文件；分部工程、单位工程等验收资料；索赔文件资料；工程竣工结算审核意见书；工程项目施工阶段质量评估报告等专题报告；监理工作总结。

(1)监理月报。

监理月报由总监理工程师组织编制，签认后报建设单位和本监理单位。土木工程施工阶段的监理月报，包括：本月工程概况；本月工程形象进度；工程进度（本月实际完成情况与计划进度比较、对进度完成情况及采取措施效果的分析）；工程质量（本月工程质量情况分析、本月采取的工程质量措施及效果）；工程计量与工程款支付（工程量审核情况、工程款审批情况及月支付情况、工程款支付情况分析、本月采取的措施及效果）；合同其他事项的处理情况（工程变更、工程延期、费用索赔）；本月监理工作小结（对本月进度、质量、工程款支付等方面情况的综合评价；本月监理工作情况；有关本工程的意见和建议；下月监理工作的重点）。

（2）监理工作总结。

监理工作总结，包括：工程概况；监理组织机构、监理人员和投入的监理设施；委托监理合同履行情况；监理工作成效；施工过程中出现的问题及其处理情况和建议；工程照片（有必要时）。

2. 监理资料的管理

（1）监理资料必须及时整理、真实完整、分类有序。

（2）监理资料的管理，应由总监理工程师负责，并指定专人具体实施。

（3）监理资料应在各阶段监理工作结束后及时整理归档。

（4）监理档案的编制及保存，应按有关规定执行。

8.5 工程监理企业资质管理

8.5.1 工程监理企业的资质等级

工程监理企业的资质等级，见表 8-4。

表 8-4 工程监理企业的资质等级

项目	内容
甲级	（1）企业负责人和技术负责人应具有 15 年以上从事土木工程工作的经历，企业技术负责人应取得监理工程师注册证书。 （2）取得监理工程师注册证书的人员不少于 25 人。 （3）注册资本金不少于 100 万元。 （4）近 3 年内监理过 5 个以上二等房屋建筑工程项目或者 3 个以上二等专业工程项目
乙级	（1）企业负责人和技术负责人应具有 10 年以上从事土木工程工作的经历，企业技术负责人应取得监理工程师注册证书。 （2）取得监理工程师注册证书的人员不少于 15 人。 （3）注册资本金不少于 50 万元。 （4）近 3 年内监理过 5 个以上三等房屋建筑工程项目或者 3 个以上三等专业工程项目
丙级	（1）企业负责人和技术负责人应具有 8 年以上从事土木工程工作的经历，企业技术负责人应取得监理工程师注册证书。 （2）取得监理工程师注册证书的人员不少于 5 人。 （3）注册资本金不少于 10 万元。 （4）承担过两个以上房屋建筑工程项目或者一个以上专业工程项目

8.5.2　工程监理企业资质申请和审批

1. 资质申请

(1)工程监理企业，应向企业注册所在地的县级以上地方人民政府建设行政主管部门申请资质。中央管理的企业直接向国务院建设行政主管部门申请资质，其所属的工程监理企业申请甲级资质的，由中央管理的企业向国务院建设行政主管部门申请，同时向企业注册所在地省、自治区、直辖市建设行政主管部门报告。

(2)新设立的工程监理企业，应先到工商行政管理部门登记注册并取得企业法人营业执照后，方可到建设行政主管部门办理资质申请手续。新设立的工程监理企业申请资质，应当向建设行政主管部门提供下列资料：

①工程监理企业资质申请表；

②企业法人营业执照；

③企业章程；

④企业负责人和技术负责人的工作简历、监理工程师注册证书等有关证明材料；

⑤工程监理人员的监理工程师注册证书；

⑥需要出具的其他有关证件、资料。

(3)工程监理企业申请资质升级，除应向建设行政主管部门提供上述所列资料外，还应当提供下列资料：

①企业原资质证书正本、副本；

②企业的财务决算年报表；

③《监理业务手册》及已完成代表工程的监理合同、监理规划及监理工作总结。

2. 资质审批

(1)甲级工程监理企业资质，经省、自治区、直辖市人民政府建设行政主管部门审核同意后，由国务院建设行政主管部门组织专家评审，并提出初审意见；涉及铁道、交通等方面工程监理企业资质的，由省、自治区、直辖市人民政府建设行政主管部门以及同级有关专业部门审核同意后，报国务院建设行政主管部门，由国务院建设行政主管部门送国务院有关部门初审，国务院建设行政主管部门根据国务院有关部门的初审意见审批。

审核部门应对工程监理企业的资质条件和申请资质提供的资料审查核实。申请甲级工程监理企业资质的，国务院建设行政主管部门每年定期集中审批一次，国务院建设行政主管部门应在工程监理企业申请材料齐全后3个月内完成审批。由国务院有关部门负责初审的，初审部门应从收齐工程监理企业的申请材料之日起1个月内完成初审。国务院建设行政主管部门应将审批结果通知初审部门。

国务院建设行政主管部门应将经专家评审合格和国务院有关部门初审合格的甲级资质的工程监理企业名单及基本情况，在中国建设工程和建筑业信息网上公示。经公示后，对符合资质标准的工程监理企业，予以审批，并将审批结果在中国建设工程和建筑业信息网上公告。

(2)乙级、丙级工程监理企业资质，应由工程监理企业注册所在地的省、自治区、直辖市人民政府建设行政主管部门审批；涉及交通、水利等方面的工程监理企业资质，应由省、自治区、直辖市人民政府建设行政主管部门征得同级有关部门初审同意后审批。申请乙级、丙级工程监理企业资质的，实行即时审批或者定期审批，由省、自治区、直辖市人民政府建设行政主管部门规定。

(3)新设立的工程监理企业,其资质等级按照最低等级核定,并设一年的暂定期。

(4)由于企业改制,或者企业分立、合并后组建设立的工程监理企业,其资质等级根据实际达到的资质条件,按照规定的审批程序核定。

(5)工程监理企业申请晋升资质等级,在申请之日前一年内有下列行为之一的,建设行政主管部门不予批准:

①与建设单位或工程监理企业之间相互串通投标,或以行贿等不正当手段谋取中标的;

②与建设单位或者施工单位串通,弄虚作假、降低工程质量的;

③将不合格的建设工程、建筑材料、建筑构配件和设备按照合格签字的;

④超越本单位资质等级承揽监理业务的;

⑤允许其他单位或个人以本单位的名义承揽工程的;

⑥转让工程监理业务的;

⑦因监理责任而发生过三级以上土木工程重大质量事故或者发生过两起以上四级土木工程质量事故的;

⑧其他违反法律法规的行为。

(6)工程监理企业资质条件符合资质等级标准,建设行政主管部门颁发相应资质等级的《工程监理企业资质证书》。

3. 工程监理企业资质证书的管理

工程监理企业资质证书分为正本和副本,每套资质证书包括一本正本、四本副本。正、副本具有同等法律效力。工程监理企业资质证书的有效期为 5 年,由国务院建设主管部门统一印制并发放。

工程监理企业在资质证书有效期内名称、地址、注册资本、法定代表人等发生变更的,应当在工商行政管理部门办理变更手续后 30 日内办理资质证书变更手续。涉及综合资质、专业甲级资质证书中企业名称变更的,由国务院建设主管部门负责办理,并自受理申请之日起 3 日内办理变更手续。其他的资质证书变更手续,由省、自治区、直辖市人民政府建设主管部门负责办理。省、自治区、直辖市人民政府建设主管部门应当自受理申请之日起 3 日内办理变更手续,并在办理资质证书变更手续后 15 日内将变更结果报国务院建设主管部门备案。申请资质证书变更,应当提交以下材料:

(1)资质证书变更的申请报告;

(2)企业法人营业执照副本原件;

(3)工程监理企业资质证书正、副本原件。

任何单位、个人不得涂改、伪造、出借、转让工程监理企业资质证书。企业需增补工程监理企业资质证书的(含增加、更换、遗失补办),应当持资质证书增补申请及电子文档等材料向资质许可机关申请办理。遗失资质证书的,在申请补办前应当在公众媒体上刊登遗失声明。资质许可机关应当自受理申请之日起 3 日内予以办理。

8.5.3 工程监理企业监督管理

1. 工程监理企业资质的年检制度

(1)甲级工程监理企业资质,由国务院建设行政主管部门负责年检;涉及铁道、交通、水利等方面的工程监理企业资质，由国务院建设行政主管部门会同国务院有关部门联合年检。

（2）乙级、丙级工程监理企业资质，由企业注册所在地的省、自治区、直辖市人民政府建设行政主管部门负责年检；涉及交通、水利、通信等方面的工程监理企业资质，由建设行政主管部门会同同级有关部门联合年检。

2. 工程监理企业资质年检程序

（1）工程监理企业，应在规定时间内向建设行政主管部门提交《工程监理企业资质年检表》、《工程监理企业资质证书》、《监理业务手册》以及工程监理人员变化情况及其他有关资料，并交验《企业法人营业执照》。

（2）建设行政主管部门会同有关部门在收到工程监理企业年检资料后40日内，对工程监理企业资质年检做出结论，并记录在《工程监理企业资质证书》副本的年检记录栏内。

3. 工程监理企业资质年检内容

工程监理企业资质年检，是为检查工程监理企业资质条件是否符合资质等级标准，是否存在质量、市场行为等方面的违法违规行为。工程监理企业年检结论分为合格、基本合格、不合格三种。

（1）有下列情形之一的，工程监理企业的资质年检结论为不合格：

①资质条件中监理工程师注册人员数量、经营规模的任何一项未达到资质等级标准的80％，或者其他任何一项未达到资质等级标准的；

②工程监理企业申请晋升资质等级时发生违规行为的，年检结论为不合格。

（2）已按照法律、法规的规定予以降低资质等级处罚的行为，资质年检中不再重复追究责任。

（3）工程监理企业资质年检不合格或者连续两年基本合格的，建设行政主管部门应重新核定其资质等级。新核定的资质等级低于原资质等级，未达到最低资质等级标准的，取消其资质等级。工程监理企业连续两年资质年检合格，可申请晋升一个资质等级。

（4）降级资质等级的工程监理企业，经过一年以上时间的整改，经建设行政主管部门核查确认，达到规定的资质标准，且在此期间内未发生有关规定行为的，可按照有关规定重新申请原资质等级。

（5）在规定时间内未参加资质年检的工程监理企业，其资质证书自行失效，且一年内不得重新申请资质。

（6）工程监理企业遗失《工程监理企业资质证书》的，应在公众媒体上声明作废。甲级工程监理企业应在中国建设工程和建筑业信息网上声明作废。

（7）工程监理企业变更名称、地址、法定代表人等，应在变更后一个月内，到原资质审批部门办理变更手续。

习题与思考

8-1 土木工程监理的定义及其原则什么？

8-2 项目法人应通过什么方式择优选定监理单位？土木工程监理合同的主要条款有哪些？

8-3 土木工程监理基本概念中监理工程师、总监理工程师、总监理工程师代表、专业工程师分别指的是什么？

8-4 工程监理企业的资质等级分为哪几级？

9 土木工程安全生产法规

内容提要

掌握：土木工程安全生产评价；重大事故调查处理制度。

了解：土木工程安全生产的定义；土木工程安全生产的基本方针和制度。

9.1 土木工程安全生产法规概述

9.1.1 土木工程安全生产的定义

土木工程安全生产，是指建筑生产过程中要避免人员、财产的损失及对周围环境的破坏，包括建筑生产过程中的施工现场人身安全、财产设备安全，施工现场及附近的道路、施工现场和周围的环境保护及工程建成后的使用安全等方面的内容。

生产与安全既是相互促进，又是相互制约的统一体。保证安全会增加生产成本，加大生产难度，但安全得到保证后会促进生产，增进效益。

建筑生产的特点是产品固定、人员流动，多为露天作业、高处作业，施工条件较差，不安全因素较多，且此类不安全因素随土木工程的进展而不断变化，因此规律性差、事故隐患多。

经调查研究，建筑生产过程中人的不安全行为是造成安全事故最主要的原因，也是最直接的原因。因此，建立健全的安全生产制度，加强对建筑生产活动的监督管理，是避免安全事故、保护人身财产安全最基本的保证。

9.1.2 土木工程安全生产法规的作用

土木工程安全生产法规的作用，见表 9-1。

表 9-1 土木工程安全生产法规的作用

作 用	内 容
为保护劳动者的安全健康提供法律保障	安全生产法规是以做好安全生产、保障劳动者在生产过程中的安全、健康为前提的。安全生产法规不仅从管理上规定了人的安全行为规范，也从生产技术、设备上规定了实现安全生产和保障职工安全健康所需的物质条件。 经实践证明，维护劳动者安全、健康的合法权益，不仅应制定出各种保证安全生产的措施，而且还应强制必须遵守法律法规和规章制度，用国家强制力来迫使人们依据科学办事，尊重自然规律、经济规律和生产规律，尊重群众，保证劳动者得到符合安全卫生要求的劳动条件

续表

作 用	内 容
加强安全生产的法制化管理	安全生产法规是加强安全生产法制化管理的章程，很多重要的安全生产法规都明确规定了各个方面加强安全生产、安全生产管理的职责，推动各级领导，特别是企业领导对劳动保护工作的重视，将安全生产的法制化管理工作提上领导和管理的议事日程
推动安全生产工作的开展，促进企业安全生产	安全生产法规反映出保护生产正常进行、保护劳动者安全健康所必须遵循的客观规律，对企业做好安全生产工作提出明确要求。同时，由于安全生产法规是一种法规，具有法律约束力，要求人人都必须遵守，对整个安全生产工作的开展具有用国家强制力推行的作用
进一步提高生产力，保证企业效益的实现和国家经济建设事业的顺利发展	安全生产是企业十分关切、关系到其切身利益的大事，通过将安全生产立法，使劳动者的安全健康有了保障，职工能在符合安全健康要求的条件下从事劳动生产，这样做会激发劳动者和职工的劳动积极性和创造性，从而促使劳动生产率大幅度提高。 安全生产技术法规和标准的遵守和执行，将提高生产过程的安全性，使生产的效率得到保障和提高，进而提高企业的生产效率和效益

9.1.3 土木工程安全生产法规的立法历程和意义

随着国民经济的快速发展，固定资产投资保持着较高的增长水平，土木工程的规模不断扩大，为建筑业带来了发展机遇。

随着经济体制改革的不断深化，建筑业呈现出的特点有：

(1)建设生产经营单位的经济成分发生变化；

(2)土木工程投资主体日趋多元化；

(3)土木工程的市场化程度大幅度提高；

(4)建筑施工企业的组织结构形式发生变化；

(5)施工技术水平要求越来越高。

建筑业的发展，对安全技术、劳动力技能、安全意识和安全生产科学管理方面提出了新的安全控制要求。同时，土木工程安全生产管理也存在下列问题：

(1)土木工程各方主体的安全责任不明确；

(2)土木工程安全生产的投入不足；

(3)土木工程安全生产监督管理制度不健全；

(4)生产安全事故应急救援制度不健全。

2002 年 11 月 1 日正式实施的《安全生产法》是我国安全生产领域的综合性基本法，是我国将安全生产监督与管理正式纳入法制化管理轨道的重要标志，是加入 WTO 后国际惯例“以人为本、关爱生命、尊重人权、关注安全生产”的具体体现，是为加强安全生产监督管理，防止和减少生产安全事故，保障人民群众生命财产安全所采取的一项具有重大战略意义的措施。

2004年2月1日正式实施的《建设工程安全生产管理条例》，确立了有关建设工程安全生产监督管理的基本制度，明确了参与建设活动各方责任主体的安全责任，确保参与建设活动各方责任主体的安全生产利益及建筑工人安全与健康的合法权益，为维护建筑市场秩序，加强建设工程安全生产监督管理提供重要的法律依据。

《建设工程安全生产管理条例》，对建设活动各方主体的安全责任、政府监督管理、生产安全事故的应急救援和调查处理以及相应的法律责任做出明确的规定，确立一系列符合国情以及适应社会主义市场经济要求的建设工程安全管理制度。《建设工程安全生产管理条例》的颁布实施，对规范和增强建设活动各方主体的安全行为和安全责任意识，强化和提高政府安全监管水平和依法行政能力，保障劳动者和人民群众的生命财产安全，具有深远的意义。

此外，国务院有关主管部门还制定了一系列安全生产管理规章，主要有：

(1)《建设领域安全生产行政责任规定》；

(2)《建筑施工企业安全生产许可证管理规定》；

(3)《生产安全事故报告和调查处理条例》等；

(4)《安全生产许可证条件》等。

9.1.4 土木工程安全生产法律

《安全生产法》是我国第一部全面规范安全生产的专门法律，是安全生产的主体法，是各类生产经营单位及其从业人员实现安全生产所必须遵循的行为准则，是各级人民政府及其有关部门进行安全生产监督管理和行政执法的有力武器。

《安全生产法》的主要内容，见表9-2。

表9-2 《安全生产法》的主要内容

项　目	内　容
明确安全生产的三大目标	安全生产的三大目标，即保障人民生命安全、保护国家财产安全、促进社会经济发展
规定保障安全生产的运行机制	保障安全生产的运行机制，即政府监管与指导、企业实施与保障、员工权益与自律、社会监督与参与和中介支持与服务
明确现阶段安全生产的监管体制	现阶段安全生产的监管体制，即国家安全生产综合监管与各级政府有关职能部门专项监管相结合的体制
确定安全生产的七项基本法律制度	安全生产的七项基本法律制度，即安全生产监督管理制度、生产经营单位安全保障制度、从业人员安全生产权利义务制度、生产经营单位负责人安全责任制度、安全中介服务制度、安全生产责任追究制度以及事故应急救援和调查处理制度
明确对安全生产负有责任的各方主体	对安全生产负有责任的各方主体，包括：生产经营单位、从业人员、中介机构和政府部门

续表

项目	内容
指明实现安全生产的三大对策体系	安全生产的三大对策体系，即事前预防对策体系、应急救援体系和事后处理对策系统
规定生产经营单位负责人的六项安全生产责任	生产经营单位负责人的六项安全生产责任，即建立健全安全生产责任制、组织制定安全生产规章制度和操作规程、保证安全生产投入、督促检查安全生产工作，及时消除生产安全事故隐患、组织制定并实施生产安全事故应急救援预案和及时如实报告生产安全事故
明确从业人员的权利和义务	(1)明确从业人员的八种权利：知情权、建议权、批评权和检举、控告权、拒绝权、紧急避险权、要求赔偿的权利、获得劳动防护用品的权利、获得安全生产教育和培训的权利。 (2)明确从业人员的三项义务：自律遵规的义务、自觉学习安全生产知识的义务和危险报告义务
明确规定安全生产的四种监督方式	安全生产的四种监督方式，即工会民主监督、社会舆论监督、公众举报监督和社区报告监督
明确政府安全监督检查人员的权利和义务	(1)明确政府安全监督检查人员的三项权利：现场调查取证权、现场处理权和查封、扣押行政强制措施权。 (2)明确政府安全监督检查人员的五项义务：审查、验收禁止收取费用；禁止要求被审查、验收的单位购买其指定产品；必须遵循忠于职守、坚持原则、秉公执法的执法原则；监督检查时须出示有效的监督执法证件；对检查单位的技术秘密、业务秘密尽到保密义务

9.2 土木工程安全生产的基本方针和制度

9.2.1 土木工程安全生产管理的基本方针及意义

1. 土木工程安全生产管理的基本方针

土木工程安全生产管理，应坚持“安全第一、预防为主”的基本方针。

“安全第一”，是指在生产经营活动中，在处理保证安全与实现生产经营活动的其他各项目标的关系上，应始终把安全，特别是从业人员和其他人员的人身安全放在首要位置，实现“安全优先”的原则，在确保安全的前提下，努力实现生产经营的其他目标。

“预防为主”，是指对安全生产的管理，不应是放在发生安全事故后去组织抢救、进行事故调查，找原因、追究责任、堵漏洞，而是应尊重科学、探索规律，采取有效的事前控制措施，预防安全事故的发生，将安全事故消灭在萌芽状态。

2. 安全管理的意义

“安全第一，预防为主”是相辅相成、辩证统一的，具有深刻的意义。

“安全第一”，是从保护和发展生产力的角度，说明在生产范围内安全与生产的关系，肯定安全在生产活动中的首要位置和重要性。

“预防为主”,是指在生产活动中,针对生产的特点,对生产要素采取管理措施,有效地控制不安全因素的发展和扩大,把可能发生的事故消灭在萌芽状态,以保证生产过程中劳动者的安全与健康。

为保证“安全第一,预防为主”基本方针的落实,有关法规还规定了安全生产责任制度、安全生产教育培训制度、安全生产检查监督制度、安全生产劳动保护制度、安全生产的市场准入制度等基本制度。

9.2.2 安全生产许可证制度

1. 安全生产许可证的有效期和政府监管的规定

1)安全生产许可证的申请

建筑施工企业从事建筑施工活动前,应依法申请领取安全生产许可证。中央管理的建筑施工企业(集团公司、总公司)向国务院建设主管部门申请领取安全生产许可证;其他建筑施工企业,包括中央管理的建筑施工企业(集团公司、总公司)下属的建筑施工企业,应向企业注册所在地的省、自治区、直辖市人民政府建设主管部门申请领取安全生产许可证。建筑施工企业申请领取安全生产许可证时,应向建设主管部门提供下列材料:

(1)建筑施工企业安全生产许可证申请表;

(2)企业法人营业执照;

(3)申请安全生产许可证应具备的安全生产条件相关的文件、材料。

建筑施工企业申请安全生产许可证,应对申请材料实质内容的真实性负责,不得隐瞒有关情况或提供虚假材料。

2)安全生产许可证的有效期

安全生产许可证的有效期为3年。安全生产许可证有效期满需要延期的,企业应于期满前3个月向原安全生产许可证颁发管理机关申请办理延期手续。企业在安全生产许可证有效期内,应严格遵守有关安全生产的法律法规,未发生死亡事故的,安全生产许可证有效期届满时,经原安全生产许可证颁发管理机关同意,不再进行审查,安全生产许可证有效期延期3年。

当建筑施工企业变更名称、地址、法定代表人等,应在变更后10日内,到原安全生产许可证颁发管理机关办理安全生产许可证变更手续;建筑施工企业破产、倒闭、撤销的,应将安全生产许可证交回原安全生产许可证颁发管理机关,予以注销;建筑施工企业遗失安全生产许可证,应立即向原安全生产许可证颁发管理机关报告,并在公众媒体上声明作废后,方可申请补办。

3)政府监管

(1)建设主管部门在审核发放施工许可证时,应对已确定的建筑施工企业是否具有安全生产许可证进行审查,对未取得安全生产许可证的,不得颁发施工许可证。

(2)建筑施工企业不得转让、冒用安全生产许可证或者使用伪造的安全生产许可证。

(3)建筑施工企业取得安全生产许可证后,不得降低安全生产条件,并应加强日常安全生产管理,接受安全生产许可证颁发管理机关的监督检查。

(4)安全生产许可证颁发管理机关检查发现建筑施工企业不具备安全生产条件的,应暂扣或者吊销安全生产许可证。

(5)安全生产许可证颁发管理机关或其上级行政机关发现有下列情形之一的,可撤销已颁发的安全生产许可证:

①安全生产许可证颁发管理机关工作人员滥用职权、玩忽职守颁发安全生产许可证的;

②超越法定职权颁发安全生产许可证的;

③违反法定程序颁发安全生产许可证的;

④对不具备安全生产条件的建筑施工企业颁发安全生产许可证的;

⑤依法可以撤销已颁发的安全生产许可证的其他情形。

2. 违法行为应承担的主要法律责任

违法行为应承担的主要法律责任,见表 9-3。

表 9-3 违法行为应承担的主要法律责任

责 任	内 容
未取得安全生产许可证擅自从事施工活动应承担的法律责任	《安全生产许可证条例》规定,未取得安全生产许可证擅自进行生产的,责令停止生产,没收违法所得,并处 10 万元以上 50 万元以下的罚款;造成重大事故或者其他严重后果,构成犯罪的,依法追究刑事责任
安全生产许可证有效期满未办理延期手续,继续从事施工活动应承担的法律责任	《安全生产许可证条例》规定,安全生产许可证有效期满未办理延期手续,继续进行生产的,责令停止生产,限期补办延期手续,没收违法所得,并处 5 万元以上 10 万元以下的罚款;逾期仍未办理延期手续,继续进行生产的,依照未取得安全生产许可证擅自进行生产的规定处罚
转让安全生产许可证等应承担的法律责任	《安全生产许可证条例》规定,转让安全生产许可证的,没收违法所得,处 10 万元以上 50 万元以下的罚款,并吊销其安全生产许可证;构成犯罪的,依法追究刑事责任;接受转让的,依照未取得安全生产许可证擅自进行生产的规定处罚。冒用安全生产许可证或者使用伪造的安全生产许可证的,依照未取得安全生产许可证擅自进行生产的规定处罚
以不正当手段取得安全生产许可证应承担的法律责任	(1)建筑施工企业隐瞒有关情况或者提供虚假材料申请安全生产许可证的,应不予受理或者不予颁发安全生产许可证,并给予警告,且 1 年内不得申请安全生产许可证。 (2)建筑施工企业以欺骗、贿赂等不正当手段取得安全生产许可证的,撤销其安全生产许可证,且 3 年内不得再次申请安全生产许可证;构成犯罪的,依法追究刑事责任
暂扣安全生产许可证并限期整改的规定	建筑施工企业不再具备安全生产条件的,暂扣安全生产许可证并限期整改;情节严重的,吊销其安全生产许可证

续表

责　任	内　容
颁证机关工作人员违法行为应承担的法律责任	《安全生产许可证条例》规定，安全生产许可证颁发管理机关工作人员有下列行为之一的，给予降级或撤职的行政处分；构成犯罪的，依法追究刑事责任： (1)向不符合本条例规定的安全生产条件的企业颁发安全生产许可证的。 (2)发现企业未依法取得安全生产许可证擅自从事生产活动，不依法处理的。 (3)发现取得安全生产许可证的企业不再具备本条例规定的安全生产条件，不依法处理的。 (4)接到对违反本条例规定行为的举报后，不及时处理的。 (5)在安全生产许可证颁发、管理和监督检查工作中，索取或者接受建筑施工企业的财物，或谋取其他利益的

9.2.3 施工安全生产责任和安全生产教育培训制度

1. 施工单位安全生产的责任

1)施工单位的安全生产责任制度

安全生产责任制度是施工单位最基本的安全管理制度，是施工单位安全生产的核心和中心环节。

(1)施工单位主要负责人对安全生产工作全面负责。明确施工单位主要负责人的安全生产责任制，是贯彻“安全第一、预防为主”方针的基本要求，也是“管生产必须同时管安全”原则的具体体现。如果施工单位主要负责人不重视安全生产，缺少保证生产安全的有效措施，将会给企业职工的生命安全和身体健康带来威胁，给国家和人民的财产造成损失，企业的经济效益也得不到保障。因此，施工单位主要负责人应摆正安全与生产的关系，做到“不安全不生产，生产必须安全”，将安全与生产真正统一起来，杜绝“重生产，轻安全”的现象产生。

对主要负责人的理解，应根据施工单位的性质，以及不同施工单位的实际情况确定。对施工单位全面负责，有生产经营决策权的人，即为主要负责人，可以是董事长，也可以是总经理或总裁等。

(2)施工单位安全生产管理机构和专职安全生产管理人员的责任。安全生产管理机构是指施工单位设立的负责安全生产管理工作的独立职能部门。专职安全生产管理人员是指经建设主管部门或者其他有关部门安全生产考核合格，取得安全生产考核合格证书，并在施工单位及其项目从事安全生产管理工作的专职人员。

①施工单位应依法设立安全生产管理机构，在企业主要负责人的领导下开展本单位的安全生产管理工作。施工安全生产管理机构的主要职责是：

a. 宣传和贯彻国家有关安全生产法律法规和标准；

b. 编制并适时更新安全生产管理制度并监督实施；

c. 组织或参与企业生产安全事故应急救援预案的编制及演练；

d. 组织开展安全教育培训与交流；

e. 协调配备项目专职安全生产管理人员；

f. 制定企业安全生产检查计划并组织实施；

g. 监督在建项目安全生产费用的使用；

h. 参与危险性较大工程安全的专项施工方案专家论证会；

i. 通报在建项目违规违章查处情况；

j. 组织开展安全生产评优评先表彰工作；

k. 建立企业在建项目安全生产管理档案；

l. 考核评价分包企业安全生产业绩及项目安全生产管理情况；

m. 参加生产安全事故的调查和处理工作；

n. 企业明确的其他安全生产管理职责。

②专职安全生产管理人员在施工现场检查过程中的主要职责：

a. 查阅在建项目安全生产有关资料，并核实有关情况；

b. 检查危险性较大工程安全专项施工方案落实情况；

c. 监督项目专职安全生产管理人员履行职责情况；

d. 监督作业人员安全防护用品的配备及使用情况；

e. 对发现的安全生产违章违规行为或安全隐患，有权当场予以纠正或做出处理决定；

f. 对不符合安全生产条件的设施、设备、器材，有权当场做出查封的处理决定；

g. 对施工现场存在的重大安全隐患有权越级报告或直接向建设主管部门报告；

h. 企业明确的其他安全生产管理职责。

③建筑施工企业安全生产管理机构专职安全生产管理人员的配备应满足以下要求，并应根据企业的经营规模、设备管理和生产需要予以增加。

a. 建筑施工总承包资质序列企业：特级资质不少于 6 人；一级资质不少于 4 人；二级和二级以下资质企业不少于 3 人。

b. 建筑施工专业承包资质序列企业：一级资质不少于 3 人；二级和二级以下资质企业不少于 2 人。

c. 建筑施工劳务分包资质序列企业：不少于 2 人。

d. 建筑施工企业的分公司、区域公司等较大的分支机构应根据实际生产情况配备不少于 2 人的专职安全生产管理人员。

(3)制定安全生产规章制度和操作规程。严格的规章制度和操作规程是安全生产的重要保障，通过规章制度和操作规程，将安全生产责任落实到基层，落实到每个岗位和每个职工。因此，施工单位应根据本单位的实际情况，按照法律、法规、规章和工程建设标准强制性条文的要求，制定有关施工安全生产的具体规章制度，如安全生产责任制度、安全检查制度等，并针对每个具体的生产工艺、工种和岗位制定具体的操作规程，以形成有效的督促、检查和贯彻落实机制。

(4)保证本单位安全生产条件所需资金的投入。施工单位对列人土木工程概算的安全作业环境及安全施工措施所需费用，应用于施工安全防护用具及设施的采购和更新、安全施工措施的落实、安全生产条件的改善，不得挪作他用。

为保证安全生产所需资金的投入和使用，施工单位应制定资金使用计划，加强对资金使用情况的监督检查，防止资金被挪用，确保安全生产费用的有效使用。

2)建立健全的群防群治制度

做好安全生产,必须充分发挥广大职工的积极性,加强群众性的监督检查工作。群防群治制度是职工群众参与预防和治理不安全因素的一种制度,是群众路线在安全工作中的具体体现,也是企业进行民主管理的重要内容。

群防群治制度,要求职工群众在施工中应遵守有关安全生产的法律、法规和规章制度,不得违章作业;对危及生命安全和身体健康的行为有权提出批评、检举和控告。

2. 施工单位项目负责人的安全生产责任

施工单位项目负责人的安全生产责任主要是:

(1)对土木工程项目的安全施工负责;

(2)落实安全生产责任制度、安全生产规章制度和操作规程;

(3)确保安全生产费用的有效使用;

(4)根据土木工程的特点组织制定安全施工措施,消除安全事故隐患;

(5)及时、如实报告生产安全事故情况。

此外,建设过程施工前,施工单位负责项目管理的技术负责人应将土木工程概况、施工方法、安全技术措施等向作业班组、作业人员进行详细讲解和说明,进行技术交底,并由双方签字确认。此举有助于作业班组和作业人员尽快了解将要进行施工的具体情况,掌握有关操作方法和注意事项,保护作业人员的人身安全,减少因伤亡事故而导致的经济损失。

3. 施工总承包和分包单位的安全生产责任

1)总承包单位应承担的法定安全生产责任

(1)分包合同应明确总分包双方的安全生产责任。施工总承包单位与分包单位的安全生产责任,可分为法定责任和约定责任两种表现形式。

①法定的安全生产责任,即法律、法规中明确规定的总承包单位、分包单位各自的安全生产责任。

②约定的安全生产责任,即总承包单位与分包单位在分包合同中通过协商,约定各自应当承担的安全生产责任,但不能违反法律、法规的强制性规定。

(2)统一组织编制土木工程生产安全应急救援预案。土木工程施工属于高风险的工作,在施工现场上易发生事故,因此施工单位应根据建设工程施工的特点、范围,对建设过程施工现场易发生重大事故的部位、环节进行监控,制定施工现场生产安全事故应急救援预案。建设过程实行施工总承包的,由总承包单位统一组织编制建设工程生产安全事故应急救援预案,工程总承包单位和分包单位应按照应急救援预案,建立各自的应急救援组织或者配备应急救援人员,配备救援器材、设备,并定期组织演练。

(3)负责向有关部门上报生产安全事故。实行施工总承包的土木工程,由总承包单位负责上报事故。一旦发生施工安全事故,施工总承包单位应依法担负及时报告的义务。

(4)自行完成土木工程主体结构的施工。为防止因转包和违法分包等行为导致安全事故的发生,落实施工总承包单位的安全生产责任,总承包单位应自行完成土木工程主体结构的施工。

(5)承担连带责任。总承包单位和分包单位对分包工程的安全生产承担连带责任,既强化了总承包单位的安全责任意识,也有利于保护受损害者的合法权益。

2)分包单位应承担的法定安全生产责任

由于施工现场的情况较复杂，一个工地通常会有若干不同的分包单位在施工，如果缺乏统一的组织和要求，极易发生安全事故。因此，分包单位应服从总承包单位对施工现场的安全生产管理，包括遵守安全生产责任制度及相关规章制度、岗位操作要求等。如果分包单位不服从总承包单位的管理，发生生产安全事故的，由分包单位承担主要责任。

4. 施工作业人员安全生产的权利和义务

施工作业人员安全生产的权利和义务，见表9-4。

表9-4　施工作业人员安全生产的权利和义务

项　目	内　容
施工作业人员应当享有的安全生产权利	(1)施工安全生产的知情权和建议权。 (2)施工安全防护用品的获得权。 (3)批评、检举、控告权及拒绝违章指挥权。 (4)紧急避险权。 (5)获得意外伤害保险赔偿的权利。 (6)请求民事赔偿权
施工作业人员应当履行的安全生产义务	(1)守法遵章和正确使用安全防护用具等的义务。 (2)接受安全生产教育培训的义务。 (3)安全事故隐患报告的义务

5. 施工管理人员、施工作业人员安全生产教育培训的规定

施工管理人员、施工作业人员安全生产教育培训的规定，见表9-5。

表9-5　施工管理人员、施工作业人员安全生产教育培训的规定

规　定	内　容
施工单位三类管理人员的考核	施工单位的主要负责人、项目负责人、专职安全生产管理人员应经建设行政主管部门或者其他部门考核合格后，方可任职。 施工单位的主要负责人是对本单位的安全生产工作全面负责的，项目负责人是对所负责的土木工程项目的安全生产工作全面负责的，安全生产管理人员是直接、具体地承担本单位日常的安全生产管理工作。因此，施工单位三类管理人员在施工安全方面的知识水平和管理能力直接关系到本单位、本项目的安全生产管理水平。 由于施工单位三类管理人员缺乏基本的安全生产知识，安全生产管理和组织能力不强、违章指挥，是导致安全事故发生的重要原因之一。因此，施工单位三类管理人员必须经安全生产知识和管理能力考核合格后方可任职
每年至少进行一次全员安全生产教育培训	施工单位应对管理人员和作业人员每年至少进行一次安全生产教育培训，其教育培训情况记入个人工作档案。经安全生产教育培训考核不合格的人员，不得上岗。 施工单位应建立健全的安全生产教育培训制度，制定教育培训计划，落实教育培训组织和经费，根据实际需要，对不同人员、不同岗位和不同工种进行因人、因材施教

续表

规　定	内　容
考核合格后方可任职	安全教育，主要包括安全思想教育、安全知识教育、安全技能教育、安全法制教育等。安全教育培训可采取的形式，包括安全报告会、事故分析会、安全技术交流会等。同时，必须严肃处理违章指挥、违章作业的人员
进入新的岗位或者新的施工现场前的安全生产教育培训	作业人员进入新的岗位或者新的施工现场前，应接受安全生产教育培训。未经教育培训或经教育培训考核不合格的人员，不得上岗作业。 各岗位、各工地之间具有各自的特殊性。因此，施工单位必须对新录用的职工和转场的职工进行安全教育培训，包括安全生产重要意义、施工工地特点及危险因素、有关法律法规及施工单位规章制度、安全技术操作规程、紧急情况安全处置与安全疏散知识、防护用品使用知识以及发生事故时自救、排险、抢救伤员、保护现场和及时报告等
采用新技术、新工艺、新设备、新材料前的安全生产教育培训	施工单位在采用新技术、新工艺、新设备、新材料时，应对作业人员进行相应的安全生产教育培训。 随着工程建设和科学技术的快速发展，越来越多的新技术、新工艺、新设备、新材料广泛应用于施工生产活动中，促进了施工生产效率和工程质量的提高，但也对施工作业人员的素质提出更高的要求。因此，施工单位在采用新技术、新工艺、新设备、新材料前，必须对作业人员进行专门的安全生产教育培训，了解不安全因素，学会危险辨识，并采取保证安全的防护措施，防止安全事故的发生
特种作业人员的安全培训考核	特种作业是指容易发生事故，对操作者本人、他人的安全健康及设备、设施的安全可能造成重大危害的作业；特种作业人员是指直接从事特种作业的从业人员。特种作业人员，必须经过专门的安全作业培训，取得特种作业操作资格证书后，方可上岗作业。 根据有关规定，特种作业的范围包括电工作业（不含电力系统进网作业）、焊接与热切割作业、高处作业、制冷与空调作业、煤矿安全作业、石油天然气安全作业、冶金（有色）生产安全作业、危险化学品安全作业、烟花爆竹安全作业等
消防安全教育培训	在建工程的施工单位应当开展以下消防安全教育工作： (1)土木工程施工前应当对施工人员进行消防安全教育； (2)在建设工地的醒目位置、施工人员集中住宿的场所设置消防安全宣传栏，并悬挂消防安全挂图和消防安全警示标识； (3)对明火作业人员进行经常性的消防安全教育； (4)组织灭火和应急疏散演练

6. 违法行为应承担的法律责任

1)施工单位违法行为应承担的法律责任

(1)施工单位有下列行为之一的，责令其限期改正；逾期未改正的，责令其停业整顿，依照有关法律规定处以罚款；造成重大安全事故，构成犯罪的，对直接责任人员，依照刑法有关规定追究刑事责任：

①未设立安全生产管理机构、配备专职安全生产管理人员或者分部分项工程施工时无专职安全生产管理人员现场监督的；

②施工单位的主要负责人、项目负责人、专职安全生产管理人员、作业人员或者特种作业人员，未经安全教育培训或者经考核不合格即从事相关工作的；

③未在施工现场的危险部位设置醒目的安全警示标识，或者未按照国家有关规定在施工现场设置消防通道、消防水源、配备消防设施和灭火器材的；

④未向作业人员提供安全防护用具和安全防护服装的；

⑤未按照规定在施工起重机械和整体提升脚手架、模板等自升式架设设施验收合格后登记的；

⑥使用国家明令淘汰、禁止使用的危及施工安全的工艺、设备、材料的。

(2)施工单位取得资质证书后，降低安全生产条件的，责令限期整改；经整改仍未达到与其资质等级相适应的安全生产条件的，责令停业整顿，降低其资质等级直至吊销资质证书。

(3)施工单位挪用列入土木工程概算的安全生产作业环境及安全施工措施所需费用的，责令其限期改正，处挪用费用20%以上50%以下的罚款；造成损失的，依法承担赔偿责任。

2)施工管理人员违法行为应承担的法律责任

(1)建筑施工企业的管理人员违章指挥、强令职工冒险作业，因而发生重大伤亡事故或者造成其他严重后果的，应依法追究刑事责任。

(2)施工单位的主要负责人、项目负责人未履行安全生产管理职责的，责令限期改正；逾期未改正的，责令施工单位停业整顿；造成重大安全事故、重大伤亡事故或者其他严重后果，构成犯罪的，依照刑法有关规定追究刑事责任。

(3)施工单位的主要负责人、项目负责人有上述违法行为，尚不够刑事处罚的，处2万元以上20万元以下的罚款或者按照管理权限给予撤职处分；自刑罚执行完毕或者受处分之日起，5年内不得担任任何施工单位的主要负责人、项目负责人。

(4)注册执业人员未执行法律、法规和工程建设强制性标准的，责令停止执业3个月以上1年以下；情节严重的，吊销其执业资格证书，5年内不予注册；造成重大安全事故的，终身不予注册；构成犯罪的，依照刑法有关规定追究刑事责任。

3)施工作业人员违法行为应承担的法律责任

施工作业人员不服从管理、违反规章制度和操作规程冒险作业造成重大伤亡事故或者其他严重后果，构成犯罪的，依照《刑法》有关规定追究刑事责任。

4)特种作业违法行为应承担的法律责任

(1)特种设备使用单位有下列情形之一的，由特种设备安全监督管理部门责令限期改正；逾期未改正的，责令停止使用或者停产停业整顿，处2000元以上2万元以下罚款：

①未依照《特种设备安全监察条例》规定设置特种设备安全管理机构或者配备专职、兼职的安全管理人员的；

②从事特种设备作业的人员，未取得相应特种作业人员证书，上岗作业的；

③未对特种设备作业人员进行特种设备安全教育和培训的。

(2)生产经营单位未建立健全特种作业人员档案的，给予警告，并处1万元以下的罚款。

(3)生产经营单位使用未取得特种作业操作证的特种作业人员上岗作业的，责令限期改正；逾期未改正的，责令停产停业整顿，可并处2万元以下的罚款。

(4)生产经营单位非法印制、伪造、倒卖特种作业操作证，或者使用非法印制、伪造、倒卖的特种作业操作证的，给予警告，并处1万元以上3万元以下的罚款；构成犯罪的，依法追究刑事责任。

(5)特种作业人员伪造、涂改特种作业操作证或者使用伪造的特种作业操作证的，给予警告，并处1000元以上5000元以下的罚款；特种作业人员转借、转让、冒用特种作业操作证的，给予警告，并处2000元以上10 000元以下的罚款。

9.2.4 施工现场安全防护制度

1.编制安全技术措施、专项施工方案和安全技术交底的规定

1)编制安全技术措施和施工现场临时用电方案

(1)安全技术措施。安全技术措施，是为实现安全生产，在防护、技术和管理方面采取的措施。安全技术措施，是在土木工程施工中，针对工程特点、施工现场环境、施工方法、劳动组织、作业方法、使用机械、动力设备等制定的确保安全施工的措施。

安全技术措施包括：根据基坑、地下室深度和地质资料，保证土石方边坡稳定的措施；脚手架、吊篮、安全网、各类洞口防止人员坠落的技术措施；安全用电和机电防短路、防触电的措施；有毒有害、易燃易爆作业的技术措施；施工现场周围通行道路及居民防护隔离等措施。

安全技术措施，分为防止事故发生的安全技术措施和减少事故损失的安全技术措施。防止事故发生的安全技术措施有：消除危险源、限制能量或危险物质、隔离、减少故障和失误等。减少事故损失的安全技术措施是指在事故发生后，迅速控制局面，防止事故扩大，避免引起二次事故的发生，减少事故造成的损失，包括隔离、个体防护、设置薄弱环节、避难与救援等措施。

(2)施工现场临时用电方案。施工现场临时用电方案直接关系到用电人员的安全，也关系到施工进度和工程质量。施工现场临时用电方案的内容，包括：

①现场勘测；

②确定电源进线、变电所或配电室、配电装置、用电设备位置及线路走向；

③进行负荷计算；

④选择变压器；

⑤设计配电系统；

⑥设计防雷装置；

⑦确定防护措施；

⑧制定安全用电措施和电气防火措施。

施工现场临时用电设备在5台以下或设备总容量在50 kW以下的，应制定安全用电和电气防火措施。

2)编制安全专项施工方案

(1)安全专项施工方案的编制。施工单位应在危险性较大的分部分项工程施工前编制专项施工方案;对超过一定规模的危险性较大的分部分项工程,施工单位应组织有关专家对专项施工方案进行论证。

土木工程实行施工总承包的,安全专项施工方案应由施工总承包单位组织编制;涉及起重机械安装拆卸工程、附着式升降脚手架等专业工程实行分包的,其安全专项施工方案可由专业承包单位组织编制。

安全专项施工方案编制的内容,见表9-6。

表9-6　专项方案编制应当包括的内容

项　目	内　容
工程概况	危险性较大的分部分项工程概况、施工平面布置、施工要求和技术保证条件
编制依据	相关法律、法规、规范性文件、标准、规范及图纸(国标图集)、施工组织设计等
施工计划	施工进度计划、材料与设备计划
施工工艺技术	技术参数、工艺流程、施工方法、检查验收等
施工安全保证措施	组织保障、技术措施、应急预案、监测监控等
劳动力计划	专职安全生产管理人员、特种作业人员等
其他	计算书及相关图纸

(2)安全专项施工方案的审核。安全专项施工方案应由施工单位技术部门组织本单位施工技术、安全、质量等部门的专业技术人员进行审核,经审核合格的,由施工单位技术负责人签字。

①实行施工总承包的,安全专项施工方案应由总承包单位技术负责人及相关专业承包单位技术负责人签字。

②不需专家论证的专项方案,经施工单位审核合格后报监理单位,由项目总监理工程师审核签字。

③超过一定规模的危险性较大的分部分项工程专项方案,应由施工单位组织召开专家论证会。实行施工总承包的,由施工总承包单位组织召开专家论证会。

施工单位应根据论证报告修改完善专项方案,经施工单位技术负责人、项目总监理工程师、建设单位项目负责人签字后,方可组织实施。实行施工总承包的,应由施工总承包单位、相关专业承包单位技术负责人签字。专项施工方案经论证后需做重大修改的,施工单位应按照论证报告修改,并重新组织召开专家论证会。

(3)安全专项施工方案的实施。施工单位应按照专项方案组织施工,不得擅自修改、调整专项方案。如因设计、结构、外部环境等因素发生变化确需修改的,则修改后的专项方案应按规定重新审核。

施工单位技术负责人应定期巡查专项方案实施情况。施工单位应指定专人对专项施工方案的实施情况进行现场监督和监测。如发现不按照专项方案施工的，应责令其立即整改；发现有危及人身安全紧急情况的，应立即组织作业人员撤离危险区域。

对按规定需要验收的危险性较大的分部分项工程，施工单位、监理单位应组织有关人员进行验收。经验收合格的，由施工单位项目技术负责人及项目总监理工程师签字后，方可进入下一道工序。

3)安全技术交底

土木工程施工前，施工单位负责项目管理的技术人员应对有关安全施工的技术要求向施工作业班组、作业人员做出详细说明，进行安全技术交底，并由双方签字确认。

安全技术交底，有助于作业班组和作业人员尽快了解工程概况、施工方法、安全技术措施等具体情况，掌握操作方法和注意事项，保护作业人员的人身安全，减少因安全事故导致的经济损失。

安全技术交底，包括施工工种安全技术交底、分部分项工程施工安全技术交底、大型特殊工程单项安全技术交底、设备安装工程技术交底以及使用新工艺、新技术、新材料施工的安全技术交底等。

施工单位负责项目管理的技术人员与作业班组、作业人员进行安全技术交底后，应由双方确认，并填写安全技术措施交底单。安全技术措施交底单主要内容应包括工程名称、分部分项工程名称、安全技术措施交底内容、交底时间以及施工单位负责项目管理的技术人员签字等。

2. 施工现场安全防护的规定

1)危险部位设置安全警示标识

施工单位应在施工现场入口处、施工起重机械、临时用电设施、脚手架、出入通道口、楼梯口、电梯井口、孔洞口、桥梁口、隧道口、基坑边沿、爆破物及有害危险气体和液体存放处等危险部位，设置醒目的安全警示标识，且安全警示标识必须符合国家标准。

危险部位是指存在危险因素，容易造成作业人员或者其他人员伤亡的地点。施工单位应根据土木工程的实际情况、使用设施设备和材料的情况、存储物品的情况等，具体确定施工现场的危险部位，并设置醒目的安全警示标识。

安全警示标识是指提醒人员注意的各种标牌、文字、符号以及灯光等，一般由安全色、几何图形和图形符号构成。安全警示标识应设置在明显的地点，以便作业人员和其他进入施工现场的人员看到。各种安全警示标识设置后，未经施工单位负责人批准，不得擅自移动或拆除。

2)根据不同施工阶段等采取相应的安全施工措施

施工单位应根据不同施工阶段和周围环境及季节、气候的变化，在施工现场采取相应的安全施工措施。施工现场暂时停止施工的，施工单位应做好现场防护，所需费用由责任方承担，或者按照合同约定执行。

由于工程施工作业具有一定的时限，且露天作业较多，在不同的施工阶段，应采取不同的安全措施，并应根据周围环境和季节、气候变化，加强季节性安全防护措施。如冬期施工应防寒防冻，防止煤气中毒，还应专门制定冬期施工保证工程质量和施工安全的安全技术措施；夜间施工应有足够的照明，在深坑、陡坡等危险地段应增设红灯标识，以防发生伤亡事故；雨期和冬期施工时，应对运输道路采取防滑措施，且应避免在雨期、冬期和夜间施工等。

3)施工现场临时设施的安全卫生要求

(1)施工单位应将施工现场的办公区、生活区与作业区分开设置,并保持安全距离;办公、生活区的选址应符合安全的要求。

(2)职工的饮食、饮水、休息场所等应符合卫生标准。

(3)施工单位不得在尚未竣工的建筑物内设置员工集体宿舍。

(4)施工现场临时搭建的建筑物应符合安全使用要求。

(5)施工现场使用的装配式活动房屋应当具有产品合格证。

4)对施工现场周边的安全防护措施

土木工程施工多为露天、高处作业,对周围环境特别是毗邻的建筑物、构筑物和地下管线等可能会造成损害。因此,施工单位有责任、有义务采取相应的安全防护措施,确保毗邻的建筑物、构筑物和地下管线等不受损害。施工现场实行封闭管理,主要解决的是施工过程中“扰民”和“民扰”问题。施工现场采用密目式安全网、围墙、围栏等封闭,既可防止施工过程中的不安全因素扩散到场外,也可起到保护环境、美化市容、文明施工的作用,还可起到防盗、防砸打损害物品等。

5)危险作业的施工现场安全管理

生产经营单位进行爆破、吊装等危险作业,应安排专门人员进行现场安全管理,确保操作规程的遵守和安全措施的落实。

因爆破、吊装等作业具有较大的危险性,容易发生事故,故作业人员必须按照操作规程进行操作;施工单位也应采取必要的防护措施,安排专门人员进行作业现场的安全管理。现场安全管理人员应检查作业现场的各项安全措施是否得到落实,监督作业人员是否遵守有关操作规程,及时对作业现场有关情况进行协调,发现事故隐患及时采取措施进行紧急排除。

6)安全防护设备、机械设备等的安全管理

施工单位采购、租赁的安全防护用具、机械设备、施工机具及配件,应具有生产(制造)许可证、产品合格证,并应在进入施工现场前进行检验。施工现场的安全防护用具、机械设备、施工机具及配件必须由专人管理,定期进行检查、维修和保养,建立相应的资料档案,并按照国家有关规定及时报废。

安全防护用具、机械设备、施工机具及配件的质量,关系到施工作业人员的人身安全,故不能让不合格的产品进入施工现场。同时,还应加强日常的检查、维修和保养,保障安全防护设备、机械设备等的正常使用和运转。

7)施工起重机械设备等的安全使用管理

施工单位在使用施工起重机械和整体提升脚手架、模板等自升式架设设施前,应组织有关单位进行验收,也可委托具有相应资质的检验检测机构进行验收;使用承租的机械设备和施工机具及配件的,由施工总承包单位、分包单位、出租单位和安装单位共同进行验收。经验收合格的施工起重机械等方可使用。

施工单位应依法对其加强使用管理,特别是施工起重机械,使用单位应按照安全技术规范的定期检验要求,在安全检验合格有效期届满前1个月向特种设备检验检测机构提出定期检验要求。未经定期检验或者检验不合格的特种设备,不得继续使用。

3. 施工现场消防安全职责和应采取的消防安全措施

1)在施工现场建立消防安全责任制,确定消防安全责任人

施工单位的主要负责人应是本单位的消防安全责任人;项目负责人是本项目施工现场的消防安全责任人。同时,应在施工现场实行和落实逐级防火责任制、岗位防火责任制。各部门、各班组负责人以及每个岗位人员都应当对自己管辖工作范围内的消防安全负责,切实做到“谁主管,谁负责;谁在岗,谁负责”。

重点工程的施工现场多为消防安全重点单位,除应履行所有单位均应履行的职责外,还应履行下列消防安全职责:

(1)确定消防安全管理人,组织实施本单位的消防安全管理工作;

(2)建立消防档案,确定消防安全重点部位,设置防火标识,实行严格管理;

(3)实行每日防火巡查,并建立巡查记录;

(4)对职工进行岗前消防安全培训,定期组织消防安全培训和消防演练。

2)制定各项消防安全管理制度和操作规程

施工单位应制定消防安全管理制度和操作规程,如用火用电制度、易燃易爆危险物品管理制度、消防安全检查制度、消防设施维护保养制度、消防值班制度、消防教育培训制度等。同时,应结合施工现场的实际情况,制定施工过程中预防火灾的操作规程,确保消防安全。

施工现场大都有可燃物和火源、电源,稍有不慎就会引发火灾。因此,要制定严格的用火用电制度,包括焊接、切割、热处理、烘烤、熬炼等明火作业,也包括炉灶及灼热的炉体、烟筒、电热器以及吸烟、明火取暖、明火照明等。同时,不得擅自降低消防技术标准施工,不能使用防火性能不符合国家标准的建筑构件、材料等。

易燃易爆危险物品,包括易燃易爆化学物品和民用爆炸物品。易燃易爆危险物品具有较大的火灾危险性和破坏性,如果在储存、运输或者使用等过程中不严加管理,极易造成严重灾害事故。对于施工现场的易燃易爆危险物品,必须制定严格的安全管理制度和操作规程,作业人员应严格按照安全管理制度和操作规程的要求进行作业,保证安全施工。

3)设置消防通道、消防水源,配备消防设施和消防器材

(1)消防通道,是指供消防人员和消防车辆等消防装备进入施工现场能够通行的道路。消防通道应保证道路的宽度、限高和道路的设置,并满足消防车辆通行和灭火作业需要的基本要求。

(2)消防水源,是指市政消火栓、天然水源取水设施、消防蓄水池和消防供水管网等消防供水设施。应保证消防供水设施的数量、水量、水压等满足灭火需要,保证消防车辆到达火场后可就近利用消防供水设施,以达到及时扑救火灾、控制火势蔓延的基本要求。

(3)消防设施,是指固定的消防系统和设备,如火灾自动报警系统、各类自动灭火系统、消火栓、防火门等。消防器材,是指可移动的灭火器材、自救逃生器材,如灭火器、防烟面罩、缓降器等。

消防设施和器材应定期组织检验、维修,确保其完好、有效,以发挥预防火灾和扑灭初期火灾的作用。

4)在施工现场入口处设置消防安全标识

消防安全标识,是指用以表达与消防有关的安全信息的图形符号或者文字标识,包括火灾报警和手动控制标识、火灾时疏散途径标识、灭火设备标识、具有火灾爆炸危险的物质或场所标识等。

4. 办理建筑意外伤害保险的规定

1)建筑意外伤害保险是法定的强制性保险

施工单位为施工现场从事危险作业的人员办理的建筑意外伤害保险是法定的强制性保险,是由施工单位作为投保人直接或者通过保险经纪公司与保险公司订立保险合同,支付保险费,以本单位从事危险作业的人员作为被保险人,当被保险人在施工作业中发生意外伤害事故时,保险公司应依照合同约定向被保险人或者受益人支付保险金。

2)建筑意外伤害保险的保险期限和最低保险金额

建筑意外伤害保险的保险期限应涵盖工程项目开工之日到工程竣工验收合格日。提前竣工的,保险责任自行终止;因延长工期的,应办理意外伤害保险的顺延手续。

各地建设行政主管部门应结合本地区的实际情况,确定合理的最低保险金额。最低保险金额应能保障施工伤亡人员得到有效的经济补偿。施工企业办理建筑意外伤害保险时,投保的保险金额不得低于此标准。

3)建筑意外伤害保险的保险费及费率

建筑意外伤害保险的保险费应列入建筑安装工程费用。保险费由施工企业支付,施工企业不得向职工摊派保险金。

施工企业和保险公司双方应以平等协商的原则,根据各类风险因素商定建筑意外伤害保险费率,提倡差别费率和浮动费率。差别费率可与工程规模、类型、工程项目风险程度和施工现场环境等因素挂钩;浮动费率可与施工企业安全生产业绩、安全生产管理状况等因素挂钩。对重视安全生产管理、安全业绩好的企业可采用下浮费率;对安全生产业绩差、不重视安全管理的企业可采用上浮费率。

4)建筑意外伤害保险的投保

施工企业应在工程项目开工前,办理完投保手续。因工程建设项目施工工艺流程中各工种调动频繁、用工流动性大的特点,投保应实行不记名和不计人数的方式。

工程建设项目中有分包单位的由总承包施工企业统一办理,分包单位承担合理的投保费用;由业主直接发包的工程建设项目由承包企业直接办理。

各级建设行政主管部门应强化监督管理,将在建工程项目开工前是否投保建筑意外伤害保险情况作为审查企业安全生产条件的重要内容之一;对未投保的工程项目,不予发放施工许可证。

5)建筑意外伤害保险的索赔

建筑意外伤害保险,应规范和简化索赔程序,做好索赔服务。各地建设行政主管部门应积极创造条件,引导投保企业在发生意外事故后即向保险公司提出索赔,使施工伤亡人员能得到及时、足额的赔付。各级建设行政主管部门应设置专门电话接受举报,当被保险人发生意外伤害事故,企业和工程项目负责人隐瞒不报、不索赔的,应进行严肃查处。

6)建筑意外伤害保险的安全服务

施工企业应选择可提供建筑安全生产风险管理、事故防范等安全服务和有保险能力的保险公司，以保证事故发生后能及时补偿与事故前能主动防范。不能提供建筑安全生产风险管理和事故预防的保险公司，应通过建筑安全服务中介组织向施工企业提供与建筑意外伤害保险相关的安全服务。建筑安全服务中介组织应具有一定数量、专业配套、具备建筑安全知识和管理经验的专业技术人员。

安全服务内容，包括施工现场风险评估、安全技术咨询、施工人员培训、防灾防损设备配置、安全技术研究等。施工企业也可在投保时与保险机构商定具体服务内容。

5. 违法行为应承担的法律责任

1)施工现场安全防护违法行为应承担的法律责任

(1)施工单位有下列行为之一的，责令限期改正；逾期未改正的，责令停业整顿，并处5万元以上10万元以下的罚款；造成重大安全事故，构成犯罪的，对直接责任人员，依照刑法有关规定追究刑事责任：

①施工前未对有关安全施工的技术要求做出详细说明的；

②未根据不同施工阶段和周围环境及季节、气候的变化，在施工现场采取相应的安全施工措施，或者在城市市区内的土木工程的施工现场未实行封闭围挡的；

③在尚未竣工的建筑物内设置员工集体宿舍的；

④施工现场临时搭建的建筑物不符合安全使用要求的；

⑤未对因土木工程施工可能造成损害的毗邻建筑物、构筑物和地下管线等采取专项防护措施的。

施工单位有上述规定第④项、第⑤项行为，造成损失的，应依法承担赔偿责任。

(2)施工单位有下列行为之一的，责令限期改正；逾期未改正的，责令停业整顿，并处10万元以上30万元以下的罚款；情节严重的，降低资质等级，直至吊销资质证书；造成重大安全事故，构成犯罪的，对直接责任人员，依照刑法有关规定追究刑事责任；造成损失的，依法承担赔偿责任：

①安全防护用具、机械设备、施工机具及配件在进入施工现场前未经查验或者查验不合格即投入使用的；

②使用未经验收或者验收不合格的施工起重机械和整体提升脚手架、模板等自升式架设设施的；

③委托不具有相应资质的单位承担施工现场安装、拆卸施工起重机械和整体提升脚手架、模板等自升式架设设施的；

④在施工组织设计中未编制安全技术措施、施工现场临时用电方案或者专项施工方案的。

2)施工现场消防安全违法行为应承担的法律责任

(1)单位有下列行为之一的，责令改正，处5000元以上5万元以下罚款：

①消防设施、器材或者消防安全标识的配置、设置不符合国家标准、行业标准，或者未保持完好、有效的；

②损坏、挪用或者擅自拆除、停用消防设施、器材的；

③占用、堵塞、封闭疏散通道、安全出口或者有其他妨碍安全疏散行为的；

④埋压、圈占、遮挡消火栓或者占用防火间距的；

⑤占用、堵塞、封闭消防车辆通道，妨碍消防车辆通行的；

⑥人员密集场所在门窗上设置影响逃生和灭火救援的障碍物的；

⑦对火灾隐患经公安机关消防机构通知后不及时采取措施消除的。

(2)有下列行为之一，尚不构成犯罪的，处10日以上15日以下拘留，可并处500元以下罚款；情节较轻的，给予警告或者处500元以下罚款：

①指使或者强令他人违反消防安全规定，冒险作业的；

②过失引起火灾的；

③在火灾发生后阻拦报警，或者负有报告职责的人员不及时报警的；

④扰乱火灾现场秩序，或者拒不执行火灾现场指挥员指挥，影响灭火救援的；

⑤故意破坏或者伪造火灾现场的；

⑥擅自拆封或者使用被公安机关消防机构查封的场所、部位的。

(3)当事人逾期不执行停产停业、停止使用、停止施工决定的，由做出决定的公安机关消防机构强制执行。

9.2.5 施工安全事故的应急救援与调查处理

1. 生产安全事故的等级划分标准

1)事故等级划分的要素

事故等级划分的要素，见表9-7。

表9-7 事故等级划分的要素

要　素	内　容
人员伤亡的数量（人身要素）	安全生产和事故调查处理，均应“以人为本”，最大限度地保护从业人员和其他人员的生命安全。生产安全事故危害的最严重后果，是造成人员的死亡、重伤（中毒）。因此，人员伤亡数量应为事故等级划分的第一要素
直接经济损失的数额（经济要素）	生产安全事故不仅造成人员伤亡，且还经常造成直接经济损失。保护国家、单位和人民群众的财产权，应根据造成直接经济损失的数额划分事故等级
社会影响（社会要素）	有的生产安全事故的伤亡人数、直接经济损失数额虽未不到法定标准，但造成了恶劣的社会影响、政治影响和国际影响，故也应列为特殊事故进行调查处理

2)事故等级划分的补充性规定

国务院安全生产监督管理部门应会同国务院有关部门，制定事故等级划分的补充性规定。

生产经营活动涉及各个行业和众多领域，不同行业和领域的事故均有各自的特点，事故的原因和损失情况也比较复杂，差异较大，难以用同一个标准划分不同行业或者领域的事故等级。因此，针对一些特殊行业或者领域的实际情况，国务院安全生产监督管理部门可会同国务院有关部门，除制定对事故等级划分的一般性规定之外，还应根据行业或者领域的特殊性，制定事故等级划分的补充性规定。

3)社会影响恶劣的事故

对社会影响恶劣的事故没有明确其事故等级，在实践过程中可根据其社会影响和危害程度的大小，比照相应等级的事故进行调查处理。

在实践过程中，存在着一些生产安全事故未造成人员死亡或者重伤的损害后果未造成法定标准的直接经济损失，但是该事故对经济、社会潜在的负面影响和无形损失却是相当大的，造成了恶劣的社会影响。如严重影响周边单位和居民正常的生产生活，社会反应强烈；事故造成较大的国际影响等。对于社会影响恶劣的事故，如果国务院或者有关地方人民政府认为需要进行调查处理的，可依照《生产安全事故报告和调查处理条例》的有关规定执行。

2. 施工生产安全事故应急救援预案的规定

1)制定施工生产安全事故应急救援预案的基本要求

(1)施工生产安全事故应急救援预案的主要作用。

①事故预防。通过危险辨识、事故后果分析，采用技术和管理手段降低事故发生的可能性，使可能发生的事故控制在局部，防止事故扩大。

②应急处理。如发生事故，有应急处理程序和方法，能快速反应处理故障或将事故消除在萌芽状态。

③抢险救援。采用预定现场抢险和抢救的方式，控制或减少因事故造成的损失。

(2)施工生产安全事故应急救援预案的类型。施工生产安全事故应急救援预案，分为施工单位的生产安全事故应急救援预案和施工现场生产安全事故应急救援预案两类。

建筑施工单位应制定具体的事故应急预案，并对生产经营场所、有危险物品的建筑物、构筑物及周边环境开展隐患排查，及时采取措施消除隐患，防止发生突发事件。

(3)应急救援组织和应急救援器材设备。施工单位应建立应急救援组织或者配备应急救援人员，配备必要的应急救援器材、设备，进行经常性的维护、保养，保证设备正常运转，并定期组织事故应急演练。

(4)总分包单位的职责分工。实行施工总承包的，由总承包单位统一组织编制土木工程生产安全事故应急救援预案，工程总承包单位和分包单位按照应急救援预案，建立各自的应急救援组织或者配备应急救援人员，配备救援器材、设备，并定期组织演练。

2)生产安全事故应急救援预案的编制、评审等

(1)应急预案的编制。生产经营单位的应急预案按照针对情况的不同，分为综合应急预案、专项应急预案和现场处置方案。生产经营单位编制的综合应急预案、专项应急预案和现场处置方案之间应相互衔接，并与所涉及的其他单位的应急预案相互衔接。应急预案应包括应急救援组织机构和人员的联系方式、应急物资储备清单等附件信息。

应急预案编制的基本要求，包括：

①符合有关法律、法规、规章和标准的规定；

②结合本地区、本部门、本单位的安全生产实际情况；

③结合本地区、本部门、本单位的危险性分析情况；

④应急救援组织和人员的职责分工明确，并有具体的落实措施；

⑤有明确、具体的事故预防措施和应急程序，并与其应急能力相适应；

⑥有明确的应急保障措施，并能满足本地区、本部门、本单位的应急工作要求；

⑦应急预案基本要素齐全、完整，应急预案附件提供的信息准确；

⑧应急预案的内容与相关应急预案相互衔接。

(2)应急预案的评审。建筑施工单位应组织专家对本单位编制的应急预案进行评审。评审应形成书面纪要并附有专家名单。施工单位的应急预案经评审后,由施工单位主要负责人签署公布。

应急预案的评审应注重应急预案的实用性、基本要素的完整性、预防措施的针对性、组织体系的科学性、应急保障措施的可行性、应急预案的衔接性等内容。

(3)应急预案的备案。

①中央管理的总公司(总厂、集团公司、上市公司)的综合应急预案和专项应急预案,报国务院国有资产监督管理部门、国务院安全生产监督管理部门和国务院有关主管部门备案;其所属单位的应急预案分别抄送所在地的省、自治区、直辖市或者设区的市人民政府安全生产监督管理部门和有关主管部门备案。

②其他生产经营单位中涉及实行安全生产许可的,其综合应急预案和专项应急预案,按照隶属关系报所在地县级以上地方人民政府安全生产监督管理部门和有关主管部门备案。

③生产经营单位申请应急预案备案,应当提交的材料:

a. 应急预案备案申请表;

b. 应急预案评审或者论证意见;

c. 应急预案文本及电子文档。

④实行安全生产许可的生产经营单位,已进行应急预案备案登记的,在申请安全生产许可证时,可不提供相应的应急预案,仅提供应急预案备案登记表。

(4)应急预案的培训。

①生产经营单位应采取多种形式开展应急预案的宣传教育,普及生产安全事故预防、避险、自救和互救知识,从而提高从业人员的安全意识和应急处置技能。

②生产经营单位应组织开展本单位的应急预案培训活动,使有关人员了解应急预案的内容,熟悉应急职责、应急程序和岗位应急处置方案。应急预案的要点和程序应当张贴在应急地点和应急指挥场所,并设置明显的标识。

(5)应急预案的演练。

①生产经营单位应制定本单位的应急预案演练计划,根据本单位的事故预防重点,每年至少组织一次综合应急预案演练或者专项应急预案演练,每半年至少组织一次现场处置方案演练。

②应急预案演练结束后,应急预案演练组织单位应对应急预案演练效果进行评估,撰写应急预案演练评估报告,分析存在的问题,并对应急预案提出修订意见。

(6)应急预案的修订。

①生产经营单位制定的应急预案应当至少每 3 年修订一次,应急预案的修订情况应做好记录并归档。

②有下列情形之一的,应急预案应及时修订:

a. 生产经营单位因兼并、重组、转制等导致隶属关系、经营方式、法定代表人发生变化的;

b. 生产经营单位生产工艺和技术发生变化的;

c. 周围环境发生变化,形成新的重大危险源的;

d. 应急组织指挥体系或者职责已经调整的；

e. 依据的法律、法规、规章和标准发生变化的；

f. 应急预案演练评估报告要求修订的；

g. 应急预案管理部门要求修订的。

③生产经营单位应及时向有关部门或者单位报告应急预案的修订情况，并按照有关应急预案报备程序重新备案。

④生产经营单位应按照应急预案的要求配备相应的应急物资及装备，建立使用状况档案，定期检测和维护，使其处于良好状态。

3. 施工生产安全事故报告及采取相应措施的规定

1)事故报告的基本要求

(1)事故报告的时间要求。事故发生后，事故现场有关人员应立即向本单位负责人报告；单位负责人接到报告后，应于 1 h 内向事故发生地县级以上人民政府安全生产监督管理部门和负有安全生产监督管理职责的有关部门报告；情况紧急时，事故现场有关人员可直接向事故发生地县级以上人民政府安全生产监督管理部门和负有安全生产监督管理职责的有关部门报告。

①事故现场，是指事故具体发生地点及事故能够影响和波及的区域，以及该区域内的物品、痕迹等所处的状态。

②有关人员，主要是指事故发生单位在事故现场的有关工作人员，可以是事故的负伤者，也可以是在事故现场的其他工作人员；对于发生人员死亡或重伤无法报告，且事故现场又没有其他工作人员时，任何首先发现事故的人都负有立即报告事故的义务。

③立即报告，是指在事故发生后的第一时间用最快捷的报告方式进行报告。

④单位负责人，可以是事故发生单位的主要负责人，也可以是事故发生单位主要负责人以外的其他分管安全生产工作的副职领导或其他负责人。

事故报告应及时、准确、完整，任何单位和个人对事故不得迟报、漏报、谎报或者瞒报。

(2)事故报告的内容要求。

报告事故，应包括下列内容：

①事故发生单位概况；

②事故发生的时间、地点以及事故现场情况；

③事故的简要经过；

④事故已经造成或者可能造成的伤亡人数(包括下落不明的人数)和初步估计的直接经济损失；

⑤已经采取的措施；

⑥其他应当报告的情况。

(3)事故补报的要求。

事故补报的要求，包括：

①事故报告后出现新情况的，应及时补报；

②自事故发生之日起 30 日内，事故造成的伤亡人数发生变化的，应及时补报；

③道路交通事故、火灾事故自发生之日起 7 日内，事故造成的伤亡人数发生变化的，应及时补报。

2)发生事故后应采取的相应措施

(1)组织应急抢救工作。

①事故发生单位负责人接到事故报告后,应立即启动事故相关应急预案,或者采取有效措施,组织抢救,防止事故扩大,减少人员伤亡和财产损失。

②事故发生后,生产经营单位应立即启动相关应急预案,采取有效处置措施,组织开展先期应急工作,控制事态发展。对危险化学品泄漏等可能对周边群众和环境产生危害的事故,生产经营单位应在向地方政府及有关部门进行报告的同时,及时向可能受到影响的单位、职工、群众发出预警信息,标明危险区域,组织、协助应急救援队伍和工作人员救助受害人员,疏散、撤离、安置受到威胁的人员,并采取必要措施防止发生次生、衍生事故。应急处置工作结束后,各企业应尽快组织恢复生产、生活秩序,配合事故调查组进行调查。

(2)妥善保护事故现场。事故发生后,有关单位和人员应妥善保护事故现场以及相关证据,任何单位和个人不得破坏事故现场、毁灭相关证据。因抢救人员、防止事故扩大以及疏通交通等原因,需要移动事故现场物件的,应做出标识,绘制现场简图并做出书面记录,妥善保存事故现场的重要痕迹、物证。

①事故现场,是判断发生事故原因和事故责任人责任的客观物质基础。从发生事故到事故调查组赶赴事故现场,通常需要一段时间。在此时间段内,诸多外界因素,如对伤员救护、险情控制、周围群众围观等均会对事故现场造成不同程度的破坏,甚至还会出现故意破坏事故现场的情况。如果事故现场保护不好,将致使一些与事故有关的证据难于找到,不便于查明事故的原因,影响事故调查处理的进度和质量。

②事故现场保护的主要任务是在现场勘察之前,维持事故现场的原始状态,既不能减少任何痕迹、物品,也不能增加任何痕迹、物品。任何单位和个人,不得破坏事故现场,毁灭相关证据。保护事故现场,应根据事故现场的具体情况和周围环境,划定保护区范围,布置警戒。必要时可将事故现场封锁起来,禁止一切人进入保护区。即使是保护现场的人员,也不得无故进入,不能擅自进行勘察,或者随意触摸、移动事故现场的任何物品。特殊情况需要移动事故现场物件的,必须同时满足下列条件:

a.移动物件的目的是出于抢救人员、防止事故扩大以及疏通交通的需要;

b.移动物件必须经过事故单位负责人或者组织事故调查的安全生产监督管理部门和负有安全生产监督管理职责的有关部门的同意;

c.移动物件应做出标识,绘制现场简图,拍摄现场照片,对被移动物件贴上标签,并做出书面记录;

d.移动物件应尽量使现场少受破坏。

3)事故的调查

(1)事故调查的管辖。

①特别重大事故,由国务院或者国务院授权有关部门组织事故调查组进行调查。

②重大事故、较大事故、一般事故,分别由事故发生地省级人民政府、设区的市级人民政府、县级人民政府负责调查。省级人民政府、设区的市级人民政府、县级人民政府可直接组织事故调查组进行调查,也可授权或者委托有关部门组织事故调查组进行调查。未造成人员伤亡的一般事故,县级人民政府也可以委托事故发生单位组织事故调查组进行调查。

③上级人民政府认为必要时，可以调查由下级人民政府负责调查的事故。

④自事故发生之日起 30 日内（道路交通事故、火灾事故自发生之日起 7 日内），因事故伤亡人数变化导致事故等级发生变化，按照规定应由上级人民政府负责调查的，上级人民政府可以另行组织事故调查组进行调查。

⑤特别重大事故以下等级事故，事故发生地与事故发生单位不在同一个县级以上行政区域的，由事故发生地人民政府负责调查，事故发生单位所在地人民政府应派人参加。

(2)事故调查组的组成与职责。

①根据事故的具体情况，事故调查组应由有关人民政府、安全生产监督管理部门、负有安全生产监督管理职责的有关部门、监察机关、公安机关以及工会派人组成，并应邀请人民检察院派人参加。事故调查组可以聘请有关专家参与调查。

②事故调查组成员，应具有事故调查所需要的知识和专长，并与所调查的事故没有直接利害关系；事故调查组组长由负责事故调查的人民政府指定，事故调查组组长主持事故调查组的工作。

③事故调查组应履行下列职责：

a. 查明事故发生的经过、原因、人员伤亡情况及直接经济损失；

b. 认定事故的性质和事故责任；

c. 提出对事故责任人的处理建议；

d. 总结事故教训，提出防范和整改措施；

e. 提交事故调查报告。

(3)事故调查组的权利与纪律。

①事故调查组有权向有关单位和个人了解与事故有关的情况，并要求其提供相关文件、资料，有关单位和个人不得拒绝。事故发生单位的负责人和有关人员在事故调查期间不得擅离职守，并应随时接受事故调查组的询问，如实提供有关情况。事故调查中发现涉嫌犯罪的，事故调查组应及时将有关材料或者其复印件移交司法机关处理。

②事故调查中需要进行技术鉴定的，事故调查组应委托具有国家规定资质的单位进行技术鉴定。必要时，事故调查组可以直接组织专家进行技术鉴定。技术鉴定所需时间不计入事故调查期限。

③事故调查组成员在事故调查工作中应诚信公正、恪尽职守，遵守事故调查组的纪律，保守事故调查的秘密。未经事故调查组组长的允许，事故调查组成员不得擅自发布有关事故的信息。

(4)事故调查报告的期限与内容。

①事故调查组应自事故发生之日起 60 日内提交事故调查报告；特殊情况下，经负责事故调查的人民政府批准，提交事故调查报告的期限可以适当延长，但延长的期限最长不超过 60 日。

②事故调查报告应附具有关证据材料，事故调查组成员应在事故调查报告上签名。事故调查报告，应包括下列内容：

a. 事故发生单位概况；

b. 事故发生经过和事故救援情况；

c. 事故造成的人员伤亡和直接经济损失；

d.事故发生的原因和事故性质；

e.事故责任的认定以及对事故责任者的处理建议；

f.事故防范和整改措施。

③查清事故发生的经过和事故原因，是事故调查的首要任务。事故原因有可能是自然原因，即“天灾”；也有可能是人为原因，即“人祸”；也有可能是自然原因和人为原因共同造成的。

事故性质则是指事故是人为事故还是自然事故，是意外事故还是责任事故。如果是自然事故或者意外事故，则不需要认定事故责任；如果是人为事故和责任事故，则应查明哪些人员对事故负有责任，并确定其责任程度。事故责任分为直接责任、间接责任以及主要责任、次要责任。

4)事故的处理

(1)事故处理时限。重大事故、较大事故、一般事故，负责事故调查的人民政府应自收到事故调查报告之日起15日内做出批复；特别重大事故应自收到事故调查报告之日起30日内做出批复，特殊情况下，批复时间可适当延长，但延长的时间最长不得超过30日。

(2)事故调查报告批复的落实。

①有关机关应按照人民政府的批复，依照法律、行政法规规定的权限和程序，对事故发生单位和有关人员进行行政处罚，对负有事故责任的国家工作人员进行处分。

②事故发生单位应按照负责事故调查的人民政府的批复，对本单位负有事故责任的人员进行处理；负有事故责任的人员涉嫌犯罪的，依法追究刑事责任。

需强调的是，事故发生单位负责处理的对象是事故发生单位对事故发生负有责任的人员，是根据本单位的规章制度所做的内部处理，包括两种情况：

a.本单位有关人员对事故发生负有责任，但其行为尚未构成犯罪，也不属于法律、行政法规规定的应给予行政处罚或者处分的行为，事故发生单位可以根据本单位有关规章制度对负有事故责任的人员进行相应处理；

b.对事故发生负有责任的人员已涉嫌犯罪，或者依照法律、行政法规应由有关机关给予行政处罚或处分的，事故发生单位也可以根据本单位的规章制度做出相应处理。

(3)事故发生单位落实防范和整改措施。

①事故发生单位应吸取事故教训，落实防范和整改措施，防止事故再次发生。防范和整改措施的落实情况应接受工会和职工的监督。

②安全生产监督管理部门和负有安全生产监督管理职责的有关部门应对事故发生单位落实防范和整改措施的情况进行监督检查。

③事故调查处理的目的是为了预防和减少事故，在查明事故原因、认定事故责任的基础上，提出防范和整改措施，从而防止事故的再次发生。

(4)处理结果的公布。事故处理的情况由负责事故调查的人民政府或者其授权的有关部门、机构向社会公布，依法应保密的除外。

经实践表明，事故调查处理的“四不放过”原则是行之有效的，即事故原因未查清不放过，事故责任者未受到处理不放过，事故责任人和周围群众未受到教育不放过，防范措施未落实不放过。

4. 违法行为应承担的法律责任

1)制定事故应急救援预案违法行为应承担的法律责任

《生产安全事故应急预案管理办法》规定,生产经营单位应急预案未按照本办法规定备案的,由县级以上安全生产监督管理部门给予警告,并处3万元以下罚款。

2)事故报告及采取相应措施违法行为应承担的法律责任

(1)《安全生产法》规定,生产经营单位主要负责人在本单位发生重大生产安全事故时,不立即组织抢救或者在事故调查处理期间擅离职守或者逃匿的,给予降职、撤职的处分,对逃匿的处15日以下拘留;构成犯罪的,依照刑法有关规定追究刑事责任。生产经营单位主要负责人对生产安全事故隐瞒不报、谎报或者拖延不报的,依照上述规定处罚。

(2)《生产安全事故报告和调查处理条例》规定,事故发生单位主要负责人有下列行为之一的,处上一年年收入40%至80%的罚款;属于国家工作人员的,并依法给予处分;构成犯罪的,依法追究刑事责任:

①不立即组织事故抢救的;

②迟报或者漏报事故的;

③在事故调查处理期间擅离职守的。

事故发生单位及其有关人员有下列行为之一的,对事故发生单位处100万元以上500万元以下的罚款;对主要负责人、直接负责的主管人员和其他直接责任人员处上一年年收入60%至100%的罚款;属于国家工作人员的,并依法给予处分;构成违反治安管理行为的,由公安机关依法给予治安管理处罚;构成犯罪的,依法追究刑事责任:

①谎报或者瞒报事故的;

②伪造或者故意破坏事故现场的;

③转移、隐匿资金、财产,或者销毁有关证据、资料的;

④拒绝接受调查或者拒绝提供有关情况和资料的;

⑤在事故调查中作伪证或者指使他人作伪证的;

⑥事故发生后逃匿的。

(3)《特种设备安全监察条例》规定,发生特种设备事故,有下列情形之一的,对单位,由特种设备安全监督管理部门处5万元以上20万元以下罚款;对主要负责人,由特种设备安全监督管理部门处4000元以上2万元以下罚款;属于国家工作人员的,依法给予处分;触犯刑律的,依照刑法关于重大责任事故罪或者其他罪的规定,依法追究刑事责任:

①特种设备使用单位的主要负责人在本单位发生特种设备事故时,不立即组织抢救或者在事故调查处理期间擅离职守或者逃匿的;

②特种设备使用单位的主要负责人对特种设备事故隐瞒不报、谎报或者拖延不报的。

3)事故调查违法行为应承担的法律责任

《生产安全事故报告和调查处理条例》规定,参与事故调查的人员在事故调查中有下列行为之一的,依法给予处分;构成犯罪的,依法追究刑事责任:

(1)对事故调查工作不负责任,致使事故调查工作有重大疏漏的;

(2)包庇、袒护负有事故责任的人员或者借机打击报复的。

4)事故责任单位及主要负责人应承担的法律责任

(1)《安全生产法》规定,生产经营单位发生生产安全事故造成人员伤亡、他人财产损失的，应依法承担赔偿责任；拒不承担或者其负责人逃匿的，由人民法院依法强制执行。生产安全事故的责任人未依法承担赔偿责任，经人民法院依法采取执行措施后，仍未对受害人给予足额赔偿的，应继续履行赔偿义务；受害人发现责任人有其他财产的，可随时请求人民法院执行。

(2)《生产安全事故报告和调查处理条例》规定，事故发生单位对事故发生负有责任的，依照下列规定处以罚款：

①发生一般事故的，处10万元以上20万元以下的罚款；

②发生较大事故的，处20万元以上50万元以下的罚款；

③发生重大事故的，处50万元以上200万元以下的罚款；

④发生特别重大事故的，处200万元以上500万元以下的罚款。

(3)事故发生单位主要负责人未依法履行安全生产管理职责，导致事故发生的，依照下列规定处以罚款；属于国家工作人员的，并依法给予处分；构成犯罪的，依法追究刑事责任：

①发生一般事故的，处上一年年收入30%的罚款；

②发生较大事故的，处上一年年收入40%的罚款；

③发生重大事故的，处上一年年收入60%的罚款；

④发生特别重大事故的，处上一年年收入80%的罚款。

(4)事故发生单位对事故发生负有责任的，由有关部门依法暂扣或者吊销其有关证照；对事故发生单位负有事故责任的有关人员，依法暂停或者撤销其与安全生产有关的执业资格、岗位证书；事故发生单位主要负责人受到刑事处罚或者撤职处分的，自刑罚执行完毕或者受处分之日起，5年内不得担任任何生产经营单位的主要负责人。

9.3 土木工程安全生产评价制度

9.3.1 安全生产评价的概念和意义

1. 安全生产评价的概念

安全生产评价，是指运用定量或定性的方法，对生产经营单位和土木工程项目存在的职业危险因素和有害因素进行识别、分析和评估。

2. 安全生产评价的意义

对建筑施工企业开展安全生产评价，存在下列意义：

(1)有利于加强施工企业安全生产的监督管理；

(2)有利于科学地评价施工企业安全生产业绩及相应的安全生产能力；

(3)有利于实现施工企业安全生产工作的规范化和制度化；

(4)有利于促进施工企业完善安全生产条件；

(5)有利于促进施工企业安全生产管理水平的提高；

(6)有利于政府转变安全监督管理方式，提高监督管理实效。

9.3.2 施工企业安全生产评价标准和内容

施工企业安全生产评价的内容包括安全生产条件单项评价、安全生产业绩单项评价及由以上两项单项评价组合而成的安全生产能力综合评价。

1. 安全生产条件

施工企业安全生产条件单项评价的内容，见表 9-8。

表 9-8 施工企业安全生产条件单项评价的内容

项 目	内 容
安全生产管理制度	安全生产管理制度，包括安全生产责任制度、安全生产资金保障制度、安全教育培训制度、安全检查制度和生产安全事故报告处理制度等
资质、机构与人员管理	资质、机构与人员管理，主要包括企业资质和人员资格、安全生产管理机构、分包单位资质和人员资格以及供应单位管理四项内容
安全技术管理	安全技术管理，主要包括危险源控制、施工组织设计（方案）、专项安全技术方案、安全技术交底、安全技术标准规范和操作规程以及设备和工艺的选用六项内容
设备和设施管理	设备和设施管理，主要包括设备安全管理、大型设备装拆安全控制、安全设施和安全防护管理、特种设备管理和安全检查测试工具管理五项内容

2. 安全生产业绩

施工企业安全生产业绩单项评价的内容，包括下列四个项目：

（1）生产安全事故控制。包括安全事故死亡率、重伤率、负伤频率等指标和事故报告情况。

（2）安全生产奖罚。包括建设行政主管部门所作的资质证书的暂扣和降级、项目停工整改、警告、罚款等行政处罚以及文明工地、安全生产先进单位等奖励。

（3）项目施工安全检查。对施工现场进行检查，包括项目合格率、优良率，并对检查结果进行通报表扬或批评，对发现的隐患要及时督促整改。

（4）安全生产管理体系推行。主要是指企业在施工现场贯彻安全生产管理体系标准情况。

3. 安全生产评价评分办法

安全生产评价的办法，包括：

（1）施工企业安全生产条件单项评分；

（2）施工企业安全生产业绩单项评分；

（3）安全生产评价等级评分；

（4）施工企业安全生产评价的汇总。

4. 安全生产评价的实施

（1）建筑施工企业自我评价。建筑施工企业应建立安全生产评价制度，依法开展自我评价，确保达到规定的安全生产条件。

为提高企业安全生产的综合能力，施工企业应建立安全生产评价机构，在每年年初，结合日常安全生产工作情况，对上年度的安全生产进行自我评价。

（2）建筑施工企业安全生产评价的监督管理。建设行政主管部门应当加强对建筑施工企业安全生产评价的指导、监督。

9.4　土木工程安全保障与重大事故调查处理制度

9.4.1　土木工程安全及施工现场安全保障制度

1. 土木工程安全保障制度

(1)为确保工程在建设中与投产使用后的安全，生产经营单位新建、改建、扩建工程项目的安全设施，必须与主体工程"同时设计、同时施工、同时投入生产和使用"的"三同时"制度纳入安全设施投资建设项目概算。

(2)《建筑法》规定，建筑工程设计应当符合按照国家规定制定的建筑安全规程和技术规范，保证工程的安全性能。

如未按安全标准进行设计的，依情节轻重，将受到没收非法所得、罚款、停业整顿、降低资质等级、吊销资质证书、经济赔偿等处罚；构成犯罪的，将依法追究刑事责任。

《建筑法》规定，涉及建筑主体和承重结构变动的装修工程，建设单位应当在施工前委托原设计单位或者具有相应资质的设计单位提出设计方案；没有设计方案的，不得施工。

2. 工程施工现场的安全保障制度

(1)工程施工现场的安全管理。工程施工现场是建筑企业进行建筑生产的基地，杂乱的施工条件、快速的人机流、开放的施工环境，"扰民"和"民扰"问题同时存在，生产过程中的不安全因素极多。因此，施工现场的安全管理也是建筑安全生产中最为重要的环节。

①《建筑法》规定：建筑施工企业在编制施工组织设计时，应根据建筑工程的特点制定相应的安全技术措施；对专业性较强的工程项目，应编制专项安全施工组织设计，并采取安全技术措施。建筑施工企业应在施工现场采取维护安全、防范危险、预防火灾等措施；有条件的，应对施工现场实行封闭管理。

②《安全生产法》规定，生产、经营、储存、使用危险物品的车间、商店、仓库不得与员工宿舍在同一座建筑物内，并应与员工宿舍保持安全距离。

③生产经营场所和员工宿舍应设有符合紧急疏散要求、标识明显、保持畅通的出口。禁止封闭、堵塞生产经营场所或者员工宿舍的出口。两个以上的生产经营单位在同一作业区域内进行生产经营活动，可能危及对方生产安全的，应签订安全生产管理协议，明确各自的安全生产管理职责和应采取的安全措施，并指定专职安全生产管理人员进行安全检查与协调。

(2)工程施工现场周边环境的安全管理。建筑施工多为露天作业、高处作业，且常需进行深基础开挖。对周围环境，特别是毗邻的建筑物、构筑物及地下管线的安全可能造成损害，因此建设单位与建筑施工企业有义务、有责任采取相应的安全防护措施，保证周边环境的安全。

①《建筑法》规定：建设单位应向建筑施工企业提供与施工现场相关的地下管线资料，建筑施工企业应采取措施加以保护；施工现场对毗邻的建筑物、构筑物和特殊作业环境可能造成损害的，建筑施工企业应采取安全防护措施。

②建筑施工企业应遵守有关环境保护和安全生产方面的法律、法规的规定，采取控制

和处理施工现场的各种粉尘、废气、废水、固体废物以及噪声、振动对环境污染和危害的措施。

③当土木工程施工需要临时停水、停电、中断道路交通及需要进行爆破作业的，必须先行申请，经有关部门批准后方可实行，以保障人民的正常生活及生命财产的安全。

9.4.2 土木工程重大事故的调查处理制度

1. 土木工程重大事故的概念

土木工程重大事故，是指在土木工程过程中由于责任过失造成工程倒塌或报废、机械设备毁坏和安全设施失灵，造成人身伤亡或者重大经济损失的事故。生产安全事故等级，见表 9-9。

表 9-9 生产安全事故等级

等级	内容
特别重大事故	死亡 30 人以上，或者 100 人以上重伤，或者 1 亿元以上直接经济损失
重大事故	死亡 10 人以上 30 人以下，或者 50 人以上 100 人以下重伤，或者 5000 万元以上 1 亿元以下直接经济损失
较大事故	死亡 3 人以上 10 人以下，或者 10 人以上 50 人以下重伤，或者 1000 万元以上 5000 万元以下直接经济损失
一般事故	死亡 3 人以下，或者 10 人以下重伤，或者 1000 万元以下直接经济损失

2. 土木工程重大事故的处理

(1)重大事故发生后，事故发生单位应以最快的方式，将事故的简要情况向上级主管部门和事故发生地的市、县级建设行政主管部门及检察、劳动(如有人身伤亡)部门报告；事故发生单位属于国务院部委的，应同时向国务院有关主管部门报告；市、县级建设行政主管部门接到报告后，应立即与人民政府和省、自治区、直辖市建设行政主管部门报告；省、自治区、直辖市建设行政主管部门接到报告后，应立即向人民政府和住建部报告。

(2)重大事故发生后，事故发生单位应在 24 h 内写出书面报告，按上述程序和部门逐级上报。同时，事故发生单位和事故发生地的建设行政主管部门，应依法保护事故现场，采取有效措施抢救人员和财产，防止事故扩大。

(3)重大事故的调查由事故发生地的市、县级以上建设行政主管部门或国务院有关主管部门组织调查组负责进行。调查组由建设行政主管部门、事故发生单位的主管部门和劳动等有关部门的人员组成，并应邀请人民检察机关和工会派人参加。必要时，调查组可以聘请有关方面的专家协助进行技术鉴定、事故分析和财产损失的评估工作。重大事故调查组的职责，有：

①组织技术鉴定；

②查明事故发生的原因、过程、人员伤亡及财产损失情况；

③查明事故的性质、责任单位和主要责任者；

④提出事故处理意见及防止类似事故再次发生所应采取措施的建议；

⑤提出对事故责任人的处理建议；

⑥做出事故调查报告。

(4)调查组在调查工作结束后10日内,应将调查报告报送批准组成调查组的人民政府和建设行政主管部门以及调查组其他成员部门。经组织调查组的部门同意,调查工作即告结束。重大事故处理完毕后,事故发生单位应尽快做出详细的事故处理报告,并逐级上报。

(5)土木工程重大事故中属于特别重大事故者,其报告和调查程序应按国务院发布的《特别重大事故调查程序暂行规定》及有关规定执行。

习题与思考

9-1 土木工程安全生产的定义是什么?建筑生产的特点是什么?

9-2 土木工程安全生产管理的基本方针是什么?建筑施工企业申请领取安全生产许可证时,应向建设主管部门提供的材料有哪些?

9-3 安全生产评价的概念及其意义有哪些?

9-4 土木工程重大事故指的是什么?生产安全事故等级分为哪些?

10　土木工程施工环境保护法规

内容提要

掌握：施工现场噪声污染防治的规定；施工现场固体废物污染防治的规定；违法行为应承担的法律责任。

了解：环境保护法的任务、目的、作用和基本原则。

10.1　土木工程施工环境保护法规概述

10.1.1　环境保护法的任务、目的与作用

1. 环境保护法的任务

环境保护法的任务，见表 10-1。

表 10-1　环境保护法的任务

项　目	内　容
保证合理地利用自然环境	自然资源也是自然环境的重要组成部分
保证防治环境污染与生态破坏	防治环境污染，是指防治废水、废气、废渣、粉尘、垃圾、滥伐森林、破坏草原、破坏植物、乱采乱挖矿产资源等

2. 环境保护法的目的

环境保护法的目的，是为人民创造一个清洁、适宜的生活环境和劳动环境以及符合生态系统健全发展的生态环境，为保护人民健康、促进经济发展提供法律上的保障。

3. 环境保护法的作用

(1)环境保护法是保护人民健康，促进经济发展的法律武器。

(2)环境保护法是推动我国环境法制建设的动力。

(3)环境保护法是提高广大干部、群众环境保护意识和环保法制观念的有益教材。

(4)环境保护法是维护我国环境权益的有效工具。

(5)环境保护法是促进环境保护的国际交流与合作、开展国际环境保护活动的有效手段。

10.1.2　环境保护的基本原则

环境保护的基本原则，见表 10-2。

表 10-2 环境保护的基本原则

原 则	内 容
经济建设与环境保护协调发展	根据经济规律和生态规律的要求，环境保护法必须贯彻执行经济建设、城市建设、环境建设同步规划、同步实施、同步发展的“三同方针”和经济效益、环境效益、社会效益的“三统一方针”
预防为主，防治结合	环境保护中预防污染不仅可以提高原材料、能源的利用率，而且还可以有效减少污染物的产生量和排放量，减少二次污染的风险，减少末端治理负荷，节省环保投资和运行费用。预防是环境保护第一位的工作，但根据现有的技术、经济条件，企业做到“零排放”还有一定的困难，因此还应与治理相结合
污染者付费	污染者付费的原则，也称为“谁污染，谁治理”、“谁开发，谁保护”原则，其基本思想是明确治理污染、保护环境的经济责任
政府对环境质量负责	环境保护是一项涉及政治、经济、技术、社会各方面复杂、艰巨的任务，关系到国家和人民的长远利益，解决这种关乎全局、综合性很强的问题，是政府的重要职责之一
依靠群众保护环境	环境质量关系到广大人民群众的切身利益，因此保护环境不仅是公民的义务，也是公民的权利

10.1.3 环境保护法的特点

环境保护法的特点，见表 10-3。

表 10-3 环境保护法的特点

特 点	内 容
科学性	环境保护是以科学的生态规律与经济规律为依据的，其体系原则、法律规律、管理制度均是从环境科学的研究成果和技术规范总结出来的
综合性	环境保护法所调整的社会关系复杂，涉及面广、综合性强
区域性	环境保护法具有区域性特点。各省市可根据本地区制定相应的地方法规和地方标准，体现区域的差异
奖励与惩罚相结合	环境保护法不仅应对违法者给予惩罚，而且还应对保护资源、环境有功者给予奖励，做到赏罚分明

10.2 施工现场噪声污染防治的规定

10.2.1 建设项目环境噪声污染的防治

(1)建设项目可能产生环境噪声污染的，建设单位必须提出环境影响报告书，规定环境噪声污染的防治措施，并按照国家规定的程序报环境保护行政主管部门批准。环境影响报告书中，应有该建设项目所在地单位和居民的意见。

(2)建设项目的环境噪声污染防治设施必须与主体工程同时设计、同时施工、同时投产使用。如在已有的城市交通干线的两侧建设噪声敏感建筑物的，建设单位应按照国家规定间隔一定距离，并采取减轻、避免交通噪声影响的措施等。

(3)建设项目在投入生产或者使用之前，其环境噪声污染防治设施必须经原审批环境影响报告书的环境保护行政主管部门验收；未达到国家规定要求的，则该建设项目不得投入生产或者使用。

10.2.2 施工现场环境噪声污染的防治

1. 排放建筑施工噪声应符合建筑施工场界环境噪声排放标准

《环境噪声污染防治法》规定，在城市市区范围内向周围生活环境排放建筑施工噪声的，应符合国家规定的建筑施工场界环境噪声排放标准。

建筑施工，是指工程建设实施阶段的生产活动，是各类建筑物的建造过程，包括基础工程施工、主体结构施工、屋面工程施工、装饰工程施工(已竣工交付使用的住宅楼进行室内装修活动除外)等。

建筑施工噪声，是指建筑施工过程中产生的干扰周围生活环境的声音。

噪声排放，是指噪声源向周围生活环境辐射噪声。

根据《建筑施工场界环境噪声排放标准》(GB 12523—2011)的规定，建筑施工过程中场界环境噪声不得超过下列规定的排放限值：昼间 70 dB；夜间 55 dB。夜间噪声最大声级超过限值的幅度不得高于 15 dB(A)。

当场界距噪声敏感建筑物较近，其室外不满足测量条件时，可在噪声敏感建筑物室内测量，并将昼间 70 dB、夜间 55 dB 相应的限值减 10 dB(A)作为评价依据。

根据《中华人民共和国环境噪声污染防治法》的规定，“昼间”是指 6:00 至 22:00 之间的时段。“夜间”是指 22:00 至次日 6:00 之间的时段。县级以上人民政府为环境噪声污染防治的需要(如考虑时差、作息习惯差异等)而对昼间、夜间的划分另有规定的，应按其规定执行。

2. 使用机械设备可能产生环境噪声污染的申报

《环境噪声污染防治法》规定，在城市市区范围内，建筑施工过程中使用机械设备可能产生环境噪声污染的，施工单位必须在工程开工 15 日前向工程所在地县级以上地方人民政府环境保护行政主管部门申报该工程的项目名称、施工场所和期限、可能产生的环境噪声值以及所采取的环境噪声污染防治措施的情况。

国家对环境噪声污染严重的落后设备实行淘汰制度。国务院经济综合主管部门应会同国务院有关部门公布限期禁止生产、禁止销售、禁止进口的环境噪声污染严重的机械设备名录。

3. 禁止夜间进行产生环境噪声污染施工作业的规定

《环境噪声污染防治法》规定，在城市市区噪声敏感建筑物集中区域内，禁止夜间进行产生环境噪声污染的建筑施工作业，但抢修、抢险作业和因生产工艺要求或者特殊需要必须连续作业的除外。因特殊需要必须连续作业的，必须有县级以上人民政府或者其有关主管部门的证明。

噪声敏感建筑物，是指医院、学校、机关、科研单位、住宅等需要保持安静的建筑物。噪声敏感建筑物集中区域，是指医疗区、文教科研区和以机关或者居民住宅为主的区域。

4. 政府监管部门的现场检查

《环境噪声污染防治法》规定，县级以上人民政府环境保护行政主管部门和其他环境噪声污染防治工作的监督管理部门、机构，有权依据各自的职责对管辖范围内排放环境噪声的单位进行现场检查。被检查单位必须如实反映情况，并提供必要的资料。检查部门、机构应为被检查单位保守技术秘密和业务秘密。检查人员进行现场检查，应出示有效证件。

10.2.3 交通运输噪声污染的防治

交通运输噪声，是指机动车辆、铁路机车、机动船舶、航空器等交通运输工具在运行时所产生的干扰周围生活环境的声音。

《环境噪声污染防治法》规定，在城市市区范围内行驶的机动车辆的消声器和喇叭必须符合国家规定的要求。机动车辆必须加强维修和保养，保持技术性能良好，防止环境噪声污染。

警车、消防车、工程抢险车、救护车等机动车辆安装、使用警报器的，必须符合国务院公安部门的规定；在执行非紧急任务时，禁止使用警报器。

10.2.4 对产生环境噪声污染企业事业单位的规定

(1)《环境噪声污染防治法》规定：产生环境噪声污染的企事业单位，必须保持防治环境噪声污染的设施的正常使用；拆除或者闲置环境噪声污染防治设施的，必须事先报所在地县级以上地方人民政府环境保护行政主管部门批准。

(2)产生环境噪声污染的单位，应采取措施进行治理，并按照国家规定缴纳超标准排污费。征收的超标准排污费必须用于污染的防治，不得挪作他用。

(3)对在噪声敏感建筑物集中区域内造成严重环境噪声污染的企事业单位，应限期进行治理。被限期治理的单位必须按期完成治理任务。

10.3 施工现场废气、废水污染防治的规定

10.3.1 大气污染的防治

1. 建设项目大气污染的防治

(1)《大气污染防治法》规定，新建、扩建、改建向大气排放污染物的项目，必须遵守国家有关建设项目环境保护管理的规定。

(2)建设项目的环境影响报告书，必须对建设项目可能产生的大气污染和对生态环境的影响做出评价，规定防治措施，并按照规定的程序报环境保护行政主管部门审查批准。

(3)建设项目投入生产或者使用之前，其大气污染防治设施必须经过环境保护行政主管部门验收，未达到国家有关建设项目环境保护管理规定的要求的建设项目，不得投入生产或使用。

2. 施工现场大气污染的防治

(1)《大气污染防治法》规定，城市人民政府应采取绿化责任制、加强建设施工管理、扩大地面铺装面积、控制渣土堆放和清洁运输等措施，提高人均占有绿地面积，减少市区裸露地面和地面尘土，防治城市扬尘污染。

(2)在城市市区进行建设施工或者从事其他产生扬尘污染活动的单位，必须按照当地环境保护的规定，采取防治扬尘污染的措施；运输、装卸、储存能够散发有毒有害气体或者粉尘物质的，必须采取密闭措施或者其他防护措施。

(3)在人口集中地区存放煤炭、煤矸石、煤渣、煤灰、砂石、灰土等物料，必须采取防燃、防尘措施，防止污染大气。必须严格限制向大气排放含有毒物质的废气和粉尘；确需排放的，必须经过净化处理，且不超过规定的排放标准。

(4)施工现场大气污染的防治，重点是防治扬尘污染。《绿色施工导则》中对扬尘控制做了规定：

①运送土方、垃圾、设备及建筑材料等，不得污损场外道路。运输容易散落、飞扬、流漏的物料的车辆，必须采取措施封闭严密，保证车辆清洁。应在施工现场出口处设置洗车槽。

②土方作业阶段，应采取洒水、覆盖等措施，达到作业区目测扬尘高度小于 1.5 m，不扩散到场区外。

③结构施工、安装装饰装修阶段，作业区目测扬尘高度小于 0.5 m。对易产生扬尘的堆放材料应采取覆盖措施；对粉末状材料应封闭存放；场区内可能引起扬尘的材料及建筑垃圾搬运应有降尘措施，如覆盖、洒水等；浇筑混凝土前清理灰尘和垃圾时应尽量使用吸尘器，避免使用吹风器等易产生扬尘的设备；机械剔凿作业时可用局部遮挡、掩盖、水淋等防护措施；高层或多层建筑清理垃圾应搭设封闭性临时专用道或采用容器吊运。

④施工现场非作业区达到目测无扬尘的要求。对现场易飞扬物质采取有效措施，如洒水、地面硬化、围挡、密网覆盖、封闭等措施，防止扬尘的产生。

⑤构筑物机械拆除前，应做好扬尘控制计划。可采取清理积尘、拆除体洒水、设置隔挡等措施。

⑥构筑物爆破拆除前，应做好扬尘控制计划。可采用清理积尘、淋湿地面、预湿墙体、屋面敷水袋、楼面蓄水、建筑外设高压喷雾状水系统等措施综合降尘，并选择风力小的天气进行爆破作业。

⑦在场界四周隔挡高度位置测得的大气总悬浮颗粒物(TSP)月平均浓度与城市背景值的差值不大于 0.08 mg/m^3。

3. 对向大气排放污染物单位的监管

(1)《大气污染防治法》规定，向大气排放污染物的单位，必须按照国务院环境保护行政主管部门的规定向所在地的环境保护行政主管部门申报拥有的污染物排放设施、处理设施和在正常作业条件下排放污染物的种类、数量、浓度，并提供防治大气污染方面的有关技术资料。

(2)排污单位排放大气污染物的种类、数量、浓度有重大改变的，应及时申报；其大气污染物处理设施必须保持正常使用，拆除或者闲置大气污染物处理设施的，必须事先报所在地县级以上地方人民政府环境保护行政主管部门批准。

(3)向大气排放污染物的,其污染物排放浓度不得超过国家和地方规定的排放标准。在人口集中地区和其他依法需要特殊保护的区域内,禁止焚烧沥青、油毡、橡胶、塑料、皮革、垃圾以及其他产生有毒有害烟尘和恶臭气体的物质。

10.3.2 水污染的防治

1. 建设项目水污染的防治

(1)《水污染防治法》规定,新建、改建、扩建直接或者间接向水体排放污染物的建设项目和其他水上设施,应依法进行环境影响评价。

(2)建设单位在江河、湖泊新建、改建、扩建排污口的,应取得水行政主管部门或者流域管理机构同意;涉及通航、渔业水域的,环境保护主管部门在审批环境影响评价文件时,应征求交通、渔业主管部门的意见。

(3)建设项目的水污染防治设施,应与主体工程同时设计、同时施工、同时投入使用。水污染防治设施应经过环境保护主管部门验收,经验收不合格的,则该建设项目不得投入生产或使用。

(4)禁止在饮用水水源一级保护区内新建、改建、扩建与供水设施和保护水源无关的建设项目;已建成的与供水设施和保护水源无关的建设项目,由县级以上人民政府责令拆除或关闭。

禁止在饮用水水源二级保护区内新建、改建、扩建排放污染物的建设项目;已建成的排放污染物的建设项目,由县级以上人民政府责令拆除或者关闭。

(5)禁止在饮用水水源准保护区内新建、扩建对水体污染严重的建设项目;改建的建设项目,不得增加排污量。

2. 施工现场水污染的防治

(1)《水污染防治法》规定,排放水污染物不得超过国家或者地方规定的水污染物排放标准和重点水污染物排放总量控制指标。

(2)直接或间接向水体排放污染物的企业事业单位和个体工商户,应按照国务院环境保护主管部门的规定,向县级以上人民政府环境保护主管部门申报登记拥有的水污染物排放设施、处理设施和在正常作业条件下排放水污染物的种类、数量和浓度,并提供防治水污染方面的有关技术资料。

(3)禁止向水体排放油类、酸液、碱液或剧毒废液。禁止在水体清洗装贮过油类或者有毒污染物的车辆和容器。禁止向水体排放、倾倒放射性固体废物或者含有高放射性和中放射性物质的废水。向水体排放含低放射性物质的废水,应符合国家有关放射性污染防治的规定和标准。

(4)禁止向水体排放、倾倒工业废渣、城镇垃圾和其他废弃物。禁止将含有汞、镉、砷、铬、铅、氰化物、黄磷等的可溶性剧毒废渣向水体排放、倾倒或者直接埋入地下。存放可溶性剧毒废渣的场所,应采取防水、防渗漏、防流失的措施。禁止在江河、湖泊、运河、渠道、水库最高水位线以下的滩地和岸坡堆放、存储固体废弃物和其他污染物。

(5)在饮用水水源保护区内,禁止设置排污口。在风景名胜区水体、重要渔业水体和其他具有特殊经济文化价值的水体的保护区内,不得新建排污口。在保护区附近新建排污口。应保证保护区水体不受污染。

(6)禁止利用渗井、渗坑、裂隙和溶洞排放、倾倒含有毒污染物的废水、含病原体的污水和其他废弃物。禁止利用无防渗漏措施的沟渠、坑塘等输送或者存储含有毒污染物的废水、含病原体的污水和其他废弃物。

(7)兴建地下工程设施或者进行地下勘探、采矿等活动,应采取防护性措施,防止地下水污染。人工回灌补给地下水,不得恶化地下水质。

(8)原建设部《绿色施工导则》中规定,水污染控制包括:

①施工现场污水排放应达到国家标准《煤炭工业污染物排放标准》(GB 20426—2006)的要求。

②在施工现场应针对不同的污水,设置相应的处理设施,如沉淀池、隔油池、化粪池等。

③污水排放应委托有资质的单位进行废水水质检测,提供相应的污水检测报告。

④保护地下水环境。采用隔水性能好的边坡支护技术。在缺水地区或地下水位持续下降的地区,基坑降水尽可能少地抽取地下水;当基坑开挖抽水量大于 50 万 m^3 时,应进行地下水回灌,并避免地下水被污染。

⑤对化学品等有毒材料、油料的储存地,应有严格的隔水层设计,做好渗漏液收集和处理。

3. 发生事故或者其他突发性事件的规定

《水污染防治法》规定,企业事业单位发生事故或者其他突发性事件,造成或者可能造成水污染事故的,应立即启动本单位的应急方案,采取应急措施,并向事故发生地的县级以上地方人民政府或者环境保护主管部门报告。

10.4 施工现场固体废物污染防治的规定

10.4.1 建设项目固体废物污染环境的防治

《固体废物污染环境防治法》规定,建设产生固体废物的项目以及建设储存、利用、处置固体废物的项目,必须依法进行环境影响评价,并遵守国家有关建设项目环境保护管理的规定。

建设项目的环境影响评价文件确定需要配套建设的固体废物污染环境防治设施,必须与主体工程同时设计、同时施工、同时投入使用。固体废物污染环境防治设施必须经原审批环境影响评价文件的环境保护行政主管部门验收合格后,该建设项目方可投入生产或者使用。对固体废物污染环境防治设施的验收应当与对主体工程的验收同时进行。

在国务院和国务院有关主管部门及省、自治区、直辖市人民政府划定的自然保护区、风景名胜区、饮用水水源保护区、基本农田保护区和其他需要特别保护的区域内,禁止建设工业固体废物集中储存、处置的设施、场所和生活垃圾填埋场。

10.4.2 施工现场固体废物污染环境的防治

1. 一般固体废物污染环境的防治

(1)《固体废物污染环境防治法》规定,产生固体废物的单位和个人,应采取措施,防止或者减少固体废物对环境的污染。

(2)收集、储存、运输、利用、处置固体废物的单位和个人,必须采取防扬散、防流失、防渗漏或者其他防止污染环境的措施;不得擅自倾倒、堆放、丢弃、遗撒固体废物。禁止任何单位或者个人向江河、湖泊、运河、渠道、水库及其最高水位线以下的滩地和岸坡等法律、法规规定禁止倾倒、堆放废弃物的地点倾倒、堆放固体废物。

(3)转移固体废物出省、自治区、直辖市行政区域储存、处置的,应向固体废物移出地的省、自治区、直辖市人民政府环境保护行政主管部门提出申请;移出地的省、自治区、直辖市人民政府环境保护行政主管部门应商经接受地的省、自治区、直辖市人民政府环境保护行政主管部门同意后,方可批准转移该固体废物出省、自治区、直辖市行政区域。未经批准的,不得转移。

(4)工程施工单位应及时清运工程施工过程中产生的固体废物,并应按照环境卫生行政主管部门的规定进行利用或者处置。

2. 危险废物污染环境防治的特别规定

(1)对危险废物的容器和包装物以及收集、储存、运输、处置危险废物的设施、场所,必须设置危险废物识别标识。以填埋方式处置危险废物不符合国务院环境保护行政主管部门规定的,应缴纳危险废物排污费。危险废物排污费用于污染环境的防治,不得挪作他用。

(2)禁止将危险废物提供或者委托给无经营许可证的单位从事收集、储存、利用、处置的经营活动。运输危险废物,必须采取防止污染环境的措施,并遵守国家有关危险货物运输管理的规定。禁止将危险废物与旅客在同一运输工具上载运。

(3)收集、储存、运输、处置危险废物的场所、设施、设备和容器、包装物及其他物品转作他用时,必须经过消除污染的处理,方可使用。

(4)产生、收集、储存、运输、利用、处置危险废物的单位,应制定意外事故的防范措施和应急预案,并报所在地县级以上地方人民政府环境保护行政主管部门备案;环境保护行政主管部门应进行检查。

(5)因发生事故或者其他突发性事件,造成危险废物严重污染环境的单位,必须立即采取措施消除或者减轻对环境的污染危害,及时通报可能受到污染危害的单位和居民,并向所在地县级以上地方人民政府环境保护行政主管部门和有关部门报告,接受调查处理。

3. 施工现场固体废物的减量化和回收再利用

(1)《绿色施工导则》规定,制定建筑垃圾减量化计划,如住宅建筑,每万平方米的建筑垃圾不宜超过 400 t。

(2)加强建筑垃圾的回收再利用,力争建筑垃圾的再利用和回收率达到 30%,建筑物拆除产生的废弃物的再利用和回收率大于 40%。碎石类、土石方类建筑垃圾,可采用地基填埋、铺路等方式提高再利用率,力争再利用率大于 50%。

(3)在施工现场生活区设置封闭式垃圾容器,施工场地生活垃圾实行袋装化,及时清运。对建筑垃圾进行分类,并收集到现场封闭式垃圾站,集中运出。

10.5 违法行为应承担的法律责任

10.5.1 施工现场噪声污染防治违法行为应承担的法律责任

《环境噪声污染防治法》规定,未经环境保护行政主管部门批准,擅自拆除或者闲置环境噪声污染防治设施，致使环境噪声排放超过规定标准的，由县级以上地方人民政府环境保护行政主管部门责令改正，并处罚款。

排放环境噪声的单位违反规定，拒绝环境保护行政主管部门或者其他依照《环境噪声污染防治法》的规定行使环境噪声监督管理权的部门、机构现场检查或者在被检查时弄虚作假的，环境保护行政主管部门或者其他依照《环境噪声污染防治法》的规定行使环境噪声监督管理权的监督管理部门、机构，可以根据不同情节，给予警告或者处以罚款。

建筑施工单位违反规定，在城市市区噪声敏感建筑物集中区域内，夜间进行禁止产生环境噪声污染的建筑施工作业的，由工程所在地县级以上地方人民政府环境保护行政主管部门责令改正，可以并处罚款。

机动车辆不按照规定使用声响装置的，由当地公安机关根据不同情节给予警告或者处以罚款。

受到环境噪声污染危害的单位和个人，有权要求加害人排除危害；造成损失的，依法赔偿损失。赔偿责任和赔偿金额的纠纷，可根据当事人的请求，由环境保护行政主管部门或者其他环境噪声污染防治工作的监督管理部门、机构调解处理；调解不成的，当事人可向人民法院起诉。当事人也可以直接向人民法院起诉。

10.5.2 施工现场大气污染防治违法行为应承担的法律责任

《大气污染防治法》规定，违反本法规定，有下列行为之一的，环境保护行政主管部门或者规定的监督管理部门可以根据不同情节，责令停止违法行为，限期改正，给予警告或者处以 5 万元以下罚款：

(1)拒报或者谎报国务院环境保护行政主管部门规定的有关污染物排放申报事项的；

(2)拒绝环境保护行政主管部门或者其他监督管理部门现场检查或者在被检查时弄虚作假的；

(3)排污单位不正常使用大气污染物处理设施，或者未经环境保护行政主管部门批准，擅自拆除、闲置大气污染物处理设施的；

(4)未采取防燃、防尘措施，在人口集中地区存放煤炭、煤矸石、煤渣、煤灰、砂石、灰土等物料的。

向大气排放污染物超过国家和地方规定排放标准的，应当限期治理，并由所在地县级以上地方人民政府环境保护行政主管部门处 1 万元以上 10 万元以下罚款。

违反《大气污染防治法》规定，有下列行为之一的，由县级以上地方人民政府环境保护行政主管部门或者其他依法行使监督管理权的部门责令停止违法行为，限期改正，可以处 5 万元以下罚款：

(1)未采取有效污染防治措施，向大气排放粉尘、恶臭气体或者其他含有有毒物质气体的；

(2)未经当地环境保护行政主管部门批准，向大气排放转炉气、电石气、电炉法黄磷尾气、有机烃类尾气的；

(3)未采取密闭措施或者其他防护措施，运输、装卸或者储存能够散发有毒有害气体或者粉尘物质的；

(4)城市饮食服务业的经营者未采取有效污染防治措施，致使排放的油烟对附近居民的居住环境造成污染的。

在人口集中地区和其他依法需要特殊保护的区域内，焚烧沥青、油毡、橡胶、塑料、皮革、垃圾以及其他产生有毒有害烟尘和恶臭气体的物质的，由所在地县级以上地方人民政府环境保护行政主管部门责令停止违法行为，处2万元以下罚款。

在城市市区进行建设施工或者从事其他产生扬尘污染的活动，未采取有效扬尘防治措施，致使大气环境受到污染的，限期改正，处2万元以下罚款；逾期仍未达到当地环境保护规定要求的，可责令其停工整顿。对因建设施工造成扬尘污染的处罚，由县级以上地方人民政府建设行政主管部门决定；对其他造成扬尘污染的处罚，由县级以上地方人民政府指定的有关主管部门决定。

造成大气污染事故的企业事业单位，由所在地县级以上地方人民政府环境保护行政主管部门根据所造成的危害后果处直接经济损失50%以下罚款，但最高不超过50万元；情节较重的，对直接负责的主管人员和其他直接责任人员，由所在单位或者上级主管机关依法给予行政处分或者纪律处分；造成重大大气污染事故，导致公私财产重大损失或者人身伤亡的严重后果，构成犯罪的，依法追究刑事责任。

10.5.3 施工现场水污染防治违法行为应承担的法律责任

《水污染防治法》规定，排放水污染物超过国家或者地方规定的水污染物排放标准，或者超过重点水污染物排放总量控制指标的，由县级以上人民政府环境保护主管部门按照权限责令限期治理，处应缴纳排污费数额2倍以上5倍以下的罚款。限期治理期间，由环境保护主管部门责令限制生产、限制排放或者停产整治。限期治理的期限最长不超过1年；逾期未完成治理任务的，报经有批准权的人民政府批准，责令关闭。

在饮用水水源保护区内设置排污口的，由县级以上地方人民政府责令限期拆除，处10万元以上50万元以下的罚款；逾期不拆除的，强制拆除，所需费用由违法者承担，处50万元以上100万元以下的罚款，并可以责令停产整顿。

除上述规定外，违反法律、行政法规和国务院环境保护主管部门的规定设置排污口或者私设暗管的，由县级以上地方人民政府环境保护主管部门责令限期拆除，处2万元以上10万元以下的罚款；逾期不拆除的，强制拆除，所需费用由违法者承担，处10万元以上50万元以下的罚款；私设暗管或者有其他严重情节的，县级以上地方人民政府环境保护主管部门可以提请县级以上地方人民政府责令停产整顿。未经水行政主管部门或者流域管理机构同意，在江河、湖泊新建、改建、扩建排污口的，由县级以上人民政府水行政主管部门或者流域管理机构依据职权，依照以上规定采取措施、给予处罚。

有下列行为之一的，由县级以上地方人民政府环境保护主管部门责令停止违法行为，限期采取治理措施，消除污染，处以罚款；逾期不采取治理措施的，环境保护主管部门可指定有治理能力的单位代为治理，所需费用由违法者承担：

(1)向水体排放油类、酸液、碱液的；

(2)向水体排放剧毒废液，或者将含有汞、镉、砷、铬、铅、氰化物、黄磷等的可溶性剧毒废渣向水体排放、倾倒或者直接埋入地下的；

(3)在水体清洗装贮过油类、有毒污染物的车辆或者容器的；

(4)向水体排放、倾倒工业废渣、城镇垃圾或者其他废弃物，或者在江河、湖泊、运河、渠道、水库最高水位线以下的滩地、岸坡堆放、存储固体废弃物或者其他污染物的；

(5)向水体排放、倾倒放射性固体废物或者含有高放射性、中放射性物质的废水的；

(6)违反国家有关规定或者标准，向水体排放含有低放射性物质的废水、热废水或者含病原体的污水的；

(7)利用渗井、渗坑、裂隙或者溶洞排放、倾倒含有毒污染物的废水、含病原体的污水或者其他废弃物的；

(8)利用无防渗漏措施的沟渠、坑塘等输送或者存储含有毒污染物的废水、含病原体的污水或者其他废弃物的。

有以上第(3)项、第(6)项行为之一的，处1万元以上10万元以下的罚款；有以上第(1)项、第(4)项、第(8)项行为之一的，处2万元以上20万元以下的罚款；有以上第(2)项、第(5)项、第(7)项行为之一的，处5万元以上50万元以下的罚款。

企业事业单位有下列行为之一的，由县级以上人民政府环境保护主管部门责令改正，情节严重的，处2万元以上10万元以下的罚款：

(1)不按照规定制定水污染事故的应急方案的；

(2)水污染事故发生后，未及时启动水污染事故的应急方案，采取有关应急措施的。

10.5.4 施工现场固体废物污染环境防治违法行为应承担的法律责任

《固体废物污染环境防治法》规定，违反有关城市生活垃圾污染环境防治的规定，有下列行为之一的，由县级以上地方人民政府环境卫生行政主管部门责令停止违法行为，限期改正，处以罚款：

(1)随意倾倒、抛撒或者堆放生活垃圾的；

(2)擅自关闭、闲置或者拆除生活垃圾处置设施、场所的；

(3)工程施工单位不及时清运施工过程中产生的固体废物，造成环境污染的；

(4)工程施工单位不按照环境卫生行政主管部门的规定对施工过程中产生的固体废物进行利用或者处置的；

(5)在运输过程中沿途丢弃、遗撒生活垃圾的。

单位有以上第(1)项、第(3)项、第(5)项行为之一的，处5000元以上5万元以下的罚款；有以上第(2)项、第(4)项行为之一的，处1万元以上10万元以下的罚款。个人有前款第(1)项、第(5)项行为之一的，处200元以下罚款。

违反有关危险废物污染环境防治的规定，有下列行为之一的，由县级以上人民政府环境保护行政主管部门责令停止违法行为，限期改正，处以罚款：

(1)不设置危险废物识别标识的；

(2)不按照国家规定申报登记危险废物，或者在申报登记时弄虚作假的；

(3)擅自关闭、闲置或者拆除危险废物集中处置设施、场所的；

(4)不按照国家规定缴纳危险废物排污费的；

(5)将危险废物提供或者委托给无经营许可证的单位从事经营活动的；

(6)不按照国家规定填写危险废物转移联单或者未经批准擅自转移危险废物的；

(7)将危险废物混入非危险废物中储存的；

(8)未经安全性处置，混合收集、储存、运输、处置具有不相容性质的危险废物的；

(9)将危险废物与旅客在同一运输工具上载运的；

(10)未经消除污染的处理将收集、储存、运输、处置危险废物的场所、设施、设备和容器、包装物及其他物品转作他用的；

(11)未采取相应防范措施，造成危险废物扬散、流失、渗漏或者造成其他环境污染的；

(12)在运输过程中沿途丢弃、遗撒危险废物的；

(13)未制定危险废物意外事故防范措施和应急预案的。

有以上第(1)项、第(2)项、第(7)项、第(8)项、第(9)项、第(10)项、第(11)项、第(12)项、第(13)项行为之一的，处 1 万元以上 10 万元以下的罚款；有以上第(3)项、第(5)项、第(6)项行为之一的，处 2 万元以上 20 万元以下的罚款；有以上第(4)项行为的，限期缴纳，逾期不缴纳的，处应缴纳危险废物排污费金额 1 倍以上 3 倍以下的罚款。

危险废物产生者不处置其产生的危险废物又不承担依法应当承担的处置费用的，由县级以上地方人民政府环境保护行政主管部门责令限期改正，处代为处置费用 1 倍以上 3 倍以下的罚款。

造成固体废物严重污染环境的，由县级以上人民政府环境保护行政主管部门按照国务院规定的权限决定限期治理；逾期未完成治理任务的，由本级人民政府决定停业或者关闭。

造成固体废物污染环境事故的，由县级以上人民政府环境保护行政主管部门处 2 万元以上 20 万元以下的罚款；造成重大损失的，按照直接损失的 30%计算罚款，但最高不超过 100 万元，对负有责任的主管人员和其他直接责任人员，依法给予行政处分；造成固体废物污染环境重大事故的，由县级以上人民政府按照国务院规定的权限决定停业或者关闭。

收集、储存、利用、处置危险废物，造成重大环境污染事故，构成犯罪的，依法追究刑事责任。

拒绝县级以上人民政府环境保护行政主管部门或者其他固体废物污染环境防治工作的监督管理部门现场检查的，由执行现场检查的部门责令限期改正；拒不改正或者在检查时弄虚作假的，处 2000 元以上 2 万元以下的罚款。

习题与思考

10-1　环境保护法的任务及其目的是什么？环境保护法的作用是什么？

10-2　环境保护的基本原则及其特点是什么？

10-3　施工现场环境噪声污染的防治包括哪些内容？

11 土木工程其他法规

内容提要

了解:《中华人民共和国消防法》;《中华人民共和国档案法》;《中华人民共和国公司法》;《中华人民共和国税法》;《中华人民共和国节约能源法》。

11.1 《中华人民共和国消防法》

11.1.1 《中华人民共和国消防法》概述

《中华人民共和国消防法》(以下简称《消防法》)于1998年4月29日第九届全国人民代表大会常务委员会第二次会议通过,自1998年9月1日起施行,2008年10月28日第十一届全国人民代表大会常务委员会第五次会议对《消防法》进行了修订,自2009年5月1日起施行。

《消防法》是为了预防火灾和减少火灾危害,加强应急救援,保护人身、财产安全,维护公共安全所制定的法律规范。《消防法》分为7章,共74条。

11.1.2 消防设计的审核与验收

《消防法》第9条规定,建设工程的消防设计、施工必须符合国家工程建设消防技术标准。建设、设计、施工、工程监理等单位依法对建设工程的消防设计、施工质量负责。

1. 消防设计文件的审核与备案

(1)需要进行消防设计审核的工程范围。国务院公安部门规定的大型的人员密集场所和其他特殊建设工程,建设单位应当将消防设计文件报送公安机关消防机构审核。公安机关消防机构依法对审核的结果负责。

依法应当经公安机关消防机构进行消防设计审核的建设工程,未经依法审核或者审核不合格的,负责审批该工程施工许可的部门不得给予施工许可,建设单位、施工单位不得施工;其他建设工程取得施工许可后经依法抽查不合格的,应当停止施工。

(2)需要进行消防设计备案的工程范围。按照国家工程建设消防技术标准需要进行消防设计的建设工程,除上文需要进行消防设计审核的工程外,建设单位应当自依法取得施工许可之日起7个工作日内,将消防设计文件报公安机关消防机构备案,公安机关消防机构应当进行抽查。

2. 消防设计竣工的验收与备案

(1)需要进行消防设计竣工验收的工程范围。按照国家工程建设消防技术标准需要进行消防设计的建设工程竣工,属于国务院公安部门规定的大型的人员密集场所和其他特殊建设工程的，建设单位应当向公安机关消防机构申请消防验收。未经消防验收或者消防验收不合格的，禁止投入使用。

(2)需要进行消防设计竣工备案的工程范围。其他按照国家工程建设消防技术标准需要进行消防设计的建设工程竣工，建设单位在验收后应当报公安机关消防机构备案，公安机关消防机构应当进行抽查。经依法抽查不合格的，应当停止使用。

3. 建设工程投入使用前的消防安全检查

公众聚集场所在投入使用、营业前，建设单位或者使用单位应当向场所所在地的县级以上地方人民政府公安机关消防机构申请消防安全检查。

公安机关消防机构应当自受理申请之日起10个工作日内，根据消防技术标准和管理规定，对该场所进行消防安全检查。未经消防安全检查或者经检查不符合消防安全要求的，不得投入使用、营业。

11.1.3 工程建设中应采取的消防安全措施

1. 工程建设中应采取的消防安全措施

(1)在设有车间或者仓库的建筑物内，不得设置员工集体宿舍。在设有车间或者仓库的建筑物内，已经设置员工集体宿舍的，应限期加以解决。对暂时确有困难的，应采取必要的消防安全措施，经公安消防机构批准后，方可继续使用。

(2)生产、储存、运输、销售或者使用、销毁易燃易爆危险物品的单位、个人，必须执行国家有关消防安全的规定。进入生产、储存易燃易爆危险物品的场所，必须执行国家有关消防安全的规定。禁止携带火种进入生产、储存易燃易爆危险物品的场所。储存可燃物资仓库的管理，必须执行国家有关消防安全的规定。

(3)禁止在具有火灾、爆炸危险的场所使用明火；因特殊情况需要使用明火作业的，应按照有关规定事先办理审批手续。作业人员应遵守消防安全规定，并采取相应的消防安全措施，进行电焊、气焊等具有火灾危险的作业人员和自动消防和自动消防系统的操作人员，必须持证上岗，并严格遵守消防安全操作规程。

(4)消防产品的质量必须符合国家标准或者行业标准。禁止生产、销售或者使用未经依照《产品质量法》的规定确定的检验机构检验合格的消防产品。禁止使用不符合国家标准或者行业标准的配件或者灭火剂维修消防设施和器材。公安消防机构及其工作人员不得利用职务为用户指定消防产品的销售单位和品牌。

(5)电器产品、燃气用具的质量必须符合国家标准或者行业标准。电器产品、燃气用具的安装、使用和线路、管路的设计、敷设，必须符合国家有关消防安全技术规定。

(6)任何单位、个人不得损坏或者擅自挪用、拆除、停用消防设施、器材，不得埋压、圈占消火栓，不得占用防火间距，不得堵塞消防通道。公用和城建等单位在修建道路以及停电、停水、截断通信线路时有可能影响消防队灭火救援的，必须事先通知当地公安消防机构。

2. 法律责任

(1)单位不履行消防安全职责的法律责任。机关、团体、企业、事业单位违反《消防法》的规定，未履行消防安全职责的，责令限期改正；逾期不改正的，对其直接负责的主管人员和其他直接责任人员依法给予行政处分或者警告。

在设有车间或者仓库的建筑物内设置员工集体宿舍的，责令限期改正；逾期不改正的，责令停产停业，可并处罚款，并对其直接负责的主管人员和其他直接责任人员处罚款。

(2)不当处理易燃易爆危险物品的法律责任。生产、储存、运输、销售或者使用、销毁易燃易爆危险物品的，责令停止违法行为，可处警告、罚款或者15日以下拘留。

单位有前款行为的，责令停止违法行为，可处以警告或者罚款，并对其直接负责的主管人员和其他直接责任人员依照前款的规定进行处罚。

(3)其他法律责任。

①有下列行为之一的，处警告、罚款或者10日以下拘留：

a.违反消防安全规定进入生产、储存易燃易爆危险物品场所的；

b.违法使用明火作业或者在具有火灾、爆炸危险的场所违反禁令，吸烟、使用明火的；

c.阻拦报火警或者谎报火警的；

d.故意阻碍消防车、消防艇赶赴火灾现场或者扰乱火灾现场秩序的；

e.拒不执行火场指挥员指挥，影响灭火救灾的；

f.过失引起火灾，尚未造成严重损失的。

②有下列行为之一的，处警告或者罚款：

a.指使或者强令他人违反消防安全规定，冒险作业，尚未造成严重后果的；

b.埋压、圈占消火栓或者占用防火间距、堵塞消防通道的，或者损坏和擅自挪用、拆除、停用消防设施、器材的；

c.有重大火灾隐患，经公安消防机构通知逾期不改正的。

单位有前款行为的，依照前款的规定处罚，并对其直接负责的主管人员和其他直接责任人员处以警告或者罚款。

11.2 《中华人民共和国档案法》

11.2.1 《中华人民共和国档案法》概述

《中华人民共和国档案法》(以下简称《档案法》)于1987年9月5日第六届全国人民代表大会常务委员会第二十二次会议通过，根据1996年7月5日第八届全国人民代表大会常务委员会第二十次会议《关于修改〈中华人民共和国档案法〉的规定》修正。

《档案法》立法的目的是在于加强对档案的管理和收集、整理工作，有效地保护盒利用档案，为社会主义现代化建设服务。《档案法》分为6章，共27条。

11.2.2 土木工程档案的种类

1. 工程准备阶段文件

工程准备阶段文件，见表11-1。

表11-1 工程准备阶段文件

项 目	内 容
立项文件	(1)项目建议书。 (2)项目建议书审批意见及前期工作通知书

续表

项　目	内　容
立项文件	(3)可行性研究报告及附件。 (4)可行性研究报告的审批意见。 (5)关于与立项有关的会议纪要、领导讲话。 (6)专家建议文件。 (7)调查资料及项目评估研究材料等
建设用地、征地、拆迁文件	(1)选址申请及选址规划意见通知书。 (2)用地申请报告及县级以上人民政府城乡建设用地批准书。 (3)拆迁安置意见、协议、方案等。 (4)建设用地规划许可证及其附件。 (5)划拨建设用地文件。 (6)国有土地使用证
勘察、测绘、设计文件	(1)工程地质勘察报告。 (2)水文地质勘察报告、自然条件、地震调查。 (3)建设用地钉桩通知单(书)。 (4)地形测量和拨地测量成果报告。 (5)申报的规划设计条件和规划设计条件通知书。 (6)初步设计图纸和说明。 (7)技术设计图纸和说明。 (8)审定设计方案通知书及审查意见。 (9)有关行政主管部门(人防、环保、消防、交通、园林、市政、文物、通信、保密、河湖、教育等)批准文件或取得的有关协议。 (10)施工图及其说明。 (11)设计计算书。 (12)政府有关部门对施工图设计文件的审批意见等
招标投标文件	(1)勘察设计招标投标文件。 (2)勘察设计承包合同。 (3)施工招标投标文件。 (4)施工承包合同。 (5)工程监理招标投标文件。 (6)监理委托合同等
开工审批文件	(1)建设项目列入年度计划的申报文件。 (2)建设项目列入年度的批复文件或年度计划项目表。 (3)规划审批申报表及报送的文件和图纸。 (4)土木工程规划许可证及其附件。 (5)土木工程形式审查表。 (6)土木工程施工许可证。 (7)投资许可证、审计证明、缴纳绿化建设费等证明。 (8)工程质量监督手续等

续表

项目	内容
财务文件	(1)工程投资估算材料。 (2)工程设计概算材料。 (3)施工图预算材料。 (4)施工预算等
建设、施工、监理机构及负责人名单	(1)工程项目管理机构(项目经理部)及负责人名单。 (2)工程监理机构(项目监理部)及负责人名单。 (3)工程项目施工管理机构(施工项目经理部)及负责人名单等

2. 监理文件

(1)监理规划,包括监理规划、监理实施细则和监理部总控制计划等;

(2)监理月报中的有关质量问题;

(3)监理会议纪要中的有关质量问题;

(4)进度控制文件,包括工程开工/复工审批表、工程开工/复工暂停令等;

(5)质量控制文件,包括不合格项目通知、质量事故报告及处理意见等;

(6)造价控制文件,包括预付款报审与支付、月付款报审与支付、设计变更、洽商费用报审与签认、工程竣工结算审核意见书等;

(7)分包资质文件,包括分包单位资质材料、供货单位资质材料、试验单位资质材料等;

(8)监理通知,包括有关进度控制的监理通知、有关质量控制的监理通知、有关造价控制的监理通知;

(9)合同与其他事项管理文件,包括工程延期报告及审批、费用索赔报告及审批、合同争议、违约报告及处理意见、合同变更材料等;

(10)监理工作总结,包括专题总结、月报总结、工程竣工总结、质量评价意见报告。

3. 施工文件

(1)施工技术准备文件,包括施工组织设计、技术交底、图纸会审记录、施工预算的编制和审查、施工日志等;

(2)施工现场准备文件,包括控制网设置资料、工程定位测量资料、基槽开挖线测量资料、施工安全措施、施工环保措施等;

(3)地基处理记录;

(4)工程图纸变更记录,包括设计会议会审记录、设计变更记录、工程洽谈记录等;

(5)施工材料、预制构件质量证明文件及复试试验报告;

(6)设备、产品质量检查、安装记录,包括设备、产品质量合格证,质量保证书,设备装箱单,商检证明和说明书,开箱报告,设备安装记录,设备试运行记录,设备明细表等;

(7)施工试验记录、隐蔽工程检查记录;

(8)施工记录,包括工程定位测量检查记录、预检工程检查记录、沉降观测记录、结构吊装记录、工程竣工测量、新型建筑材料、施工新技术等;

(9)工程质量事故处理记录;

(10)工程质量检验记录,包括检验批质量验收记录,分项工程质量验收记录,基础、主体工程验收记录,分部(子分部)工程质量验收记录等。

4. 竣工图和竣工验收文件

竣工图,是指工程竣工验收后,真实反映建设工程项目施工结果的图样。

竣工验收文件,是指建设工程项目竣工验收活动中形成的文件,主要包括:

(1)工程竣工总结,包括工程概况表、工程竣工总结;

(2)竣工验收记录,包括单位(子单位)工程质量验收记录、竣工验收说明书、竣工验收报告、竣工验收备案表(包括各项验收认可文件)、工程质量保修书等;

(3)财务文件,包括决算文件、交付使用财产总表和财产明细表;

(4)声像、缩微、电子档案,包括工程照片,录音、录像材料,各种光盘、磁盘等。

11.2.3 土木工程档案的移交程序

1. 各主要参建单位向建设单位移交工程文件

(1)基本规定。《建设工程文件归档整理规范》(GB/T 50328—2001)规定,建设、勘察、设计、施工、监理等单位应将工程文件的形成和积累纳入工程建设管理的各个环节和有关人员的职责范围。建设单位在工程招标及与勘察、设计、施工、监理等单位签订合同时,应对工程文件的套数、费用、质量、移交时间等提出明确要求。勘察、设计、施工、监理等单位应将本单位形成的工程文件立卷后向建设单位移交。

建设单位应收集和整理工程准备阶段、竣工验收阶段形成的文件,并进行立卷归档。建设单位应负责组织、监督和检查勘察、设计、施工、监理等单位的工程文件的形成、积累和立卷归档工作,并收集和汇总勘察、设计、施工、监理等单位立卷归档的工程档案。

建设工程项目实行总承包的,由总包单位负责收集、汇总各分包单位形成的工程档案,并及时向建设单位移交;各分包单位应将本单位形成的工程文件整理、立卷后及时移交总包单位。建设工程项目由多个单位承包的,各承包单位负责收集、整理立卷其承包项目的工程文件,并及时向建设单位移交。

(2)工程文件的归档范围及质量要求。对与工程建设有关的重要活动、记载工程建设主要过程和现状、具有保存价值的各种载体的文件,均应收集齐全,整理立卷后归档,归档的工程文件应为原件。工程文件的内容及其深度必须符合国家有关工程勘察、设计、施工、监理等方面的技术规范、标准和规程。

(3)工程文件的归档。归档文件必须完整、准确、系统,能够反映工程建设活动的全过程。归档的文件必须经过分类整理,并组成符合要求的案卷。根据建设程序和工程特点,归档可以分阶段进行,也可以在单位或分部工程通过竣工验收后进行。勘察、设计单位应在任务完成时,施工、监理单位应在工程竣工验收前,将各自形成的有关工程档案向建设单位归档。设计、施工及监理单位需要向建设单位归档的文件,应按国家有关规定单独立卷归档。

勘察、设计、施工单位在收齐工程文件并整理立卷后,建设单位、监理单位应根据城建管理机构的要求对档案文件完整性、准确性、系统性情况和案卷的质量进行审查,经审查合格后向建设单位移交。建设工程档案一般不少于两套,一套由建设单位保管,一套(原件)移交当地城建档案馆(室)。勘察、设计、施工、监理等单位向建设单位移交档案时,应编制移交清单,经双方签字、盖章后方可交接。

2. 建设单位向政府主管机构移交建设项目档案

《建设工程质量管理条例》第17条规定,建设单位应当严格按照国家有关档案管理的规定,及时收集、整理建设项目各环节的文件资料,建立、健全的建设项目档案,并在建设工程竣工验收后,及时向建设行政主管部门或者其他有关部门移交建设项目档案。

列入城建档案馆(室)档案接收范围的工程,建设单位在组织工程竣工验收前,应提请城建档案管理机构对工程档案进行预验收。建设单位未取得城建档案管理机构出具的认可文件,不得组织工程竣工验收。

城建档案管理部门在进行工程档案验收时,应重点验收的内容,包括:

(1)工程档案齐全、系统、完整;

(2)工程档案的内容真实、准确地反映工程建设活动和工程实际状况;

(3)工程档案已整理立卷,立卷符合本规范的规定;

(4)竣工图绘制方法、图式及规格等符合专业技术要求,图面整洁,盖有竣工图章;

(5)文件的形成、来源符合实际,要求单位或个人签章的文件,其签章手续完备;

(6)文件材质、幅面、书写、绘图、用墨、托裱等符合要求。

列入城建档案馆(室)接收范围的工程,建设单位在工程竣工验收后3个月内,必须向城建档案馆(室)移交一套符合规定的工程档案。

停建、缓建建设工程的档案,暂由建设单位保管;对改建、扩建和维修工程,建设单位应组织设计、施工单位据实修改、补充和完善原工程档案;对改变的部位,应重新编制工程档案,并在工程竣工验收后3个月内向城建档案馆(室)移交。

建设单位向城建档案馆(室)移交工程档案时,应办理移交手续,填写移交目录,经双方签字、盖章后交接。

建设工程竣工验收后,建设单位未按规定移交建设工程档案的,按照《建设工程质量管理条例》的规定,建设单位除应被责令整改外,还应受到罚款的行政处罚。

3. 重大建设项目档案验收

为做好重大项目的档案验收,国家档案局制定了《重大建设项目档案验收办法》。

《重大建设项目档案验收办法》对重大建设项目档案验收的组织、验收申请、验收要求做出了具体的规定,适用于各级政府投资主管部门组织或委托组织预进行竣工验收的固定资产投资项目(以下简称项目)。

各级政府投资主管部门,是指各级政府发展改革部门和具有投资管理职能的经济(贸易)部门。

(1)验收组织。

①项目档案验收的组织。

a. 国家发展和改革委员会组织验收的项目,由国家档案局组织项目档案的验收。

b. 国家发展和改革委员会委托中央主管部门(含中央管理企业,下同)、省级政府投资主管部门组织验收的项目,由中央主管部门档案机构、省级档案行政管理部门组织项目档案的验收,验收结果报国家档案局备案。

c. 省级以下各级政府投资主管部门组织验收的项目,由同级档案行政管理部门组织项目档案的验收。

d. 国家档案局对中央主管部门档案机构、省级档案行政管理部门组织的项目档案验收进行监督、指导。项目主管部门、各级档案行政管理部门应加强项目档案验收前的指导和咨询，必要时可组织预检。

②项目档案验收组的组成。

a. 国家档案局组织的项目档案验收，验收组由国家档案局、中央主管部门、项目所在地省级档案行政管理部门等单位组成。

b. 中央主管部门档案机构组织的项目档案验收，验收组由中央主管部门档案机构及项目所在地省级档案行政管理部门等单位组成。

c. 省级及省级以下各级档案行政管理部门组织的项目档案验收，由档案行政管理部门、项目主管部门等单位组成。

d. 在城市规划区范围内建设的项目，项目档案验收组成员应包括项目所在地的城建档案接收单位。

e. 项目档案验收组人数为不少于 5 人的单数，组长由验收组织单位人员担任。必要时可邀请有关专业人员参加验收组。

(2)验收申请。

①申请项目档案验收，应具备的条件：

a. 项目主体工程和辅助设施已按照设计建成，能满足生产或使用的需要；

b. 项目试运行指标考核合格或者达到设计能力；

c. 完成项目建设全过程文件材料的收集、整理与归档工作；

d. 基本完成项目档案的分类、组卷、编目等整理工作。

②项目档案验收申请报告的主要内容包括：

a. 项目建设及项目档案管理概况；

b. 保证项目档案的完整性、准确性、系统性所采取的控制措施；

c. 项目文件材料的形成、收集、整理与归档情况，竣工图的编制情况及质量状况；

d. 档案在项目建设、管理、试运行中的作用；

e. 存在的问题及解决措施。

(3)验收要求。

①项目档案验收会议。项目档案验收应在项目竣工验收 3 个月前完成。项目档案验收以验收组织单位召开验收会议的形式进行。项目档案验收组全体成员参加项目档案验收会议，项目的建设单位(法人)、设计、施工、监理和生产运行管理或使用单位的有关人员出席会议。项目档案验收会议的主要议程包括：

a. 项目建设单位(法人)汇报项目建设概况、项目档案工作情况；

b. 监理单位汇报项目档案质量的审核情况；

c. 项目档案验收组检查项目档案及档案管理的情况；

d. 项目档案验收组对项目档案质量进行综合评价；

e. 项目档案验收组形成并宣布项目档案的验收意见。

②档案质量的评价。检查项目档案，采用质询、现场查验、抽查案卷的方式。抽查档案的数量应不少于 100 卷，抽查重点为项目前期管理性文件、隐蔽工程文件、竣工文件、质

检文件、重要合同、协议等。

项目档案验收应根据《国家重大建设项目文件归档要求与档案整理规范》(DA/T 28—2002),对项目档案的完整性、准确性、系统性进行评价。

③项目档案验收意见的主要内容,包括:

a. 项目建设概况;

b. 项目档案管理情况,包括项目档案工作的基础管理工作,项目文件材料的形成、收集、整理与归档情况,竣工图的编制情况及质量,档案的种类、数量,档案的完整性、准确性、系统性及安全性评价,档案验收的结论性意见;

c. 存在的问题、整改的要求与建议。

④项目档案验收结果。

项目档案验收结果分为合格与不合格。项目档案验收组半数以上成员同意通过验收的为合格。

项目档案验收合格的项目,由项目档案验收组出具项目档案验收意见。

项目档案验收不合格的项目,由项目档案验收组提出整改意见,要求项目建设单位(法人)于项目竣工验收前对存在的问题限期整改,并进行复查。复查后仍不合格的,不得进行竣工验收,并由项目档案验收组提请有关部门对项目建设单位(法人)通报批评。造成档案损失的,应依法追究有关单位及人员的责任。

11.3 《中华人民共和国公司法》

11.3.1 《中华人民共和国公司法》概述

《中华人民共和国公司法》(以下简称《公司法》)于 1993 年 12 月 29 日第八届全国人民代表大会常务委员会第五次会议通过,自 1994 年 7 月 1 日起施行。随后经过两次修正和一次修订,现行《公司法》是经 2005 年 10 月 27 日第十届全国人民代表大会常务委员会第十八次会议修订,并于 2006 年 1 月 1 日起施行。

《公司法》立法的目的是在于规范公司的组织和行为,保护公司、股东和债权人的合法权益,维护社会经济秩序,促进社会主义市场经济的发展。《公司法》分为 13 章,共 219 条。

11.3.2 公司的设立、变更和注册登记

1. 设立登记

设立公司,应依法向公司登记机关申请设立登记。符合《公司法》所规定的设立条件的,由公司登记机关登记为有限责任公司和股份有限公司。

根据《公司法》的规定,公众可以向公司登记机关申请查询公司登记事项,公司登记机关应提供查询服务。

根据《公司法》有关规定,依法设立的公司,由公司登记机关颁发营业执照,公司营业执照签发日期为公司成立日期。营业执照应载明公司的名称、住所、注册资本、实收资本、经营范围、法定代表人姓名等事项。设立公司必须依法设立公司章程,公司章程对公司、

股东、董事、监事、高级管理人员具有约束力。公司的经营范围由公司章程规定，并依法登记。

2. 变更登记

根据《公司法》有关规定，公司在设立后，如发生下列变更事项的，应依法办理变更登记：

(1)公司营业执照记载的事项发生变更的，公司应依法办理变更登记，由公司登记机关换发营业执照；

(2)公司修改公司章程，改变经营范围的，应当办理变更登记；

(3)公司法定代表人变更的，应当办理变更登记；

(4)公司合并或者分立，登记事项发生变更的，应当依法向公司登记机关办理变更登记；

(5)公司增加或者减少注册资本的，应依法向公司登记机关办理变更登记。

3. 注销登记

(1)公司解散的原因。

《公司法》第 181 条规定，公司因下列原因解散：

①公司章程规定的营业期届满或者公司规定的其他解散事由出现；

②股东会或者股东大会决议解散；

③因公司合并或者分立需要解散；

④依法被吊销营业执照、责令关闭或者被撤销；

⑤人民法院依照本法第 183 条的规定予以解散。

(2)清算。

根据《公司法》第 184 条的规定，除因公司合并或者分立需要解散外，公司因其他四种原因解散的，应当在解散事由出现之日起 15 日内成立清算组，开始清算。逾期不成立清算组进行清算的，债权人可以申请人民法院指定有关人员组成清算组进行清算。

《公司法》第 186 条规定，清算组应当自成立之日起 10 日内通知债权人，并于 60 日内在报纸上公告。债权人应当自接到通知书之日起 30 日内，未接到通知书的自公告之日起 45 日内，向清算组申报其债权，清算组应对债权进行登记。在申报债权期间，清算组不得对债权人进行清偿。

(3)注销登记。

《公司法》第 189 条规定，公司清算结束后，清算组应当制作清算报告，报股东会、股东大会或者人民法院确认，并报送公司登记机关，申请注销公司登记，公告公司终止。

11.3.3 公司的组织机构和职权

1. 股东会/股东大会

有限责任公司股东会和股份有限公司股东大会均由全体股东组成，分别是有限责任公司和股份有限公司的权力机构。

根据《公司法》第 38 条的规定，股东会、股东大会行使下列职权：

(1)决定公司的经营方针和投资计划；

(2)选举和更换非由职工代表担任的董事、监事，决定有关董事监事的报酬事项；

(3)审议批准董事会的报告；

(4)审议批准监事会或监事的报告；

(5)审议批准公司的年度预算方案、决算方案；

(6)审议批准公司的利润分配方案和弥补亏损方案；

(7)对公司的增加、减少注册资本做出决议；

(8)对发行公司债权做出决议；

(9)对公司合并、分立、解散清算或者变更公司形式做出决议；

(10)修改公司章程；

(11)公司章程规定的其他职权。

2. 董事会/执行董事、经理和监事会

(1)董事会/执行董事。公司设立董事会，董事会设会长一人，可以设副董事长。有限责任公司的董事长、副董事长的产生办法由公司章程规定；股份有限公司的董事长和副董事长由董事会以全体董事的过半数选举产生。董事任期由公司章程规定，且每届任期不得超过 3 年。董事任期届满，连选可以连任。

(2)经理。公司经理由董事会决定聘任或者解聘。

(3)监事会。有限公司设立监事会，其成员人数不得少于 3 人；对于股东人数较少或者规模较小的有限责任公司，可以设 1～2 名监事，不设监事会。

监事会应包括股东代表和适当比例的公司职员代表，其中职工代表的比例不得低于 1/3，具体比例由公司章程规定，但董事、高级管理人员不得兼任监事。监事的任期为每届 3 年，任期届满，连选可以连任。

11.3.4 公司董事、高级管理人员的资格和义务

1. 董事、高级管理人员的资格

根据《公司法》第 147 条规定，有下列情形之一的，不得担任公司董事、高级管理人员：

(1)无民事行为能力或者限制民事行为能力；

(2)因贪污受贿、侵占财产、挪用财产或者破坏社会主义市场经济秩序，被判处刑罚，执行期未满 5 年，或者因犯罪被剥夺政治权利，执行期未满 5 年；

(3)担任破产清算的公司、企业的董事或者厂长、经理，对该公司、企业的破产负有个人责任的，自该公司、企业破产清算完结之日起未逾 3 年；

(4)担任因违法被吊销营业执照、责令关闭的公司、企业的法定代表人并负有个人责任的，自该公司、企业被吊销营业执照之日起未逾 3 年；

(5)个人所负数额较大的债务到期未清偿。

2. 董事、高级管理人员的义务

董事、高级管理人员应当遵守法律、行政法规和公司章程，对公司负有忠实义务和勤勉义务，不得利用职权收取贿赂或者其他非法收入，不得侵占公司的财产。根据《公司法》第 149 条规定，董事和高级管理人员不得有下列行为：

(1)挪用公司资金；

(2)将公司资金以其个人名义或者以其他个人名义开立账户存储；

(3)违反公司章程的规定，未经股东会股东大会或者董事会同意，将公司资金借贷给

他人或者以公司财产为他人提供担保；

(4)违反公司章程的规定，未经股东会股东大会或者董事会同意，与本公司订立合同或者进行交易；

(5)未经股东会股东大会或者董事会同意，利用职务便利为自己或他人谋取属于公司的商业机会，自营或者为他人经营与所任职公司同类的业务；

(6)接受他人与公司交易的佣金归为己有；

(7)擅自披露公司秘密；

(8)违反对公司忠实义务的其他行为。

董事、高级管理人员违反前款规定所得的收入应归公司所有。

董事、高级管理人员执行公司职务时违反法律、行政法规和公司章程的规定，给公司造成损失的，应承担赔偿责任。

《公司法》第153条规定，董事、高级管理人员违反法律、行政法规和公司章程的规定，损害股东利益的，股东可以向人民法院提起诉讼。

11.4 《中华人民共和国税法》

11.4.1 税法概述

税法是调整税收关系的法规的总称。与工程建设密切相关的法律法规，包括：

(1)《中华人民共和国税收征收管理法》；

(2)《中华人民共和国营业税暂行条例》；

(3)《中华人民共和国营业税暂行条例实施细则》；

(4)《中华人民共和国城市维护建设税暂行条例》；

(5)《中华人民共和国企业所得税法》；

(6)《中华人民共和国个人所得税法》。

11.4.2 纳税人的权利和义务

1. 权利

(1)特殊情况下延期纳税的权利。根据《税收征收管理法》的有关规定，纳税人因有特殊困难，不能按期缴纳税款的，经批准可以延期缴纳税款，但最长不得超过3个月。纳税人未按照规定期限缴纳税款的，扣缴义务人未按照规定期限解缴税款的，税务机关除责令限期缴纳外，从滞纳税款之日起，按日加收滞纳税款5/10 000的滞纳金。

(2)收取完税凭证的权利。税务机关征收税款时，必须给纳税人开具完税凭证。扣缴义务人代扣、代收税款时，纳税人要求扣缴义务人开具代扣、代收税款凭证的，扣缴义务人应当开具。

2. 义务

(1)依法纳税。纳税人、扣缴义务人应按照法律、行政法规规定或者税务机关依照法律、行政法规的规定确定的期限，缴纳或者解缴税款。

(2)出境清税。欠缴税款的纳税人或者其法定代表人需要出境的，应在出境前向税务机关结清应纳税款、滞纳金或者提供担保；未结清税款、滞纳金，且不提供担保的，税务机关可通知出境管理机关阻止其出境。

(3)纳税人报告制度。欠缴税款数额较大的纳税人在处分其不动产或者大额资产之前，应向税务机关报告。

11.4.3 税务管理的制度

1. 税务登记制度

(1)开业、变更及注销登记。根据《中华人民共和国税收征收管理法》(以下简称《税收征收管理法》)有关规定，企业及其在外地设立的分支机构等从事生产、经营的纳税人，应自领取营业执照之日起30日内，向税务机关申报办理税务登记。税务登记内容发生变化的，纳税人应自办理工商变更登记之日起30日内或办理工商注销登记前，向税务机关申报办理变更或者注销税务登记。

从事生产、经营的纳税人应按照国家有关规定，持税务登记证件，在银行或者其他金融机构开立基本存款账户和其他账户，并将其全部账号向税务机关报告。

(2)税务登记证件。纳税人应按照国家有关规定使用税务登记证件，不得转借、涂改、损毁、买卖或者伪造税务登记证件。税务登记证件具有重要作用，除按照规定不需要发给税务登记证件外的，纳税人办理下列事项时，必须持税务登记证件：

①开立银行账户；

②申请减税、免税、退税；

③申请办理延期申报、延期缴纳税款；

④领购发票；

⑤申请开具外出经营活动税收管理证明；

⑥办理停业、歇业等。

2. 账簿凭证管理制度

根据《税收征收管理法》有关规定，纳税人、扣缴义务人应按照有关法律、行政法规和国务院财政、税务主管部门的规定设置账簿，根据合法、有效凭证记账，并进行核算。从事生产、经营的纳税人、扣缴义务人必须按照国务院财政、税务主管部门规定的保管期限保管账簿、记账凭证、完税凭证及其他有关资料，账簿、记账凭证、完税凭证及其他有关资料不得伪造、变造或者擅自损毁。

3. 纳税申报管理制度

根据《税收征收管理法》的有关规定，纳税人必须依照法律、行政法规规定或者税务机关依照法律、行政法规的规定确定的申报期限、申报内容如实办理纳税申报，报送纳税申报表、财务会计报表以及税务机关根据实际需要要求纳税人报送的其他纳税资料。扣缴义务人必须依照法律、行政法规规定或者税务机关依照法律、行政法规的规定确定的申报期限、申报内容如实报送代扣代缴、代收代缴税款报告表以及税务机关根据实际需要要求扣缴义务人报送的其他有关资料。

纳税人、扣缴义务人不能按期办理纳税申报或者报送代扣代缴、代收代缴税款报告表的，经税务机关核准，可以延期申报，但应在核准的延期内办理税款结算。

11.5 《中华人民共和国节约能源法》

11.5.1 土木工程项目的节能管理

(1)节约能源(以下简称节能),是指加强用能管理,采取技术上可行、经济上合理以及环境和社会可以承受的措施,减少从能源生产到消费各个环节中的损失和浪费,更加有效、合理地利用能源。

(2)节能是我国经济和社会发展的一项长远战略方针,也是当前一项极为紧迫的任务。为深入贯彻科学发展观,落实节约资源、保护环境基本国策,加快转变城乡建设模式和建筑业发展方式,提高人民生活质量,培育新兴产业,促进经济发展方式转变,实现节能减排约束性目标,积极应对全球气候变化,建设资源节约型、环境友好型社会,住房和城乡建设部于2012年5月9日,以建科【2012】72号印发《“十二五”建筑节能专项规划》。

《“十二五”建筑节能专项规划》中规定了节能的重点任务:

①提高能效,抓好新建建筑节能监管;

②扎实推进既有居住建筑节能改造;

③深入开展大型公共建筑节能监管和高耗能建筑节能改造;

④加快可再生能源建筑领域规模化应用;

⑤大力推动绿色建筑发展,实现绿色建筑普及化;

⑥积极探索,推进农村建筑节能;

⑦积极促进新型材料推广应用;

⑧推动建筑工业化和住宅产业化;

⑨推广绿色照明应用。

(3)根据《中华人民共和国节约能源法》(以下简称《节约能源法》)第12条规定,固定资产投资工程项目的可行性研究报告,应包括合理用能的专题论证。固定资产投资工程项目的设计和建设,应当遵守合理用能标准和节能设计规范。达不到合理用能标准和节能设计规范要求的项目,依法审批的机关不得批准建设;项目建成后,达不到合理用能标准和节能设计规范要求的,不予验收。

(4)对属于工程建设强制性标准的节能标准,根据《建设工程质量管理条例》及相关规定,建设工程项目各参建单位,包括建设单位、设计单位、施工图设计文件审查机构、监理单位以及施工单位等,均应严格遵守;各参建单位未遵守相关规定的,应按照《节约能源法》等法律、法规和规章,承担相应的法律责任。

11.5.2 土木工程节能的规定

1. 建筑节能标准

建筑节能的国家标准、行业标准由国务院建设主管部门组织制定,并依照法定程序发布。省、自治区、直辖市人民政府建设主管部门可根据本地实际情况,制定严于国家标准或者行业标准的地方建筑节能标准,并报国务院标准化主管部门和国务院建设主管部门备案。

2. 固定资产投资项目节能评估和审查制度

国家实行固定资产投资项目节能评估和审查制度。不符合强制性节能标准的项目依法负责项目审批或者核准的机关不得批准或者核准建设，建设单位不得开工建设；已经建成的，不得投入生产、使用。具体办法由国务院管理节能工作的部门会同国务院有关部门制定。

3. 鼓励发展的建筑节能技术及产品

根据2006年1月1日起施行的《民用建筑节能管理规定》(建设部第143号令)，鼓励发展的建筑节能技术和产品有：

(1)新型节能墙体和屋面的保温、隔热技术与材料；

(2)节能门窗的保温隔热和密闭技术；

(3)集中供热和热、电、冷联产联供技术；

(4)供热采暖系统温度调控和分户热量计量技术与装置；

(5)太阳能、地热等可再生能源应用技术及设备；

(6)建筑照明节能技术与产品；

(7)空调制冷节能技术与产品；

(8)其他技术成熟、效果显著的节能技术和节能管理技术。

习题与思考

11-1　土木工程档案的种类中工程准备阶段文件有哪些？

11-2　在税法概述中，与工程建设密切相关的法律法规包括哪些？

11-3　节约能源指的是什么？《“十二五”建筑节能专项规划》规定节能的重点任务是什么？

12　土木工程纠纷法规

内容提要

掌握：土木工程法律纠纷的种类和解决途径；民事诉讼制度的内容；仲裁制度的内容；调节、和解、行政复议和行政诉讼制度。

12.1　土木工程纠纷的主要种类和法律解决途径

12.1.1　土木工程纠纷的主要种类

1. 土木工程民事纠纷

土木工程民事纠纷，是在土木工程活动中平等主体之间发生的以民事权利义务法律关系为内容的争议。民事纠纷可分为两类：一类是财产关系方面的民事纠纷，如合同纠纷、损害赔偿纠纷等；另一类是人身关系方面的民事纠纷，如名誉权纠纷、继承权纠纷等。民事纠纷的特点，是：民事纠纷主体之间的法律地位平等；民事纠纷的内容是对民事权利义务的争议；民事纠纷的可处分性。主要是针对有关财产关系的民事纠纷，而有关人身关系的民事纠纷多具有不可处分性。

在土木工程领域，较为普遍和重要的民事纠纷主要是合同纠纷、侵权纠纷。

(1)合同纠纷，是指因合同的生效、解释、履行、变更、终止等行为而引起的合同当事人之间的所有争议。合同纠纷的内容，主要表现在争议主体对于导致合同法律关系产生、变更与消灭的法律事实以及法律关系的内容有不同的观点与看法。合同纠纷的范围涵盖了一项合同从成立到终止的全过程。在土木工程领域，合同纠纷主要有工程总承包合同纠纷、工程勘察合同纠纷、工程设计合同纠纷、工程施工合同纠纷、工程监理合同纠纷、工程分包合同纠纷、材料设备采购合同纠纷以及劳动合同纠纷等。

(2)侵权纠纷，是指一方当事人对另一方侵权而产生的纠纷。在土木工程领域也易发生侵权纠纷，如施工单位在施工中未采取相应防范措施造成对他方损害而产生的侵权纠纷，未经许可使用他方的专利、工法等而造成的知识产权侵权纠纷等。

发包人和承包人对有关工期、质量、造价等产生的土木工程合同争议，是土木工程领域最常见的民事纠纷。

2. 土木工程行政纠纷

(1)土木工程行政纠纷，是在土木工程活动中行政机关之间或行政机关同公民、法人和其他组织之间由于行政行为而引起的纠纷，包括行政争议和行政案件。在行政法律关系中，行政机关对公民、法人和其他组织行使行政管理职权，应依法行政；公民、法人和其他组织也应依法约束自己的行为，自觉守法。在各种行政纠纷中，既有因行政机关超越职权、滥用职权、行政不作为、违反法定程序、事实认定错误、适用法律错误等所引起的纠纷，也有公民、法人或其他组织逃避监督管理、非法抗拒监督管理或误解法律规定等而产生的纠纷。行政机关的行政行为具有的特征，有：

①行政行为是执行法律的行为。任何行政行为均须有法律根据，具有从属法律性，没有法律的明确规定或授权，行政主体不得做出任何行政行为。

②行政行为具有一定的裁量性。这是由立法技术本身的局限性和行政管理的广泛性、变动性、应变性决定的。

③行政主体在实施行政行为时具有单方意志性，不必与行政相对方协商或征得其同意，便可依法自主做出。

④行政行为是以国家强制力保障实施的，带有强制性。行政相对方必须服从并配合行政行为，否则行政主体将予以制裁或强制执行。

⑤行政行为以无偿为原则，以有偿为例外。只有当特定行政相对人承担了特别公共负担，或者分享了特殊公共利益时，方可为有偿的。

(2)在土木工程领域，行政机关易引发行政纠纷的具体行政行为，主要有以下几种：

①行政许可，即行政机关根据公民、法人或者其他组织的申请，经依法审查，准予其从事特定活动的行政管理行为，如施工许可、专业人员执业资格注册、企业资质等级核准、安全生产许可等。行政许可易引发的行政纠纷通常是行政机关的行政不作为、违反法定程序等。

②行政处罚，即行政机关或其他行政主体依照法定职权、程序对于违法但尚未构成犯罪的相对人给予行政制裁的具体行政行为。常见的行政处罚为警告、罚款、没收违法所得、取消投标资格、责令停止施工、责令停业整顿、降低资质等级、吊销资质证书等。行政处罚易导致的行政纠纷，通常是行政处罚超越职权、滥用职权、违反法定程序、事实认定错误、适用法律错误等。

③行政奖励，即行政机关依照条件和程序，对为国家、社会和建设事业做出重大贡献的单位和个人，给予物质或精神鼓励的具体行政行为，如表彰建设系统先进集体、劳动模范和先进工作者等。行政奖励易引发的行政纠纷，通常是违反程序、滥用职权、行政不作为等。

④行政裁决，即行政机关或法定授权的组织，依照法律授权，对平等主体之间发生的与行政管理活动密切相关的、特定的民事纠纷(争议)进行审查，并做出裁决的具体行政行为，如对特定的侵权纠纷、损害赔偿纠纷、权属纠纷、国有资产产权纠纷以及劳动工资、经济补偿纠纷等的裁决。行政裁决易引发的行政纠纷，通常是行政裁决违反法定程序、事实认定错误、适用法律错误等。

12.1.2 民事纠纷的法律解决途径

1. 和解

和解，是民事纠纷的当事人在自愿互谅的基础上，对已经发生的争议进行协商、妥协与让步并达成协议，自行(无第三方参与劝说)解决争议的一种方式。通常和解不仅从形式上消除当事人之间的对抗，还从心理上消除对抗。

和解可以在民事纠纷的任何阶段进行，无论是否已经进入诉讼或仲裁程序，只要终审裁判未生效或者仲裁裁决未做出，当事人均可自行和解。如诉讼当事人之间为处理和结束诉讼达成了解决争议问题的妥协或协议，其结果是撤回起诉或中止诉讼而无需判决。和解也可与仲裁、诉讼程序相结合，当事人达成和解协议的，已提请仲裁的，可请求仲裁庭根据和解协议做出裁决书或调解书；已提起诉讼的，可请求法庭在和解协议基础上制作调解书，或者由当事人双方达成和解协议，由法院记录在卷。

应注意的是，和解达成的协议不具有强制执行力，在性质上仍属于当事人之间的约定。如果一方当事人不按照和解协议执行，另一方当事人不可以请求法院强制执行，但可要求对方就不执行该和解协议承担违约责任。

2. 调解

调解，是指双方当事人以外的第三方应纠纷当事人的请求，以法律、法规和政策或合同约定以及社会公德为依据，对纠纷双方进行疏导、劝说，促使双方相互谅解，进行协商，自愿达成协议，解决纠纷的活动。

调解的主要方式是人民调解、行政调解、仲裁调解、司法调解、行业调解以及专业机构调解。

3. 仲裁

仲裁，是当事人根据在纠纷发生前或纠纷发生后达成的协议，自愿将纠纷提交第三方（仲裁机构）做出裁决，纠纷各方均有义务执行该裁决的一种解决纠纷的方式。

仲裁机构和法院不同。法院行使国家所赋予的审判权，向法院起诉不需要双方当事人在诉讼前达成协议，只要一方当事人向有审判管辖权的法院起诉，经法院受理后，另一方必须应诉。仲裁机构通常是民间团体的性质，其受理案件的管辖权来自双方协议，没有协议就无权受理仲裁。但有效的仲裁协议可以排除法院的管辖权；纠纷发生后，一方当事人提起仲裁的，另一方必须仲裁。

根据《仲裁法》的规定，仲裁法的调整范围仅限于民商事仲裁，即平等主体的公民、法人和其他组织之间发生的合同纠纷和其他财产权纠纷；劳动争议仲裁等不受《仲裁法》的调整，依法应由行政机关处理的行政争议等不能仲裁。

仲裁的基本特点，见表 12-1。

表 12-1 仲裁的基本特点

特点	内容
自愿性	当事人的自愿性是仲裁最突出的特点。仲裁是最能体现当事人意思自治原则的争议解决方式。仲裁以当事人的自愿为前提，即是否将纠纷提交仲裁，向哪个仲裁委员会申请仲裁，仲裁庭如何组成，仲裁员的选择，以及仲裁的审理方式、开庭形式等，均是在当事人自愿的基础上，由当事人协商确定的
专业性	专家裁案，是民商事仲裁的重要特点之一。民商事仲裁通常涉及不同行业的专业知识，如土木工程纠纷的处理不仅涉及与工程建设有关的法律法规，还需运用大量的工程造价、工程质量方面的专业知识，以及熟悉建筑业自身特有的交易习惯和行业惯例。仲裁机构的仲裁员是来自各行业中具有一定专业水平的专家，精通专业知识、熟悉行业规则，对公正、高效地处理纠纷，确保仲裁结果公正、准确，发挥关键作用

续表

特　点	内　容
独立性	根据《仲裁法》的规定，仲裁委员会独立于行政机关，与行政机关没有隶属关系。仲裁委员会之间也没有隶属关系。 在仲裁过程中，仲裁庭独立进行仲裁，不受任何行政机关、社会团体和个人的干涉，也不受其他仲裁机构的干涉，具有独立性
保密性	仲裁以不公开审理为原则。同时，当事人及其代理人、证人、翻译、仲裁员、仲裁庭咨询的专家和指定的鉴定人、仲裁委员会有关工作人员也应遵守保密义务，不得对外界透露案件实体和程序的有关情况。因此，可有效地保护当事人的商业秘密和商业信誉
快捷性	仲裁实行一裁终局制度，仲裁裁决一经做出即发生法律效力。仲裁裁决不能上诉，使得当事人之间的纠纷能够迅速得以解决
裁决在国际上得到承认和执行	截至 2010 年 10 月，已有 145 个国家和地区加入《承认和执行外国仲裁裁决公约》（简称《纽约公约》）。根据该公约，仲裁裁决可以在这些缔约国得到承认和执行。 《承认和执行外国仲裁裁决公约》于 1987 年 4 月 22 日对中国生效

4. 诉讼

民事诉讼，是指人民法院在当事人和其他诉讼参与人的参加下，以审理、裁判、执行等方式解决民事纠纷的活动，以及由此产生的各种诉讼关系的总和。诉讼参与人，包括原告、被告、第三人、证人、鉴定人、勘验人等。

民事诉讼的基本特征，见表 12-2。

表 12-2　民事诉讼的基本特征

项　目	内　容
公权性	民事诉讼是由人民法院代表国家意志行使司法审判权，通过司法手段解决平等民事主体之间的纠纷。在法院主导下，诉讼参与人围绕民事纠纷的解决，进行能产生法律后果的活动。其既不同于群众自治组织性质的人民调解委员会以调解方式解决纠纷，也不同于由民间性质的仲裁委员会以仲裁方式解决纠纷。 民事诉讼主要是法院与纠纷当事人之间的关系，也涉及其他诉讼参与人，包括证人、鉴定人、翻译人员、专家辅助人员、协助执行人等；在诉讼和解时还表现为纠纷当事人之间的关系
程序性	民事诉讼是依照法定程序进行的诉讼活动，无论是法院还是当事人和其他诉讼参与人，均需要严格按照法律规定的程序和方式实施诉讼行为。违反诉讼程序通常会引起一定的法律后果或者达不到诉讼的目的，如法院的裁判被上级法院撤销，当事人失去为某种诉讼行为的权利等。 民事诉讼分为一审程序、二审程序和执行程序三大诉讼阶段

续表

项 目	内 容
强制性	强制性是公权力的重要属性。民事诉讼的强制性既表现在案件的受理上，也反映在裁判的执行上。调解、仲裁均是建立在当事人自愿的基础上，只要有一方当事人不愿意进行调解、仲裁，则调解和仲裁将不会发生。但民事诉讼则不同，只要原告的起诉符合法定条件，无论被告是否愿意，诉讼都会发生。此外，和解、调解协议的履行依靠当事人的自觉，不具有强制执行的效力，但法院的裁判具有强制执行的效力，一方当事人不履行生效判决或裁定，另一方当事人可申请法院强制执行

12.1.3 行政纠纷的法律解决途径

1. 行政复议

行政复议，是公民、法人或其他组织（作为行政相对人）认为行政机关的具体行政行为侵犯其合法权益，依法请求法定的行政复议机关审查该具体行政行为的合法性、适当性，该复议机关依照法定程序对该具体行政行为进行审查，并做出行政复议决定的法律制度。行政复议是公民、法人或其他组织通过行政救济途径解决行政争议的一种方法。

行政复议的基本特点是：

(1)提出行政复议的，必须是认为行政机关行使职权的行为侵犯其合法权益的公民、法人和其他组织；

(2)当事人提出行政复议，必须是在行政机关已经做出行政决定之后，如果行政机关尚未做出决定，则不存在复议问题，复议的任务是解决行政争议，而不是解决民事或其他争议；

(3)当事人对行政机关的行政决定不服，只能按照法律规定向有行政复议权的行政机关申请复议；

(4)行政复议以书面审查为主，以不调解为原则。

行政复议的结论做出后，即具有法律效力。只要法律未规定复议决定为终局裁决的，当事人对复议决定不服的，仍可以按《行政诉讼法》的规定，向人民法院提请诉讼。

2. 行政诉讼

行政诉讼，是公民、法人或其他组织依法请求法院对行政机关具体行政行为的合法性进行审查并依法裁判的法律制度。

行政诉讼的主要特征是：

(1)行政诉讼是法院解决行政机关实施具体行政行为时与公民、法人或其他组织发生的争议；

(2)行政诉讼为公民、法人或其他组织提供法律救济的同时，也具有监督行政机关依法行政的功能；

(3)行政诉讼的被告与原告是恒定的，即被告只能是行政机关，原告是作为行政行为相对人的公民、法人或其他组织，而不可能互易诉讼身份。

除法律、法规规定必须申请行政复议的以外，行政纠纷当事人可自主选择申请行政复议或提起行政诉讼。行政纠纷当事人对行政复议决定不服的，除法律规定行政复议决定为最终裁决的以外，可以依照《行政诉讼法》的规定向人民法院提起行政诉讼。

12.2 民事诉讼制度

12.2.1 民事诉讼的法院管辖

1. 级别管辖

级别管辖，是指按照一定的标准，划分上下级法院之间受理第一审民事案件的分工和权限。我国法院有四级，分别是：基层人民法院、中级人民法院、高级人民法院和最高人民法院，每一级均受理一审民事案件。

我国《民事诉讼法》主要依据案件的性质、复杂程度和案件影响确定级别管辖。在实践过程中，争议标的金额的大小，通常是确定级别管辖的重要依据，各地人民法院确定的级别管辖争议标的数额标准也不尽相同。

根据《全国各省、自治区、直辖市高级人民法院和中级人民法院管辖第一审民商事案件标准》的规定，高级人民法院管辖下列第一审民商事案件：

(1)广东高级人民法院，可管辖诉讼标的额在 3 亿元以上的第一审民商事案件，以及诉讼标的额在 2 亿元以上且当事人一方住所地不在本辖区或者涉外、涉港澳台的第一审民商事案件。

(2)北京、上海、江苏、浙江高级人民法院，可管辖诉讼标的额在 2 亿元以上的第一审民商事案件，以及诉讼标的额在 1 亿元以上且当事人一方住所地不在本辖区或者涉外、涉港澳台的第一审民商事案件。

(3)天津、重庆、山东、福建、湖北、湖南、河南、辽宁、吉林、黑龙江、广西、安徽、江西、四川、陕西、河北、山西、海南、云南高级人民法院，可管辖诉讼标的额在 1 亿元以上的第一审民商事案件，以及诉讼标的额在 5000 万元以上且当事人一方住所地不在本辖区或者涉外、涉港澳台的第一审民商事案件。

(4)甘肃、贵州、新疆、内蒙古高级人民法院和新疆生产建设兵团分院，可管辖诉讼标的额在 5000 万元以上的第一审民商事案件，以及诉讼标的额在 2000 万元以上且当事人一方住所地不在本辖区或者涉外、涉港澳台的第一审民商事案件。

(5)青海、宁夏高级人民法院可管辖诉讼标的额在 2000 万元以上的第一审民商事案件，以及诉讼标的额在 1000 万元以上且当事人一方住所地不在本辖区或者涉外、涉港澳台的第一审民商事案件。

(6)西藏高级人民法院可管辖诉讼标的额在 2000 万元以上的第一审民商事案件，以及诉讼标的额在 500 万元以上且当事人一方住所地不在本辖区或者涉外、涉港澳台的第一审民商事案件。

(7)中级人民法院管辖的第一审民商事案件由高级人民法院自行确定，并经最高人民法院批准。

2. 地域管辖

地域管辖，是指按照各法院的辖区和民事案件的隶属关系，划分同级法院受理第一审民事案件的分工和权限。

地域管辖是以法院与当事人、诉讼标的以及法律事实之间的隶属关系和关联关系确定的。地域管辖的类型，见表 12-3。

表 12-3 地域管辖的类型

项 目	内 容
一般地域管辖	一般地域管辖，是以当事人与法院的隶属关系确定诉讼管辖的，实行“原告就被告”原则，即以被告住所地作为确定管辖的标准。根据《民事诉讼法》第 22 条规定： (1)对公民提起的民事诉讼，由被告住所地人民法院管辖；被告住所地与经常居住地不一致的，由经常居住地人民法院管辖。其中，公民的住所地是指该公民的户籍所在地。经常居住地是指公民离开住所至起诉时已连续居住满 1 年的地方，但公民住院就医的地方除外。 (2)对法人或者其他组织提起的民事诉讼，由被告住所地人民法院管辖。被告住所地是指法人或者其他组织的主要办事机构所在地或者主要营业地
特殊地域管辖	特殊地域管辖，是指以被告住所地、诉讼标的所在地、法律事实所在地为标准确定的管辖。《民事诉讼法》规定了 9 种特殊地域管辖的诉讼，其中与工程建设领域关系最为密切的是因合同纠纷提起的诉讼。 《民事诉讼法》规定，因合同纠纷提起的诉讼。由被告住所地或者合同履行地人民法院管辖。合同履行地是指合同约定的履行义务的地点，主要是指合同标的的交付地点。合同履行地应在合同中明确约定；没有约定或约定不明的，当事人既不能协商确定，又不能按照合同有关条款和交易习惯确定的，按照《合同法》的有关规定确定。 对于购销合同纠纷，《最高人民法院关于在确定经济纠纷案件管辖中如何确定购销合同履行地的规定》中规定，对当事人在合同中明确约定履行地点的，以约定的履行地点为合同履行地。当事人在合同中未明确约定履行地点的，以约定的交货地点为合同履行地。合同中约定的货物到达地、到站地、验收地、安装调试地等，均不应视为合同履行地
特殊地域管辖	对于建设工程施工合同纠纷，《最高人民法院关于审理建设工程施工合同纠纷案件适用法律问题的解释》中规定，建设工程施工合同纠纷以施工行为地为合同履行地。 发生合同纠纷的，《民事诉讼法》规定了协议管辖制度。协议管辖是指合同当事人在纠纷发生前后，在法律允许的范围内，以书面形式约定案件的管辖法院。协议管辖权适用于合同纠纷。 《民事诉讼法》规定，合同的当事人可以在书面合同中协议选择被告住所地、合同履行地、合同签订地、原告住所地、标的物所在地人民法院管辖，但不得违反本法对级别管辖和专属管辖的规定
专属管辖	专属管辖，是指法律规定某些特殊类型的案件专门由特定的法院管辖。专属管辖是排他性管辖，排除了诉讼当事人协议选择管辖法院的权利。专属管辖与一般地域管辖和特殊地域管辖的关系是：凡法律规定为专属管辖的诉讼，均适用专属管辖。 《民事诉讼法》中规定了 3 种适用专属管辖的案件，其中因不动产纠纷提起的诉讼，由不动产所在地人民法院管辖，如房屋买卖纠纷、土地使用权转让纠纷等

续表

项　目	内　容
专属管辖	值得注意的是，根据《最高人民法院关于审理建设工程施工合同纠纷案件适用法律问题的解释》的规定，建设工程施工合同纠纷不适用专属管辖，而应按照《民事诉讼法》的有关规定，适用合同纠纷的地域管辖原则，即由被告住所地或合同履行地人民法院管辖。发包人和承包人也可根据《民事诉讼法》的规定，在发包人住所地、承包人住所地、合同签订地、施工行为地（工程所在地）的范围内，通过协议确定管辖法院

3. 移送管辖和指定管辖

(1)移送管辖。人民法院发现受理的案件不属于本院管辖的，应移送有管辖权的人民法院，受移送的人民法院应受理。受移送的人民法院认为受移送的案件依照规定不属于本院管辖的，应报请上级人民法院指定管辖，不得再自行移送。

(2)指定管辖。有管辖权的人民法院由于特殊原因，不能行使管辖权的，由上级人民法院指定管辖。人民法院之间因管辖权发生争议的，由争议双方协商解决；协商解决不了的，报请其共同上级人民法院指定管辖。

4. 管辖权异议

管辖权异议，是指当事人向受诉法院提出的该法院对案件无管辖权的主张。

《民事诉讼法》规定，人民法院受理案件后，当事人对管辖权有异议的，应在提交答辩状期间提出。人民法院对当事人提出的异议，应审查。异议成立的，裁定将案件移交有管辖权的人民法院；异议不成立的，裁定驳回。

根据《最高人民法院关于审理民事级别管辖异议案件若干问题的规定》，受诉人民法院应在受理异议之日起 15 日内做出裁定；对人民法院就级别管辖异议做出的裁定，当事人不服提起上诉的，第二审人民法院应依法审理并做出裁定。

12.2.2 民事诉讼当事人和代理人的规定

1. 当事人

(1)原告和被告。原告是指维护自己的权益或自己所管理的他人权益，以自己的名义起诉，从而引起民事诉讼程序的当事人。被告是指原告诉称侵犯原告民事权益而由法院通知其应诉的当事人。

《民事诉讼法》规定，公民、法人和其他组织可以作为民事诉讼的当事人。法人由其法定代表人进行诉讼。其他组织由其主要负责人进行诉讼。

公民、法人和其他组织虽都可以成为民事诉讼中的原告或被告，但在实践过程中，情况比较复杂的，需结合《最高人民法院关于适用〈中华人民共和国民事诉讼法〉若干问题的意见》及相关规定进行正确的认定。

(2)共同诉讼人。共同诉讼人是指当事人一方或双方为二人以上（含二人），诉讼标的是共同的，或者诉讼标的是同一种类、人民法院认为可以合并审理并经当事人同意，一同在人民法院进行诉讼的人。

(3)第三人。第三人是指对他人争议的诉讼标的有独立的请求权，或者虽无独立的请求权，但案件的处理结果与其有法律上的利害关系，而参加到原告、被告已经开始的诉讼中进行诉讼的人。

2. 诉讼代理人

诉讼代理人，是指根据法律规定或当事人的委托，代理当事人进行民事诉讼活动的人。与代理分为法定代理、委托代理和指定代理一样，诉讼代理人也可分为法定诉讼代理人、委托诉讼代理人和指定诉讼代理人。在土木工程领域，最常见的是委托诉讼代理人。

《民事诉讼法》规定，当事人、法定代理人可以委托 1～2 人作为诉讼代理人。律师、当事人的近亲属、有关的社会团体或者所在单位推荐的人、经人民法院许可的其他公民，均可以被委托为诉讼代理人。

委托他人代为诉讼的，须向人民法院提交由委托人签名或盖章的授权委托书，授权委托书必须记明委托事项和权限。

《民事诉讼法》规定，诉讼代理人代为承认、放弃、变更诉讼请求，进行和解、提起反诉或者上诉，必须有委托人的特别授权。

针对实践中经常出现的授权委托书仅写"全权代理"而无其他具体授权的情形，最高人民法院特别规定，在此种情况下不能认定为诉讼代理人已获得特别授权，即诉讼代理人无权代为承认、放弃、变更诉讼请求，进行和解、提起反诉或者上诉。

12.2.3 民事诉讼证据的种类、保全和应用

1. 证据的种类

证据的种类，见表 12-4。

表 12-4 证据的种类

种 类	内 容
书证和物证	(1)书证，是指以所载文字、符号、图案等方式所表达的思想内容证明案件事实的书面材料或者其他物品。书证在民事诉讼和仲裁中普遍存在，并大量运用，具有重要的作用。书证一般表现为各种书面形式文件或纸面文字材料(非纸类材料亦可成为书证载体)，如合同文件、各种信函、会议纪要、电报、传真、电子邮件、图纸、图表等。 (2)物证，是指能够证明案件事实的物品及其痕迹，凡是以其存在的外形、重量、规格、损坏程度等物体的内部或者外部特征证明待证事实的一部分或者全部的物品及痕迹，均属于物证范畴。如在工程实践中，在对建筑材料、设备以及工程质量进行鉴定的过程中所涉及的各种证据
视听资料	(1)视听资料，是指利用录音、录像等技术手段反映的声音、图像以及电子计算机储存的数据证明案件事实的证据。在实践过程中，常见的视听资料包括录像带、录音带、胶卷、电话录音、雷达扫描资料以及储存于软盘、硬盘或光盘中的电脑数据等。 (2)视听资料虽具有易于保存、生动逼真等优点，但视听资料存在容易通过技术手段被篡改的缺点。因此，《最高人民法院关于民事诉讼证据的若干规定》中规定，存有疑点的视听资料，不能单独作为认定案件事实的依据

续表

<table>
<tr><th colspan="2">种 类</th><th>内 容</th></tr>
<tr><td rowspan="2">证人证言和当事人陈述</td><td>证人证言</td><td>证人，是指了解案件情况并向法院、仲裁机构或当事人提供证词的人。证人对案件情况所做的陈述即为证人证言。
《民事诉讼法》规定，凡知道案件情况的单位和个人，都有义务出庭作证。有关单位的负责人应支持证人作证。证人确有困难不能出庭的，经人民法院许可，可以提交书面证言。不能正确表达意志的人，不能作证。
《最高人民法院关于民事诉讼证据的若干规定》规定，与一方当事人或者其代理人有利害关系的证人出具的证言，以及无正当理由未出庭作证的证人证言，不能单独作为认定案件事实的依据</td></tr>
<tr><td>当事人陈述</td><td>当事人陈述，是指当事人在诉讼或仲裁中，对本案的事实向法院或仲裁机构所做的陈述。
《民事诉讼法》规定，人民法院对当事人的陈述，应当结合本案的其他证据，审查确定能否作为认定事实的根据。
《最高人民法院关于民事诉讼证据的若干规定》规定，当事人对自己的主张，只有本人陈述而不能提出其他相关证据的.其主张不予支持，但对方当事人认可的除外</td></tr>
<tr><td rowspan="2">鉴定结论和勘验笔录</td><td>鉴定结论</td><td>在对土木工程领域，如工程质量、造价等方面的纠纷进行处理的过程中，针对有关的专业问题，由法院或仲裁机构委托具有相应资格的专业鉴定机构进行鉴定，并出具相应的鉴定结论，是法院或仲裁机构据以查明案件事实、进行裁判的重要手段之一。因此，鉴定结论作为民事证据的一种，在土木工程纠纷的处理过程中，具有特殊的重要性。
当事人申请鉴定，应在举证期限内提出。根据《最高人民法院关于民事诉讼证据的若干规定》，对需要鉴定的事项负有举证责任的当事人，在人民法院指定的期限内无正当理由不提出鉴定申请，应对该事实承担举证不能的法律后果。当事人申请鉴定经人民法院同意后，由双方当事人协商确定有鉴定资格的鉴定机构、鉴定人员，协商不成的，由人民法院指定。
当事人对人民法院委托的鉴定部门做出的鉴定结论有异议申请重新鉴定，提出证据证明存在下列情形之一的，人民法院应予准许：
(1)鉴定机构或者鉴定人员不具备相关的鉴定资格的；
(2)鉴定程序严重违法的；
(3)鉴定结论明显依据不足的；
(4)经过质证认定不能作为证据使用的其他情形。
对于有缺陷的鉴定结论，可以通过补充鉴定、重新质证或者补充质证等方法解决的，不予重新鉴定。一方当事人自行委托有关部门做出的鉴定结论，另一方当事人有证据足以反驳并申请重新鉴定的，人民法院应予准许</td></tr>
<tr><td>勘验笔录</td><td>勘验笔录，是指人民法院为查明案件的事实，指派勘验人员对与案件争议有关的现场、物品或物体进行查验、拍照、测量，并将查验的情况与结果制成的笔录</td></tr>
</table>

续表

种类		内容
鉴定结论和勘验笔录	勘验笔录	《民事诉讼法》规定，勘验物证或者现场，勘验人必须出示人民法院的证件，并邀请当地基层组织或者当事人所在单位派人参加。当事人或者当事人的成年家属应到场；拒不到场的，不影响勘验的进行。 勘验笔录应由勘验人、当事人和被邀参加人签名或者盖章

2. 证据的保全

(1)证据保全的概念和作用。证据保全，是指在证据可能灭失或以后难以取得的情况下，法院根据申请人的申请或依职权，对证据加以固定和保护的制度。

民事诉讼或仲裁均是以证据为基础展开的。依据有关证据，当事人和法院、仲裁机构才能够了解或查明案件真相，确定争议的原因，从而正确的处理纠纷。但从纠纷的产生至案件开庭审理必然会有一个时间间隔。在这段时间内，有些证据由于自然原因或人为原因，可能会灭失或难以取得。为防止这种情况可能给当事人的举证以及法院、仲裁机构的审理带来困难，因此《民事诉讼法》规定，在证据可能灭失或者以后难以取得的情况下，诉讼参加人可以向人民法院申请保全证据，人民法院也可以主动采取保全措施。

(2)证据保全的申请。《最高人民法院关于民事诉讼证据的若干规定》中规定，当事人依据《民事诉讼法》的规定向人民法院申请保全证据的，不得迟于举证期限届满前 7 日。当事人申请保全证据的，人民法院可以要求其提供相应的担保。

《仲裁法》规定，在证据可能灭失或者以后难以取得的情况下，当事人可以申请证据保全。当事人申请证据保全的，仲裁委员会应当将当事人的申请提交证据所在地的基层人民法院。

(3)证据保全的实施。《最高人民法院关于民事诉讼证据的若干规定》中规定，人民法院进行证据保全，可以根据具体情况，采用查封、扣押、拍照、录音、录像、复制、鉴定、勘验、制作笔录等方法。人民法院进行证据保全，可以要求当事人或者诉讼代理人到场。

3. 证据的应用

(1)举证时限。举证时限，是指法律规定或法院、仲裁机构指定的当事人能够有效举证的期限。举证时限是一种限制当事人诉讼行为的制度，其主要目的是在于促使当事人积极举证，提高诉讼效率，防止当事人违背诚实信用原则，在证据上进行“突然袭击”或拖延诉讼。

举证时限制度对当事人举证的有效性和法院裁判有很大影响。如果当事人没有在法律规定或法院、仲裁机构指定的期限内提交证据，将视为当事人放弃举证权利，法院、仲裁机构有权不组织质证或不予接受，当事人将承担举证不能的法律后果。

《最高人民法院关于民事诉讼证据的若干规定》中规定，人民法院在送达案件受理通知书和应诉通知书的同时向当事人送达举证通知书，举证通知书应载明人民法院根据案件情况指定的举证期限以及逾期提供证据的法律后果。

《最高人民法院关于适用〈关于民事诉讼证据的若干规定〉中有关举证时限规定的通知》中规定，在适用一审普通程序审理民事案件时，人民法院指定当事人提供证据证明其主张的基础事实的期限，该期限不得少于 30 日。但是人民法院在征得双方当事人同意后，指定的举证期限可以少于 30 日。前述规定的举证期限届满后，针对某一特定事实或特定证据或者基于特定原因，人民法院可以根据案件的具体情况，酌情指定当事人提供证据或者反证的期限，该期限不受不得少于 30 日的限制；适用简易程序审理的案件，人民法院指定的举证期限可以少于 30 日。

当事人应在举证期限内向法院提交证据材料，当事人在举证期限内不提交的，视为放弃举证权利。对当事人逾期提交的证据材料，法院审理时不组织质证，但对方当事人同意质证的除外。当事人增加、变更诉讼请求或者提起反诉的，也应在举证期限届满前提出。当事人在举证期限内提交证据材料确有困难的，应在举证期限内申请延期举证，经法院批准后，可适当延长举证期限。

(2)证据交换。民事诉讼中的证据交换，是指在诉讼答辩期届满后开庭审理前，在法院的主持下，当事人之间相互明示其持有证据的过程。证据交换制度的设立，有利于当事人之间明确争议焦点，集中辩论；有利于法院尽快了解案件争议焦点，集中审理；有利于当事人尽快了解对方的事实依据，促进当事人进行和解和调解。

《最高人民法院关于民事诉讼证据的若干规定》中规定，法院对于证据较多或者复杂疑难的案件，应当组织当事人在答辩期届满后、开庭审理前交换证据。法院组织当事人交换证据的，交换证据之日举证期限届满。当事人申请延期举证经法院准许的，证据交换日相应顺延。

证据交换应在审判人员的主持下进行。在证据交换的过程中，审判人员应将当事人无异议的事实、证据记录在卷；对有异议的证据，按照需要证明的事实分类记录在卷，并记载异议的理由。通过证据交换，确定双方当事人争议的主要问题。

(3)质证。质证，是指当事人在法庭的主持下，围绕证据的真实性、合法性、关联性，针对证据证明力的有无以及证明力的大小，进行质疑、说明与辩驳的过程。

《最高人民法院关于民事诉讼证据的若干规定》中规定，证据应当在法庭上出示，由当事人质证。未经质证的证据，不能作为认定案件事实的依据。

①书证、物证、视听资料的质证。《最高人民法院关于民事诉讼证据的若干规定》中规定，对书证、物证、视听资料进行质证时，当事人有权要求出示证据的原件或者原物，但有下列情况之一的除外：

a. 出示原件或者原物确有困难并经法院准许出示复制件或者复制品的；

b. 原件或者原物已不存在，但有证据证明复制件、复制品与原件或原物一致的。

②证人、鉴定人和勘验人的质证。《最高人民法院关于民事诉讼证据的若干规定》中规定，证人应当出庭作证。证人确有困难不能出庭的，经法院许可，证人可以提交书面证言或者视听资料或者通过双向视听传输技术手段作证。审判人员和当事人可以对证人进行询问。证人不得旁听法庭审理；询问证人时，其他证人不得在场。法院认为有必要的，可以让证人进行对质。

鉴定人应出庭接受当事人质询。鉴定人确因特殊原因无法出庭的，经法院准许，可以书面答复当事人的质询。经法庭许可，当事人可以向证人、鉴定人、勘验人发问。

(4)认证。认证，即证据的审核认定，是指法院对经过质证或当事人在证据交换中认可的各种证据材料做出审查判断，确认其能否作为认定案件事实的根据。认证是正确认定案件事实的前提和基础，其具体内容是对证据有无证明力和证明力大小进行审查确认。法院及审判人员对证据的审核认定遵循的规则，见表 12-5。

表 12-5 法院及审判人员对证据的审核认定遵循的规则

规 则	内 容
对单一证据的审核认定	(1)证据原件、原物,复印件、复制品与原件、原物是否相符。 (2)证据与本案事实是否相关。 (3)证据的形式、来源是否符合法律规定。 (4)证据的内容是否真实。 (5)证人或者提供证据的人,与当事人有无利害关系
不能作为或不能单独作为认定案件事实依据的证据	(1)在诉讼中,当事人为达成调解协议或者和解目的做出妥协所涉及的对案件事实的认可,不得在其后的诉讼中作为对其不利的证据。 (2)以侵害他人合法权益或者违反法律禁止性规定的方法取得的证据,不能作为认定案件事实的依据。 (3)不能单独作为认定案件事实的证据: ①未成年人所做的与其年龄和智力状况不相当的证言; ②与一方当事人或者其代理人有利害关系的证人出具的证言; ③存有疑点的视听资料; ④无法与原件、原物核对的复印件、复制品; ⑤无正当理由未出庭作证的证人证言。 (4)当事人对自己的主张,只有本人陈述而不能提出其他相关证据的,其主张不予支持,但对方当事人认可的除外
可以作为认定案件事实依据的证据	(1)一方当事人提出的下列证据,对方当事人提出异议但没有足以反驳的相反证据的,法院应确认其证明力: ①书证原件或者与书证原件核对无误的复印件、照片、副本、节录本; ②物证原物或者与物证原物核对无误的复制件、照片、录像资料等; ③有其他证据佐证并以合法手段取得的,无疑点的视听资料或者与视听资料核对无误的复制件; ④一方当事人申请法院依照法定程序制作的对物证或者现场的勘验笔录。 (2)法院委托鉴定部门做出的鉴定结论,当事人没有足以反驳的相反证据和理由的,可以认定其证明力。 (3)一方当事人提出的证据,另一方当事人认可或者提出的相反证据不足以反驳的,法院可以确认其证明力。 (4)诉讼过程中,当事人在起诉状、答辩状、陈述及其委托代理人的代理词中承认的对己方不利的事实和认可的证据,法院应予以确认,但当事人反悔并有相反证据足以推翻的除外。 (5)有证据证明一方当事人持有证据无正当理由拒不提供,如果对方当事人主张该证据的内容不利于证据持有人,可以推定该主张成立
数个证据对同一事实的证明力	(1)国家机关、社会团体依职权制作的公文书证的证明力一般大于其他书证。 (2)物证、档案、鉴定结论、勘验笔录或者经过公证、登记的书证,其证明力一般大于其他书证、视听资料和证人证言。 (3)证人提供的对与其亲属或者其他密切关系的当事人有利的证言,其证明力一般小于其他证人证言

12.2.4 民事诉讼时效的规定

1. 诉讼时效的概念

诉讼时效，是指权利人在法定的时效期间内，未向法院提起诉讼请求保护其权利时，依据法律规定消灭其胜诉权的制度。超过诉讼时效期间，在法律上发生的效力是权利人的胜诉权消灭。超过诉讼时效期间权利人起诉，如果符合《民事诉讼法》规定的起诉条件的，法院仍应当受理。如果法院经受理后查明无中止、中断、延长事由的，判决驳回诉讼请求。

依照《最高人民法院关于审理民事案件适用诉讼时效制度若干问题的规定》，当事人未提出诉讼时效抗辩的，法院不应对诉讼时效问题进行释明及主动适用诉讼时效的规定进行裁判。当事人违反法律规定，约定延长或者缩短诉讼时效期间、预先放弃诉讼时效利益的，法院不予认可。

应注意的是，根据《民法通则》的规定，超过诉讼时效期间，当事人自愿履行的，不受诉讼时效限制。

《最高人民法院关于贯彻执行〈中华人民共和国民法通则〉若干问题的意见（试行）》中规定，超过诉讼时效期间，义务人履行义务后又以超过诉讼时效为由反悔的，不予支持。

2. 不适用诉讼时效的情形

当事人可以对债权请求权提出诉讼时效抗辩，但对下列债权请求权提出诉讼时效抗辩的，法院不予支持：

(1)支付存款本金及利息请求权；

(2)兑付国债、金融债券以及向不特定对象发行的企业债券本息请求权；

(3)基于投资关系产生的缴付出资请求权；

(4)其他依法不适用诉讼时效规定的债权请求权。

3. 诉讼时效期间的种类

根据《民法通则》及有关法律的规定，诉讼时效期间通常可划分为四类。

(1)普通诉讼时效，即向人民法院请求保护民事权利的期间。普通诉讼时效期间通常为2年。

(2)短期诉讼时效。下列诉讼时效期间为1年：

①身体受到伤害要求赔偿的；

②延付或拒付租金的；

③出售质量不合格的商品未声明的；

④寄存财物被丢失或损毁的；

(3)特殊诉讼时效。特殊诉讼时效不是由民法规定的，而是由特别法规定的诉讼时效。

(4)权利的最长保护期限。诉讼时效期间从知道或应当知道权利被侵害时起计算。但从权利被侵害之日起超过20年的，法院不予保护。

4. 诉讼时效期间的起算

《民法通则》规定，诉讼时效期间从知道或者应当知道权利被侵害时起计算。

《最高人民法院关于贯彻执行〈中华人民共和国民法通则〉若干问题的意见（试行）》和

《最高人民法院关于审理民事案件适用诉讼时效制度若干问题的规定》中规定，在下列情况下，诉讼时效期间的计算方法是：

(1)人身损害赔偿的诉讼时效期间，伤害明显的，从受伤害之日起算；伤害当时未曾发现，后经检查确诊并能证明是由侵害引起的，从伤势确诊之日起算。

(2)当事人约定同一债务分期履行的，诉讼时效期间从最后一期履行期限届满之日起计算。

(3)未约定履行期限的合同，依照《合同法》第 61 条、第 62 条的规定，可以确定履行期限的，诉讼时效期间从履行期限届满之日起计算；不能确定履行期限的，诉讼时效期间从债权人要求债务人履行义务的宽限期届满之日起计算，但债务人在债权人第一次向其主张权利之时明确表示不履行义务的，诉讼时效期间从债务人明确表示不履行义务之日起计算。

(4)享有撤销权的当事人一方请求撤销合同的，应适用《合同法》第 55 条关于 1 年除斥期间的规定。

对方当事人对撤销合同请求权提出诉讼时效抗辩的，法院不予支持。合同被撤销，返还财产、赔偿损失请求权的，诉讼时效期间从合同被撤销之日起计算。

(5)返还不当得利请求权的诉讼时效期间，从当事人一方知道或者应当知道不当得利事实及对方当事人之日起计算。

(6)管理人因无因管理行为产生的给付必要管理费用、赔偿损失请求权的诉讼时效期间，从无因管理行为结束并且管理人知道或者应当知道本人之日起计算。

本人因不当无因管理行为产生的赔偿损失请求权的诉讼时效期间，从其知道或者应当知道管理人及损害事实之日起计算。

5. 诉讼时效中止和中断

(1)诉讼时效中止。《民法通则》规定，在诉讼时效期间的最后 6 个月内，因不可抗力或者其他障碍不能行使请求权的，诉讼时效中止。从中止时效的原因消除之日起，诉讼时效期间继续计算。

诉讼时效中止，应同时满足以下两个条件：

①权利人由于不可抗力或者其他障碍，不能行使请求权；

②导致权利人不能行使请求权的事由发生在诉讼时效期间的最后 6 个月内。

诉讼时效中止，即诉讼时效期间暂时停止计算。在导致诉讼时效中止的原因消除后，也就是权利人开始可以行使请求权时起，诉讼时效期间继续计算。

(2)诉讼时效中断。《民法通则》规定，诉讼时效因提起诉讼、当事人一方提出要求或者同意履行义务而中断。从中断时起，诉讼时效期间重新计算。

《最高人民法院关于审理民事案件适用诉讼时效制度若干问题的规定》中规定，诉讼时效中断的特殊情形：

①具有下列情形之一的，应当认定为《民法通则》第 140 条规定的“当事人一方提出要求”，产生诉讼时效中断的效力：

a. 当事人一方直接向对方当事人送交主张权利文书，对方当事人在文书上签字、盖章或者虽未签字、盖章但能够以其他方式证明该文书到达对方当事人的

b. 当事人一方以发送信件或者数据电文方式主张权利，信件或者数据电文到达或者

应当到达对方当事人的；

c. 当事人一方为金融机构，依照法律规定或者当事人约定从对方当事人账户中扣收欠款本息的；

d. 当事人一方下落不明，对方当事人在国家级或者下落不明的当事人一方住所地的省级有影响的媒体上刊登具有主张权利内容的公告的，但法律和司法解释另有特别规定的，适用其规定。

②权利人对同一债权中的部分债权主张权利，诉讼时效中断的效力及于剩余债权，但权利人明确表示放弃剩余债权的情形除外。

③当事人一方向法院提交起诉状或者口头起诉的，诉讼时效从提交起诉状或者口头起诉之日起中断。

④具有下列事项之一的，法院应当认定与提起诉讼具有同等诉讼时效中断的效力：

a. 申请仲裁；

b. 申请支付令；

c. 申请破产、申报破产债权；

d. 为主张权利而申请宣告义务人失踪或死亡；

e. 申请诉前财产保全、诉前临时禁令等诉前措施；

f. 申请强制执行；

g. 申请追加当事人或者被通知参加诉讼；

h. 在诉讼中主张抵消；

i. 其他与提起诉讼具有同等诉讼时效中断效力的事项。

⑤权利人向人民调解委员会以及其他依法有权解决相关民事纠纷的国家机关、事业单位、社会团体等社会组织提出保护相应民事权利的请求，诉讼时效从提出请求之日起中断。

⑥权利人向公安机关、人民检察院、人民法院报案或者控告、请求保护其民事权利的，诉讼时效从其报案或者控告之日起中断。上述机关决定不立案、撤销案件、不起诉的，诉讼时效期间从权利人知道或者应当知道不立案、撤销案件或者不起诉之日起重新计算；刑事案件进入审理阶段，诉讼时效期间从刑事裁判文书生效之日起重新计算。

⑦义务人做出分期履行、部分履行、提供担保、请求延期履行、制定清偿债务计划等承诺或者行为的，应认定为《民法通则》第 140 条规定的“当事人一方同意履行义务。”

⑧对连带债权人中的一人发生诉讼时效中断效力的事由，应当认定对其他连带债权人也发生诉讼时效中断的效力。

⑨债权人提起代位权诉讼的，应当认定对债权人的债权和债务人的债权均发生诉讼时效中断的效力。

⑩债权转让的，应当认定诉讼时效从债权转让通知到达债务人之日起中断。债务承担情形下，构成原债务人对债务承认的，应当认定诉讼时效从债务承担意思表示到达债权人之日起中断。

此外，《最高人民法院关于贯彻执行〈中华人民共和国民法通则〉若干问题的意见（试行）》规定，诉讼时效因权利人主张权利或者义务人同意履行义务而中断后，权利人在新的诉讼时效期间内，再次主张权利或者义务人再次同意履行义务的，可以认定为诉讼时效再次中断。权利人向债务保证人、债务人的代理人或者财产代管人主张权利的，可以认定诉讼时效中断。

12.2.5 民事诉讼的审判程序

1. 一审程序

一审程序包括普通程序和简易程序。

普通程序是《民事诉讼法》规定的民事诉讼当事人进行第一审民事诉讼和人民法院审理第一审民事案件所通常适用的诉讼程序。

适用普通程序审理的案件，根据《民事诉讼法》的规定，应当在立案之日起 6 个月内审结。有特殊情况需要延长的，由本院院长批准，可以延长 6 个月；还需要延长的，报请上级法院批准。

(1)起诉。《民事诉讼法》规定，起诉必须符合下列条件：

①原告是与本案有直接利害关系的公民、法人和其他组织；

②有明确的被告；

③有具体的诉讼请求、事实和理由；

④属于人民法院受理民事诉讼的范围和受诉人民法院管辖。

起诉方式，应以书面起诉为原则，口头起诉为例外。在工程实践中，基本都是采用书面起诉方式。

《民事诉讼法》规定，起诉应当向人民法院提交起诉状，并按照被告人数提出副本。起诉状应记明下列事项：

①当事人的姓名、性别、年龄、民族、职业、工作单位和住所，法人或者其他组织的名称、住所和法定代表人或者主要负责人的姓名、职务；

②诉讼请求和所根据的事实和理由；

③证据和证据来源，证人姓名和住所。

起诉状中应写明案由。民事案件案由是民事诉讼案件的名称，反映案件所涉及的民事法律关系的性质，是法院将诉讼争议所包含的法律关系进行的概括。

根据最高人民法院《民事案件案由规定》，工程实践中常用的有两类：

a. 购买建筑材料可能遇到的买卖合同纠纷，包括分期付款买卖合同纠纷、凭样品买卖合同纠纷、试用买卖合同纠纷、互易纠纷、国际货物买卖合同纠纷等。

b. 工程中可能遇到的各种合同纠纷，包括土木工程勘察合同纠纷、土木工程设计合同纠纷、土木工程施工合同纠纷、土木工程分包合同纠纷、土木工程监理合同纠纷、装饰装修合同纠纷。

(2)受理。《民事诉讼法》规定，法院收到起诉状，经审查，认为符合起诉条件的，应当在 7 日内立案并通知当事人。认为不符合起诉条件的，应当在 7 日内裁定不予受理。原告对裁定不服的，可以提起上诉。审理前的主要准备工作包括下列内容。

①送达起诉状副本和提出答辩状。诉讼文书送达方式有 6 种：

a. 直接送达，是最常用的一种送达方式。

b. 留置送达，是指在向受送达人或有资格接受送达的人送交需送达的法律文书时，受送达人或有资格接受送达的人拒绝签收，送达人将诉讼文书依法留放在受送达人住所的送达方式。

c. 委托送达，是指受诉法院直接送达确有困难，委托其他法院将需要送达的法律文书送交受送达人的送达方式。

d. 邮寄送达，根据《最高人民法院关于以法院专递方式邮寄送达民事诉讼文书的若干规定》，签收人是受送达人本人或者是受送达人的法定代表人、主要负责人、法定代理人、诉讼代理人的，签收人应当场核对邮件内容，签收人发现邮件内容与回执上的文书名称不一致的，应当场向邮政机构的投递员提出，由投递员在回执上记明情况后将邮件退回人民法院；签收人是受送达人办公室、收发室和值班室的工作人员或者是与受送达人同住成年家属，受送达人发现邮件内容与回执上的文书名称不一致的，应在收到邮件后的 3 日内将该邮件退回人民法院，并以书面方式说明退回的理由。

e. 转交送达，适用转交送达的受送达人是军人、被监禁人员、被劳动教养人员，由该受送达人所在单位转交送达。

f. 公告送达，根据《最高人民法院关于依据原告起诉时提供的被告住址无法送达应如何处理问题的批复》，法院依据原告起诉时所提供的被告住址无法直接送达或者留置送达的，应要求原告补充材料。原告因客观原因不能补充或者依据原告补充的材料仍不能确定被告住址的，法院应依法向被告公告送达诉讼文书。

《民事诉讼法》规定，人民法院应当在立案之日起 5 日内将起诉状副本发送被告，被告在收到之日起 15 日内提出答辩状。被告提出答辩状的，人民法院应当在收到之日起 5 日内将答辩状副本发送原告。被告不提出答辩状的，不影响人民法院审理。

②告知当事人诉讼权利义务及组成合议庭。人民法院对决定受理的案件，应在受理案件通知书和应诉通知书中向当事人告知有关的权利和义务，或者口头告知。普通程序的审判组织应采用合议制。合议庭组成人员确定后，应在 3 日内告知当事人。

(3)开庭审理。

①法庭调查。法庭调查，是在法庭上出示与案件有关的全部证据，对案件事实进行全面调查并有当事人进行质证的程序。法庭调查应按照下列程序进行：

a. 当事人陈述；

b. 告知证人的权利义务，证人作证，宣读未到庭的证人证言；

c. 出示书证、物证和视听资料；

d. 宣读鉴定结论；

e. 宣读勘验笔录。

②法庭辩论。法庭辩论，是当事人及其诉讼代理人在法庭上行使辩论权，针对有争议的事实和法律问题进行辩论的程序。法庭辩论的目的，是通过当事人及其诉讼代理人的辩论，对有争议的问题逐一进行审查和核实，借此查明案件的真实情况和正确适用法律。

③法庭笔录。书记员应将法庭审理的全部活动记入笔录，由审判人员和书记员签名。法庭笔录应当庭宣读，也可以告知当事人和其他诉讼参与人当庭或者在 5 日内阅读。当事人和其他诉讼参与人认为对自己的陈述记录有遗漏或者差错的，有权申请补正。如果不予补正，应将申请记录在案。法庭笔录由当事人和其他诉讼参与人签名或者盖章。

④宣判。法庭辩论终结，应依法做出判决。根据《民事诉讼法》的规定，判决前能够调解的，还可以进行调解。调解书经双方当事人签收后，即具有法律效力。调解不成的，如调解未达成协议或者调解书送达前一方反悔的，法院应及时判决。

原告经传票传唤，无正当理由拒不到庭的，或者未经法庭许可中途退庭的，可以按撤诉处理；被告反诉的，可以缺席判决。被告经传票传唤，无正当理由拒不到庭的，或者未经法庭许可中途退庭的，可以缺席判决。

法院一律公开宣告判决，同时必须告知当事人上诉权利、上诉期限和上诉的法院。最高人民法院的判决、裁定，以及超过上诉期没有上诉的判决、裁定，是发生法律效力的判决、裁定。

2. 第二审程序

第二审程序（又称上诉程序或终审程序），是指由于民事诉讼当事人不服地方各级人民法院尚未生效的第一审判决或裁定，在法定上诉期间内，向上一级人民法院提起上诉而引起的诉讼程序。

我国实行两审终审制，上诉案件经第二审法院审理后做出的判决、裁定为终审的判决、裁定，诉讼程序即告终结。

(1)上诉期间。当事人不服地方人民法院第一审判决的，有权在判决书送达之日起15日内向上一级人民法院提起上诉；不服地方人民法院第一审裁定的，有权在裁定书送达之日起10日内向上一级人民法院提起上诉。

(2)上诉状。当事人提起上诉，应递交上诉状。上诉状应通过原审法院提出，并按照对方当事人的人数提出副本。

(3)第二审法院对上诉案件的处理。第二审人民法院对上诉案件，经过审理，应按照下列情形，分别处理：

①原判决认定事实清楚，适用法律正确的，判决驳回上诉，维持原判决；

②原判决适用法律错误的，依法改判；

③原判决认定事实错误，或者原判决认定事实不清，证据不足，裁定撤销原判决，发回原审人民法院重审，或者查清事实后改判；

④原判决违反法定程序，可能影响案件正确判决的，裁定撤销原判决，发回原审人民法院重审。

第二审法院做出的具有给付内容的判决，具有强制执行力。如果有履行义务的当事人拒不履行，则对方当事人有权向法院申请强制执行。

对于发回原审法院重审的案件，原审法院仍将按照一审程序进行审理。因此，当事人对重审案件的判决、裁定，仍可以上诉。

3. 审判监督程序

(1)审判监督程序的概念。审判监督程序，即再审程序，是指由有审判监督权的法定机关和人员提起，或由当事人申请，由人民法院对发生法律效力的判决、裁定、调解书再次审理的程序。

(2)审判监督程序的提起。

①人民法院提起再审的程序。人民法院提起再审，必须是已经发生法律效力的判决裁定确有错误。其程序为：

a. 各级人民法院院长对本院已经发生法律效力的判决、裁定，发现确有错误，认为需要再审的，应当提交审判委员会讨论决定；

b. 最高人民法院对地方各级人民法院已经生效的判决、裁定，上级人民法院对下级人民法院已生效的判决、裁定，发现确有错误的，有权提审或指令下级人民法院再审；

c. 按照审判监督程序决定再审的案件，裁定中止原判决的执行。

人民法院按照审判监督程序再审的案件，发生法律效力的判决、裁定是由第一审法院作出的，按照第一审程序审理，对所做的判决、裁定，当事人可以上诉；发生法律效力的判决、裁定是由第二审法院做出的，按照第二审程序审理，所做的判决、裁定是发生法律效力的判决、裁定；上级人民法院按照审判监督程序提审的，按照第二审程序审理，所做的判决、裁定是发生法律效力的判决、裁定。

《最高人民法院关于适用〈中华人民共和国民事诉讼法〉审判监督程序若干问题的解释》中规定，人民法院审理再审案件应当开庭审理。但按照第二审程序审理的，双方当事人已经其他方式充分表达意见，且书面同意不开庭审理的除外。

②当事人申请再审的程序。当事人申请不一定引起审判监督程序，只有在同时符合一定条件的前提下，由人民法院依法决定后，方可启动再审程序。启动再审程序的条件，见表 12-6。

表 12-6 启动再审程序的条件

条 件	内 容
当事人申请再审的条件	a. 有新的证据，足以推翻原判决、裁定的。 b. 原判决、裁定认定的基本事实缺乏证据证明的。 c. 原判决、裁定认定事实的主要证据是伪造的。 d. 原判决、裁定认定事实的主要证据未经质证的。 e. 对审理案件需要的证据，当事人因客观原因不能自行收集，书面申请人民法院调查收集，人民法院未调查收集的。 f. 原判决、裁定适用法律确有错误的。 g. 违反法律规定，管辖错误的。 h. 审判组织的组成不合法或者依法应当回避的审判人员没有回避的。 i. 无诉讼行为能力人未经法定代理人代为诉讼或者应当参加诉讼的当事人，因不能归责于本人或者其诉讼代理人的事由，未参加诉讼的。 j. 违反法律规定，剥夺当事人辩论权利的。 k. 未经传票传唤，缺席判决的。 l. 原判决、裁定遗漏或者超出诉讼请求的。 m. 据以做出原判决、裁定的法律文书被撤销或者变更的
当事人可以申请再审的时间	当事人申请再审，应当在判决、裁定发生法律效力后 2 年内提出；2 年后据以做出原判决、裁定的法律文书被撤销或者变更，以及发现审判人员在审理该案件时有贪污受贿，徇私舞弊，枉法裁判行为的，自知道或者应当知道之日起 3 个月内提出。 《最高人民法院关于适用〈中华人民共和国民事诉讼法〉审判监督程序若干问题的解释》中规定，申请再审期间不适用中止、中断和延长的规定

(3)人民检察院的抗诉。抗诉是指人民检察院对人民法院发生法律效力的判决、裁定，发现有提起抗诉的法定情形，提请人民法院对案件重新审理。

最高人民检察院对各级人民法院已经发生法律效力的判决、裁定，上级人民检察院对下级人民法院已经发生法律效力的判决、裁定，发现有符合当事人可以申请再审情形之一的，应按照审判监督程序提起抗诉。

地方各级人民检察院对同级人民法院已经发生法律效力的判决、裁定，发现有符合当事人可以申请再审情形之一的，应提请上级人民检察院向同级人民法院提出抗诉。

12.2.6　民事诉讼的执行程序

1. 执行程序的概念

执行程序，是指人民法院的执行机构依照法定的程序，对发生法律效力并具有给付内容的法律文书，以国家强制力为后盾，依法采取强制措施，迫使具有给付义务的当事人履行其给付义务的行为。

2. 执行根据

执行根据，是当事人申请执行、人民法院移交执行以及人民法院采取强制措施的依据。执行根据是执行程序发生的基础，没有执行根据，当事人不能向人民法院申请执行，人民法院也不得采取强制措施。执行根据主要有：

(1)人民法院制作的发生法律效力的民事判决书、裁定书以及生效的调解书等；

(2)人民法院做出的具有财产给付内容的发生法律效力的刑事判决书、裁定书；

(3)仲裁机构制作的依法由人民法院执行的生效仲裁裁决书、仲裁调解书；

(4)公证机关依法做出的赋予强制执行效力的公证债权文书；

(5)人民法院做出的先予执行的裁定、执行回转的裁定以及承认并协助执行外国判决、裁定或裁决的裁定；

(6)我国行政机关做出的法律明确规定由人民法院执行的行政决定。

3. 执行案件的管辖

发生法律效力的民事判决、裁定，以及刑事判决、裁定中的财产部分，由第一审人民法院或者与第一审人民法院同级的被执行的财产所在地人民法院执行。

《最高人民法院关于适用〈中华人民共和国民事诉讼法〉执行程序若干问题的解释》中规定，申请执行人向被执行的财产所在地人民法院申请执行的，应当提供该人民法院辖区有可供执行财产的证明材料。人民法院受理执行申请后，当事人对管辖权有异议的，应当自收到执行通知书之日起 10 日内提出。

4. 执行程序

执行程序，见表 12-7。

表 12-7　执行程序

程　序	内　容
申请	人民法院做出的判决、裁定等法律文书，当事人必须履行。如果无故不履行，另一方当事人可向有管辖权的人民法院申请强制执行。 申请强制执行应提交申请强制执行书，并附作为执行根据的法律文书。申请强制执行，还须遵守申请执行期限。申请执行的期间为 2 年。申请执行时效的中止、中断，适用法律有关诉讼时效中止、中断的规定。 这里所讲的期间，是从法律文书规定履行期间的最后 1 日起计算；法律文书规定分期履行的，从规定的每次履行期间的最后 1 日起计算；法律文书未规定履行期间的，从法律文书生效之日起计算

续表

程序	内容
执行	对于具有执行内容的生效裁判文书，由审判该案的审判人员将案件直接交付执行人员，随即开始执行程序。提交执行的案件有三类：具有给付或者履行内容的生效民事判决、裁定(包括先予执行的抚恤金、医疗费用等)；具有财产执行内容的刑事判决书、裁定书；审判人员认为涉及国家、集体或公民重大利益的案件
向上一级人民法院申请执行	人民法院自收到申请执行书之日起超过6个月未执行的，申请执行人可以向上一级人民法院申请执行。上一级人民法院经审查，可以责令原人民法院在一定期限内执行，也可以决定由本院执行或者指令其他人民法院执行。 有下列情形之一的，上一级人民法院可以根据申请执行人的申请，责令执行法院限期执行或者变更执行法院： (1)债权人申请执行时被执行人有可供执行的财产，执行法院自收到申请执行书之日起超过6个月对该财产未执行完结的。 (2)执行过程中发现被执行人可供执行的财产，执行法院自发现财产之日起超过6个月对该财产未执行完结的。 (3)对法律文书确定的行为义务的执行，执行法院自收到申请执行书之日起超过6个月未依法采取相应执行措施的。 (4)其他有条件执行超过6个月未执行的

5. 执行中的其他问题

(1)委托执行。《民事诉讼法》规定，被执行人或被执行的财产在外地的，可以委托当地人民法院代为执行。受委托人民法院收到委托函件后，必须在15日内开始执行，不得拒绝。

(2)执行异议。

①当事人、利害关系人提出的异议。当事人、利害关系人认为执行行为违反法律规定的，可以向负责执行的人民法院提出书面异议。当事人、利害关系人提出书面异议的，人民法院应当自收到书面异议之日起15日内审查，理由成立的，裁定撤销或者改正；理由不成立的，裁定驳回。当事人、利害关系人对裁定不服的，可以自裁定送达之日起10日内向上一级人民法院申请复议。

《最高人民法院关于适用〈中华人民共和国民事诉讼法〉执行程序若干问题的解释》规定，当事人、利害关系人申请复议的书面材料，可以通过执行法院转交，也可以直接向执行法院的上一级人民法院提交。上一级人民法院应当自收到复议申请之日起30日内审查完毕，并做出裁定。有特殊情况需要延长的，经本院院长批准，可以延长，延长的期限不得超过30日。执行异议审查和复议期间，不停止执行。被执行人、利害关系人提供充分、有效的担保请求停止相应处分措施的，人民法院可以准许；申请执行人提供充分、有效的担保请求继续执行的，应当继续执行。

②案外人提出的异议。执行过程中，案外人对执行标的提出书面异议的，人民法院应当自收到书面异议之日起15日内审查，理由成立的，裁定中止对该标的的执行；理由不成立的，裁定驳回。案外人、当事人对裁定不服，认为原判决、裁定错误的，依照审判监督程

序办理；与原判决、裁定无关的，可以自裁定送达之日起 15 日内向人民法院提起诉讼。案外人提起诉讼，对执行标的主张实体权利，并请求对执行标的停止执行的，应当以申请执行人为被告；被执行人反对案外人对执行标的所主张的实体权利的，应当以申请执行人和被执行人为共同被告。该诉讼由执行法院管辖，诉讼期间不停止执行。

(3)执行和解。在执行中，双方当事人自行和解达成协议的，执行员应当将协议内容记入笔录，由双方当事人签名或者盖章。一方当事人不履行和解协议的，人民法院可以根据对方当事人的申请，恢复对原生效法律文书的执行。

6. 执行措施

执行措施，是指人民法院依照法定程序强制执行生效法律文书的方法和手段。在执行中，执行措施和执行程序是合为一体的。执行员接到申请执行书或者移交执行书，应向被执行人发出执行通知，责令其在指定的期间履行；逾期不履行的，强制执行。被执行人不履行法律文书确定的义务，并有可能隐匿、转移财产的，执行员可以立即采取强制执行措施。执行措施主要有：

(1)查封、冻结、划拨被执行人的存款；

(2)扣留、提取被执行人的收入；

(3)查封、扣押、拍卖、变卖被执行人的财产；

(4)对被执行人及其住所或财产隐匿地进行搜查；

(5)强制被执行人和有关单位、公民交付法律文书指定的财物或票证；

(6)强制被执行人迁出房屋或退出土地；

(7)强制被执行人履行法律文书指定的行为；

(8)办理财产权证照转移手续；

(9)强制被执行人支付迟延履行期间的债务利息或迟延履行金；

(10)依申请执行人申请，通知对被执行人负有到期债务的第三人向申请执行人履行债务。

根据《关于修改(中华人民共和国民事诉讼法)的决定》、《最高人民法院关于适用〈中华人民共和国民事诉讼法〉执行程序若干问题的解释》以及《最高人民法院关于限制被执行人高消费的若干规定》中的规定，对执行措施增加了以下内容：

(1)被执行人未按执行通知履行法律文书确定的义务，应当书面报告当前以及收到执行通知之日前一年的财产情况，具体包括：

①收入、银行存款、现金、有价证券；

②土地使用权、房屋等不动产；

③交通运输工具、机器设备、产品、原材料等动产；

④债权、股权、投资权益、基金、知识产权等财产性权利；

⑤其他应当报告的财产。

被执行人报告财产后，其财产情况发生变动，影响申请执行人债权实现的，应当自财产变动之日起 10 日内向人民法院补充报告。对被执行人报告的财产情况，申请执行人请求查询的，人民法院应当准许。申请执行人对查询的被执行人财产情况，应当保密。对被执行人报告的财产情况，执行法院可以根据申请执行人的申请或者依职权调查核实。被执行人拒绝报告或者虚假报告的，人民法院可以根据情节轻重对被执行人或者其法定代理人、有关单位的主要负责人或者直接责任人员予以罚款、拘留。

(2)被执行人不履行法律文书确定的义务的,人民法院可以对其采取或者通知有关单位协助采取限制出境,在征信系统记录、通过媒体公布不履行义务信息以及法律规定的其他措施。对被执行人限制出境的,应当由申请执行人向执行法院提出书面申请;必要时,执行法院可以依职权决定。向媒体公布被执行人不履行义务信息,执行法院可以依职权或者依申请执行人的申请,有关费用由被执行人负担;申请执行人申请在媒体公布的,应当垫付有关费用。

(3)被执行人未按执行通知书指定的期间履行生效法律文书确定的给付义务的,人民法院可以限制其高消费。

①被执行人为自然人的,被限制高消费后,不得有以下以其财产支付费用的行为:

a.乘坐交通工具时,选择飞机、列车软卧、轮船二等以上舱位;

b.在星级以上宾馆、酒店、夜总会、高尔夫球场等场所进行高消费;

c.购买不动产或者新建、扩建、高档装修房屋;

d.租赁高档写字楼、宾馆、公寓等场所办公;

e.购买非经营必需车辆;

f.旅游、度假;

g.子女就读高收费私立学校;

h.支付高额保费购买保险理财产品;

i.其他非生活和工作必需的高消费行为。

②被执行人为单位的,被限制高消费后,禁止被执行人及其法定代表人、主要负责人、影响债务履行的直接责任人员以单位财产实施上述规定的行为。

限制高消费一般由申请执行人提出书面申请,经人民法院审查决定;必要时人民法院可以依职权决定。

被执行人违反限制高消费令进行消费的行为属于拒不履行人民法院已经发生法律效力的判决、裁定的行为,经查证属实的,依照《民事诉讼法》第102条的规定,予以拘留、罚款;情节严重,构成犯罪的,追究其刑事责任。

7. 执行中止和终结

(1)执行中止。执行中止是指在执行过程中,因发生特殊情况,需要暂时停止执行程序。有下列情况之一的,人民法院应裁定中止执行:

①申请人表示可以延期执行的;

②案外人对执行标的提出确有理由异议的;

③作为一方当事人的公民死亡,需要等待继承人继承权利或承担义务的;

④作为一方当事人的法人或其他组织终止,尚未确定权利义务承受人的;

⑤人民法院认为应当中止执行的其他情形,如被执行人确无财产可供执行等。

(2)执行终结。在执行过程中,由于出现某些特殊情况,执行工作无法继续进行或没有必要继续进行的,结束执行程序。有下列情况之一的,人民法院应当裁定终结执行:

①申请人撤销申请的;

②据以执行的法律文书被撤销的;

③作为被执行人的公民死亡,无遗产可供执行,又无义务承担人的;

④追索赡养费、扶养费、抚育费案件的权利人死亡的；

⑤作为被执行人的公民因生活困难无力偿还借款，无收入来源，又丧失劳动能力的；

⑥人民法院认为应当终结执行的其他情形。

12.3 仲裁制度

12.3.1 仲裁的基本制度

仲裁是解决民商事纠纷的重要方式之一。《中华人民共和国仲裁法》(以下简称《仲裁法》)颁布施行后，最高人民法院又发布了《关于适用〈中华人民共和国仲裁法〉若干问题的解释》(以下简称《仲裁法》司法解释)。

此外，《承认和执行外国仲裁裁决公约》是有关仲裁裁决的国际公约，该公约为执行外国仲裁裁决提供了保证和便利。

仲裁的基本制度，见表 12-8。

表 12-8 仲裁基本制度

项　目	内　容
协议仲裁制度	仲裁协议是当事人仲裁自愿的体现，当事人申请仲裁、仲裁委员会受理仲裁、仲裁庭对仲裁案件的审理和裁决，均必须以当事人依法订立的仲裁协议为前提。 《仲裁法》规定，没有仲裁协议，一方申请仲裁的，仲裁委员会不予受理
或裁或审制度	仲裁和诉讼是两种不同的争议解决方式，当事人只能选用其中的一种。 《仲裁法》规定，当事人达成仲裁协议，一方向人民法院起诉的，人民法院不予受理，但仲裁协议无效的除外。因此有效的仲裁协议可以排除法院对案件的司法管辖权，只有在没有仲裁协议或者仲裁协议无效的情况下，法院才可以对当事人的纠纷予以受理
一裁终局制度	仲裁实行一裁终局制度。裁决做出后，当事人对同一纠纷再申请仲裁或者向人民法院起诉的，仲裁委员会或者人民法院不予受理

12.3.2 仲裁协议的规定

1. 仲裁协议的形式

仲裁协议，是指当事人自愿将已经发生或者可能发生的争议通过仲裁解决的书面协议。

《仲裁法》规定，仲裁协议包括合同中订立的仲裁条款和其他以书面形式在纠纷发生前或者纠纷发生后达成的请求仲裁的协议。据此规定的要求，仲裁协议应采用书面形式，口头方式达成的仲裁意思表示无效。仲裁协议既可以表现为合同中的仲裁条款，也可以表现为独立于合同而存在的仲裁协议书。在实践中，合同中的仲裁条款是最常见的仲裁协议形式。

《仲裁法》司法解释规定，仲裁法第16条规定的“其他书面形式”的仲裁协议，包括以合同书、信件和数据电文（包括电报、电传、传真、电子数据交换和电子邮件）等形式达成的请求仲裁的协议。

《电子签名法》还规定，能够有形地表现所载内容，并可以随时调取查用的数据电文，视为符合法律、法规要求的书面形式；可靠的电子签名与手写签名或者盖章具有同等的法律效力。

2. 仲裁协议的内容

仲裁协议，应具有以下内容：

(1)请求仲裁的意思表示；

(2)仲裁事项；

(3)选定的仲裁委员会。

上述三项内容必须同时具备，仲裁协议才能有效。

请求仲裁的意思表示，是指条款中应有“仲裁”两字，表明当事人的仲裁意愿。该意愿应当是确定的，而不是模糊不清的。有的当事人在合同中约定发生争议可以提交仲裁，也可以提交诉讼，根据这种约定无法判定当事人具有明确的仲裁意愿。因此，《仲裁法》司法解释规定，这样的仲裁协议无效。

仲裁事项，可以是当事人之间合同履行过程中的或与合同有关的一切争议，也可以是合同中某一特定问题的争议；既可以是事实问题的争议，也可以是法律问题的争议，其范围取决于当事人的约定。

选定的仲裁委员会，是指仲裁委员会的名称应准确。

《仲裁法》司法解释规定，仲裁协议约定的仲裁机构名称不准确，但能够确定具体的仲裁机构的，应当认定选定了仲裁机构。仲裁协议约定两个以上仲裁机构的，当事人可以协议选择其中的一个仲裁机构申请仲裁；当事人不能对仲裁机构选择达成一致的，则该仲裁协议无效。

仲裁协议约定由某地的仲裁机构仲裁且该地仅有一个仲裁机构的，该仲裁机构即视为约定的仲裁机构；该地有两个以上仲裁机构的，当事人可以协议选择其中的一个仲裁机构申请仲裁；当事人不能对仲裁机构选择达成一致的，则该仲裁协议无效。

3. 仲裁协议的效力

(1)对当事人的法律效力。仲裁协议一经有效成立，即对当事人产生法律约束力。发生纠纷后，当事人只能向仲裁协议中所约定的仲裁机构申请仲裁，而不能就该纠纷向法院提起诉讼。

(2)对法院的约束力。有效的仲裁协议排除法院的司法管辖权。《仲裁法》规定，当事人达成仲裁协议，一方向人民法院起诉未声明有仲裁协议，人民法院受理后，另一方在首次开庭前提交仲裁协议的，人民法院应当驳回起诉，但仲裁协议无效的除外。

(3)对仲裁机构的法律效力。仲裁协议是仲裁委员会受理仲裁案件的基础，是仲裁庭审理和裁决案件的依据。没有有效的仲裁协议，仲裁委员会就不能获得仲裁案件的管辖权。同时，仲裁委员会只能对当事人在仲裁协议中约定的争议事项进行仲裁，对超出仲裁协议约定范围的其他争议无权仲裁。

(4)仲裁协议的独立性。仲裁协议独立存在,合同的变更、解除、终止或者无效,不影响仲裁协议的效力。

12.3.3 仲裁的申请和受理

1. 申请仲裁的条件

当事人申请仲裁,应当具备下列条件:

(1)有仲裁协议;

(2)有具体的仲裁请求和事实、理由;

(3)属于仲裁委员会的受理范围。

2. 申请仲裁的方式

当事人申请仲裁,应向仲裁委员会递交仲裁协议、仲裁申请书及副本。仲裁申请书应载明下列事项:

(1)当事人的姓名、性别、年龄、职业、工作单位和住所,法人或者其他组织的名称、住所和法定代表人或者主要负责人的姓名、职务;

(2)仲裁请求和所依据的事实、理由;

(3)证据和证据来源、证人姓名和住所。

申请仲裁的具体文件内容,各仲裁机构在《仲裁法》规定的范围内,有不同的要求和审查标准,一般可以登录其网站进行查询。

3. 审查与受理

仲裁委员会收到仲裁申请书之日起5日内,认为符合受理条件的应当受理,并通知当事人;认为不符合受理条件的,应当书面通知当事人不予受理,并说明理由。

仲裁委员会受理仲裁申请后,应在仲裁规则规定的期限内将仲裁规则和仲裁员名册送达申请人,并将仲裁申请书副本和仲裁规则、仲裁员名册送达被申请人。被申请人收到仲裁申请书副本后,应在仲裁规则规定的期限内向仲裁委员会提交答辩书。仲裁委员会收到答辩书后,应在仲裁规则规定的期限内将答辩书副本送达申请人。被申请人未提交答辩书的,不影响仲裁程序的进行。被申请人有权提出反请求。

4. 财产保全和证据保全

为保证仲裁程序顺利进行、仲裁案件公正审理以及仲裁裁决有效执行,当事人有权申请财产保全和证据保全。

当事人要求采取财产保全及/或证据保全措施的,应向仲裁委员会提出书面申请,由仲裁委员会将当事人的申请转交被申请人住所地或其财产所在地及/或证据所在地有管辖权的人民法院做出裁定。

12.3.4 仲裁的开庭和裁决

1. 仲裁庭的组成

仲裁庭的组成形式,见表12-9。

表 12-9 仲裁庭的组成形式

形 式	内 容
合议仲裁庭	当事人约定由 3 名仲裁员组成仲裁庭的，应当各自选定或者各自委托仲裁委员会主任指定 1 名仲裁员，第 3 名仲裁员由当事人共同选定或者共同委托仲裁委员会主任指定。第 3 名仲裁员是首席仲裁员
独任仲裁庭	当事人约定 1 名仲裁员成立仲裁庭的，应当由当事人共同选定或者共同委托仲裁委员会主任指定仲裁员。但是，当事人没有在仲裁规定的期限内约定仲裁庭的组成方式或者选定仲裁员的，由仲裁委员会主任指定

仲裁员有下列情形之一的，必须回避，当事人也有权提出回避申请：

(1)是本案当事人或者当事人、代理人的近亲属；

(2)与本案有利害关系；

(3)与本案当事人、代理人有其他关系，可能影响公正仲裁的；

(4)私自会见当事人、代理人，或者接受当事人、代理人的请客送礼的。

当事人提出回避申请的，应说明理由，并在首次开庭前提出。回避事由在首次开庭后知道的，可以在最后一次开庭结束前提出。

2. 开庭和审理

仲裁应开庭进行，当事人可以协议不开庭。当事人应对自己的主张提供证据。仲裁庭认为有必要收集的证据，可以自行收集。证据应在开庭时出示，当事人可以质证。当事人在仲裁过程中有权进行辩论。

仲裁庭可以做出缺席裁决。申请人无正当理由开庭时不到庭的，或在开庭审理时未经仲裁庭许可中途退庭的，视为撤回仲裁申请；如果被申请人提出反请求，不影响仲裁庭就反请求进行审理，并做出裁决。被申请人无正当理由开庭时不到庭的，或在开庭审理时未经仲裁庭许可中途退庭的，仲裁庭可以进行缺席审理，并做出裁决；如果被申请人提出反请求，则视为撤回反请求。

为保护当事人的商业秘密和商业信誉，仲裁不公开进行。当事人协议公开的，可以公开进行，但涉及国家秘密的除外。

3. 仲裁中的和解与调解

当事人申请仲裁后，可自行和解。达成和解协议的，可以请求仲裁庭根据和解协议做出裁决书，也可以撤回仲裁申请。当事人达成和解协议，撤回仲裁申请后反悔的，仍可以根据仲裁协议申请仲裁。

仲裁庭在做出裁决前，可先行调解。当事人自愿调解的，仲裁庭应当调解。调解不成的，应当及时做出裁决。调解达成协议的，仲裁庭应当制作调解书或者根据协议的结果制作裁决书。调解书与裁决书具有同等法律效力。调解书经双方当事人签收后，即发生法律效力。在调解书签收前当事人反悔的，仲裁庭应当及时做出裁决。

4. 仲裁裁决

仲裁裁决应按照多数仲裁员的意见做出，将少数仲裁员的不同意见记入笔录。仲裁庭不能形成多数意见时，裁决应当按照首席仲裁员的意见做出。裁决书自做出之日起发生法律效力。裁决书的效力是：

(1)裁决书一裁终局，当事人不得就已经裁决的事项再申请仲裁，也不得就此提起诉讼；

(2)仲裁裁决具有强制执行力，一方当事人不履行的，对方当事人可以到法院申请强制执行；

(3)仲裁裁决在所有《承认和执行外国仲裁裁决公约》缔约国(或地区)均可以得到承认和执行。

12.3.5 申请撤销裁决

1. 司法监督的特点

仲裁的本质属性为契约性；同时，在立法规范和司法实践中具有司法性。

《民事诉讼法》和《仲裁法》的规定，人民法院对仲裁进行司法监督。

人民法院司法监督的特点，见表12-10。

表12-10 人民法院司法监督的特点

特点	内容
事后审查	即在仲裁的终局裁决做出后，经当事人申请执行或申请撤销、不予执行时，有管辖权的人民法院才可对相关裁决进行审查
“双启动”审查	人民法院司法审查的启动，一般情况下为被动审查，即需在仲裁“当事人”以法定理由向人民法院提出申请之后，人民法院才可启动司法审查程序，且只审查申请人申请审查的内容。 同时，人民法院也可以仲裁裁决违反我国社会公共利益为理由而主动依职权启动司法审查程序。被动审查与主动审查相结合，以被动审查为主，以维护仲裁的契约性，尊重当事人的意思自治，避免过多的司法干预
“双轨制”审查	人民法院依据当事人的申请，对国内仲裁裁决的程序事项和实体问题进行审查，其中审查实体问题的范围为仲裁认定事实的证据真伪、足够与否和适用法律的对错。对涉外仲裁裁决和国外仲裁裁决仅对其程序事项进行审查，且当事人不得以裁决书的实体错误为由提出不予执行和撤销的申请；人民法院也不得审查其实体问题

2. 申请撤销仲裁裁决的法定事由

当事人提出证据证明裁决有下列情形之一的，可向仲裁委员会所在地的中级人民法院申请撤销裁决：

(1)没有仲裁协议的；

(2)裁决的事项不属于仲裁协议的范围或者仲裁委员会无权仲裁的；

(3)仲裁庭的组成或者仲裁的程序违反法定程序的；

(4)裁决所依据的证据是伪造的；

(5)对方当事人隐瞒了足以影响公正裁决的证据的；

(6)仲裁员在仲裁该案时有索贿受贿、徇私舞弊、枉法裁决行为的。

当事人申请撤销裁决的，应当自收到裁决书之日起 6 个月内向仲裁机构所在地的中级人民法院提出。

3. 仲裁裁决被撤销的法律后果

仲裁裁决被人民法院依法撤销后，当事人之间的纠纷并未解决，根据《仲裁法》的规定，当事人就该纠纷可以根据双方重新达成的仲裁协议申请仲裁，也可以向人民法院起诉。

12.3.6 仲裁裁决的执行

1. 仲裁裁决的强制执行

《仲裁法》规定，仲裁裁决做出后，当事人应当履行裁决。一方当事人不履行的，另一方当事人可以依照《民事诉讼法》的有关规定，向人民法院申请执行。

仲裁裁决的强制执行，应向有管辖权的法院提出申请。被执行人在中国境内的，国内仲裁裁决由被执行人住所地或被执行人财产所在地的人民法院执行；涉外仲裁裁决，由被执行人住所地或被执行人财产所在地的中级人民法院执行。

申请仲裁裁决强制执行必须在法律规定的期限内提出。申请执行时效的中止、中断，适用法律有关诉讼时效中止、中断的规定。

申请仲裁裁决强制执行的期限，应自仲裁裁决书规定履行期限或仲裁机构的仲裁规则规定履行期间的最后 1 日起计算。仲裁裁决书规定分期履行的，依规定的每次履行期间的最后 1 日起计算。

2. 仲裁裁决的不予执行

根据《仲裁法》、《民事诉讼法》的规定，被申请人提出证据证明裁决有下列情形之一的，经人民法院组成合议庭审查核实，裁定不予执行：

(1)当事人在合同中没有仲裁条款或者事后没有达成书面仲裁协议的；

(2)裁决的事项不属于仲裁协议的范围或者仲裁机构无权仲裁的；

(3)仲裁庭的组成或者仲裁的程序违反法定程序的；

(4)认定事实的主要证据不足的：

(5)适用法律确有错误的；

(6)仲裁员在仲裁该案时有索贿受贿、徇私舞弊、枉法裁决行为的。

仲裁裁决被法院依法裁定不予执行的，当事人对该纠纷可以重新达成仲裁协议，并依据该仲裁协议申请仲裁，也可以向法院提起诉讼。

12.3.7 涉外仲裁的特别规定

1. 涉外仲裁的基本类型

涉外仲裁是指具有涉外因素的仲裁。

《最高人民法院关于贯彻执行〈中华人民共和国民法通则〉若干问题的意见(试行)》中规定，凡民事关系的一方或者双方当事人是外国人、无国籍人、外国法人的；民事关系的标的物在外国领域内的；产生、变更或者消灭民事权利义务关系的法律事实发生在国外的，均为涉外民事关系。

在我国，就主体而言，涉外仲裁包括三种类型：

(1)一方当事人是中国公司企业、另一方是外国公司的仲裁；

(2)双方当事人都是外国公司的仲裁；

(3)涉及港澳台的案件参照涉外案件处理。

《仲裁法》规定，涉外经济贸易、运输和海事中发生的纠纷的仲裁，适用关于涉外仲裁的特别规定。

2. 涉外仲裁机构

《仲裁法》规定，涉外仲裁委员会可以由中国国际商会组织设立。

依据《仲裁法》设立的涉外仲裁机构是中国国际经济贸易仲裁委员会和中国海事仲裁委员会。目前，中国境内的涉外案件主要由中国国际经济贸易仲裁委员会受理，该仲裁委员会自2000年起开始受理国内案件。

国务院办公厅《关于贯彻实施〈中华人民共和国仲裁法〉需要明确的几个问题的通知》中规定，新组建的仲裁委员会的主要职责是受理国内仲裁案件；涉外仲裁案件的当事人自愿选择新组建的仲裁委员会仲裁的，新组建的仲裁委员会可以受理。

3. 涉外仲裁案件的证据保全、财产保全

《民事诉讼法》规定，当事人申请采取财产保全的，中华人民共和国的涉外仲裁机构应当将当事人的申请，提交被申请人住所地或者财产所在地的中级人民法院裁定。

《最高人民法院关于人民法院执行工作若干问题的规定(试行)》中规定，在涉外仲裁过程中，当事人申请财产保全，经仲裁机构提交人民法院的，由被申请人住所地或被申请保全的财产所在地的中级人民法院裁定并执行；申请证据保全的，由证据所在地的中级人民法院裁定并执行。

与国内仲裁案件不同，涉外仲裁案件的财产保全、证据保全均是由有管辖权的中级人民法院裁定并执行的。

4. 涉外仲裁案件裁决的执行

《仲裁法》规定，涉外仲裁委员会做出的发生法律效力的仲裁裁决，当事人请求执行的，如果被执行人或者其财产不在中华人民共和国领域内，应当由当事人直接向有管辖权的外国法院申请承认和执行。

《承认和执行外国仲裁裁决公约》规定，成员国要保证和承认任何公约成员国做出的仲裁裁决。我国于1986年12月加入该公约，该公约于1987年4月22日正式对我国生效。

《承认和执行外国仲裁裁决公约》目前已有140多个缔约国家和地区，外国执行中国的涉外裁决将依据该公约规定的条件办理。在执行程序上各国依据其国内法律的规定，但对裁决的审查均限于《承认和执行外国仲裁裁决公约》第5条规定的理由。

被申请执行人所属国家不是《承认和执行外国仲裁裁决公约》成员国的，如果双方存在双边条约或协定，则根据双边条约或双边协定中订立的有关相互承认和执行仲裁裁决的内容进行。目前，我国已同100多个国家和地区订有双边贸易协定，与60多个国家和地区订立了双边投资保护协定，并与许多国家签订了有关民商事司法互助的协定。

12.4 调解、和解制度以及争议评审

12.4.1 调解的规定

1. 人民调解

1)人民调解的原则和人员机构

人民调解的基本原则是：

(1)当事人自愿原则；

(2)当事人平等原则；

(3)合法原则；

(4)尊重当事人权利原则。

人民调解的组织形式是人民调解委员会。

《中华人民共和国人民调解法》(以下简称《人民调解法》)规定，人民调解委员会是村民委员会和居民委员会下设的调解民间纠纷的群众性自治组织，在人民政府和基层人民法院的指导下进行工作。人民调解委员会由 3～9 人组成，设主任 1 人，必要时可以设副主任若干人。

人民调解员由人民调解委员会委员和人民调解委员会聘任的人员担任。人民调解员应具备的基本条件是：

(1)公道正派；

(2)热心人民调解工作；

(3)具有一定的文化水平；

(4)有一定的法律知识和政策水平；

(5)成年公民。

2)人民调解的程序和调解协议

人民调解应遵循的程序主要是：

(1)当事人申请调解；

(2)人民调解委员会主动调解；

(3)指定调解员或由当事人选定调解员进行调解；

(4)达成协议；

(5)调解结束。

经人民调解委员会调解达成调解协议的，可以制作调解协议书。

当事人认为无需制作调解协议的，可以采取口头协议的方式，人民调解员应记录协议内容。经人民调解委员会调解达成的调解协议具有法律约束力，当事人应按照约定履行。

当事人对调解协议的履行或者调解协议的内容发生争议的，一方当事人可以向法院提起诉讼。

经人民调解委员会调解达成调解协议后，双方当事人认为有必要的，可以自调解协议生效之日起 30 日内共同向人民法院申请司法确认。人民法院依法确认调解协议有效，一方当事人拒绝履行或者未全部履行的，对方当事人可以向人民法院申请强制执行。

2. 行政调解

行政调解，是指国家行政机关应纠纷当事人的请求，依据法律、法规和政策，对属于其职权管辖范围内的纠纷，通过说服教育，使纠纷的双方当事人互相谅解，在平等协商的基础上达成一致协议，促成当事人解决纠纷。行政调解分为两种：

(1)基层人民政府，即乡、镇人民政府对一般民间纠纷的调解；

(2)国家行政机关依照法律规定对某些特定民事纠纷或经济纠纷或劳动纠纷等进行的调解。

行政调解属于诉讼外调解，且行政调解达成的协议不具有强制约束力。

3. 仲裁调解

仲裁调解，是仲裁机构对受理的仲裁案件进行的调解。仲裁庭在做出裁决前，可以先行调解。当事人自愿调解的，仲裁庭应当调解。调解不成的，应当及时做出裁决。调解达成协议的，仲裁庭应当制作调解书或者根据协议的结果制作裁决书。

调解书与裁决书具有同等法律效力。调解书经双方当事人签收后，即发生法律效力。在调解书签收前当事人反悔的，仲裁庭应当及时做出裁决。

调解可以在仲裁程序中进行，即在征得当事人同意后，仲裁庭在仲裁程序进行过程中担任调解员的角色，对其审理的案件进行调解，以解决当事人之间的争议。

仲裁与调解相结合是我国仲裁制度的特点，该做法将仲裁和调解各自的优点紧密结合，不仅有助于解决当事人之间的争议、保持当事人的友好合作关系，并且具有很大的灵活性和便利性。

4. 法院调解

《民事诉讼法》规定，人民法院审理民事案件，根据当事人自愿的原则，在事实清楚的基础上，分清是非，进行调解。

法院调解是人民法院对受理的民事案件、经济纠纷案件和轻微刑事案件在双方当事人自愿的基础上进行的调解，是诉讼内调解。法院调解书经双方当事人签收后，即具有法律效力，效力与判决书相同。

在民事诉讼中，除适用特别程序的案件和当事人有严重违法行为，需给予行政处罚的经济纠纷案件的情形外，各案件均可适用调解。

1)调解方法

《民事诉讼法》规定，人民法院进行调解，可以由审判员一人主持，也可以由合议庭主持，并尽可能就地进行。人民法院进行调解，可以用简便方式通知当事人、证人到庭。

人民法院进行调解，可以邀请有关单位和个人协助。被邀请的单位和个人，应当协助人民法院进行调解。

2)调解协议

调解达成协议，必须双方自愿，不得强迫。调解达成协议，人民法院应当制作调解书。调解书应当写明诉讼请求、案件的事实和调解结果。调解书由审判员、书记员署名，加盖人民法院印章，送达双方当事人。

调解书经双方当事人签收后，即具有法律效力。调解协议的内容不得违反法律规定。下列案件调解达成协议，人民法院可以不制作调解书：

(1)调解和好的离婚案件；

(2)调解维持收养关系的案件;

(3)能够即时履行的案件;

(4)其他不需要制作调解书的案件。

对不需要制作调解书的协议,应当记入笔录,由双方当事人、审判人员、书记员签名或者盖章后,即具有法律效力。

调解未达成协议或者调解书送达前一方反悔的,人民法院应当及时判决。

5. 专业机构调解

专业机构调解,是当事人在发生争议前或争议后,协议约定由指定的具有独立调解规则的机构按照其调解规则进行调解。

调解规则,是指调解机构、调解员以及调解当事人之间在调解过程中应遵守的程序性规范。

专业调解机构进行调解达成的调解协议对当事人双方均有约束力。专业调解机构备有调解员名单,供当事人在个案中指定。

调解员应由专业调解机构聘请经济、贸易、金融、投资、知识产权、工程承包、运输、保险、法律等领域里具有专门知识及实际经验、公道正派的人士担任。

12.4.2 和解的规定

1. 和解的类型

和解的类型,见表12-11。

表12-11 和解的类型

类 型	内 容
诉讼前的和解	诉讼前的和解是指发生诉讼以前。双方当事人互相协商达成协议,解决双方的争执。这是一种民事法律行为,是当事人依法处分自己民事实体权利的表现。 和解成立后,当事人所争执的权利随即确定,所抛弃的权利随即消失,当事人不得随意反悔要求撤销。但如果和解所依据的文件,事后发现是伪造或涂改的;和解事件已为法院判决所确定,而当事人在和解时不知情的;当事人对重要的争执有重大误解而达成协议的,当事人都可以要求撤销和解
诉讼中的和解	诉讼中的和解,是当事人在诉讼进行中互相协商,达成协议,解决双方的争执。《民事诉讼法》规定,双方当事人可以自行和解。诉讼中的和解在法院做出判决前,当事人均可以进行和解。当事人可以就整个诉讼标的达成协议,也可以就诉讼的个别问题达成协议。 诉讼阶段的和解没有法律效力。当事人和解后,可以请求法院调解,并制作调解书,经当事人签名盖章产生法律效力,从而结束诉讼程序的全部或一部分。结束全部程序的,即视为当事人撤销诉讼
执行中的和解	执行中的和解是在发生法律效力的民事判决、裁定后,法院在执行中,当事人互相协商,达成协议,解决双方的争执。 《民事诉讼法》规定,在执行中,双方当事人自行和解达成协议的,执行员应当将协议内容记入笔录,由双方当事人签名或者盖章。一方当事人不履行和解协议的,人民法院可以根据对方当事人的申请,恢复对原生效法律文书的执行

续表

类 型	内 容
仲裁中的和解	《仲裁法》规定，当事人申请仲裁后，可以自行和解。和解是双方当事人的自愿行为，不需要仲裁庭的参与。达成和解协议的，可以请求仲裁庭根据和解协议做出裁决书，也可以撤回仲裁申请。 当事人达成和解协议，撤回仲裁申请后反悔的，可以根据仲裁协议申请仲裁

2. 和解的效力

和解达成的协议不具有强制约束力，如果一方当事人不按照和解协议执行，另一方当事人不可以请求人民法院强制执行，但可以向法院提起诉讼，也可以根据约定申请仲裁。

法院或仲裁庭通过对和解协议的审查，对于意思真实而又不违反法律强制性或禁止性规定的和解协议，应予以支持，也可以支持遵守协议方要求违反协议方就不执行该和解协议承担违约责任的请求。但对于一方非自愿做出的或违反法律强制性或禁止性规定的和解协议不予支持。

12.4.3 我国争议评审机制的规定

1. 争议评审制度的实践

在我国，争议评审制度的运用比较少，只有一些世界银行贷款项目，如二滩水电站工程项目、黄河小浪底水利枢纽项目、万家寨水利工程项目等运用了争议评审机制，均取得良好效果。

2. 对争议评审的规定

2007 年 11 月 1 日，国家发展和改革委员会、建设部、信息产业部等 9 部门联合颁布了《中华人民共和国标准施工招标文件》，其中“通用合同条款”的争议解决条款部分规定了争议评审的内容，即当事人之间的争议在提交仲裁或者诉讼前可以申请由专家组成的评审组进行评审。

《中华人民共和国标准施工招标文件》中规定，采用争议评审的，发包人和承包人应在开工日后的 28 d 内或在争议发生后，协商成立争议评审组。争议评审组由有合同管理和工程实践经验的专家组成。

合同双方的争议，首先应由申请人向争议评审组提交一份详细的评审申请报告，并附必要的文件、图纸和证明材料，申请人还应将上述报告的副本同时提交给被申请人和监理人。被申请人应在收到申请人评审申请报告副本后的 28 d 内，向争议评审组提交一份答辩报告，并附证明材料。被申请人应将答辩报告的副本同时提交给申请人和监理人。除专用合同条款另有约定外，争议评审组在应自收到合同双方报告后的 14 d 内，邀请双方代表和有关人员举行调查会，向双方调查争议细节；必要时争议评审组可要求双方进一步提供补充材料。除专用合同条款另有约定外，在调查会结束后的 14 d 内，争议评审组应在不受任何干扰的情况下进行独立、公正的评审，做出书面评审意见，并说明理由。在争议评审期间，争议双方暂按总监理工程师的确定执行。

发包人和承包人接受评审意见的，由监理人根据评审意见拟定执行协议。经争议双方签字后作为合同的补充文件，并遵照执行；发包人或承包人不接受评审意见，并要求提交仲裁或提起诉讼的，应在收到评审意见后的 14 d 内将仲裁或起诉意向书面通知另一方，并抄送监理人。在仲裁或诉讼结束前，暂按总监理工程师的确定执行。

为促进我国工程建设领域的当事人运用争议评审机制，及时化解纠纷，保障土木工程顺利进行，中国国际经济贸易仲裁委员会和北京仲裁委员会依据《中华人民共和国标准施工招标文件》，并参考国际商会的《争议小组规则》以及 FIDIC 合同条件中的相关规定，制定了各自的土木工程争议评审规则。

12.5 行政复议和行政诉讼制度

12.5.1 行政复议范围和行政诉讼受案范围

1. 行政复议范围

行政复议的目的，是为了防止和纠正违法的或者不当的具体行政行为，保护公民、法人和其他组织的合法权益，保障和监督行政机关依法行使职权。因此，公民、法人或者其他组织认为行政机关的具体行政行为侵犯其合法权益的，有权向行政机关提出行政复议申请。

根据《行政复议法》的规定，有 11 项可申请行政复议的具体行政行为，结合土木工程实践，下列 7 种尤为重要：

(1)对行政机关做出的警告、罚款、没收违法所得、没收非法财物、责令停产停业、暂扣或者吊销许可证、暂扣或者吊销执照、行政拘留等行政处罚决定不服的；

(2)对行政机关做出的限制人身自由或者查封、扣押、冻结财产等行政强制措施决定不服的；

(3)对行政机关做出的有关许可证、执照、资质证、资格证等证书变更、中止、撤销的决定不服的；

(4)认为行政机关侵犯合法的经营自主权的；

(5)认为行政机关违法集资、征收财物、摊派费用或者违法要求履行其他义务的；

(6)认为符合法定条件，申请行政机关颁发许可证、执照、资质证、资格证等证书，或者申请行政机关审批、登记有关事项，行政机关没有依法办理的；

(7)认为行政机关的其他具体行政行为侵犯其合法权益的。

此外，公民、法人或者其他组织认为行政机关的具体行政行为所依据的下列规定不合法，在对具体行政行为申请行政复议时，可一并向行政复议机关提出对该规定的审查申请：国务院部门的规定；县级以上地方各级人民政府及其工作部门的规定；乡、镇人民政府的规定。

但上述规定不含国务院部、委员会规章和地方人民政府规章。规章的审查依照法律、行政法规办理。下列事项应按规定的纠纷处理方式解决，不能提起行政复议：不服行政机关做出的行政处分或者其他人事处理决定的，应当依照有关法律、行政法规的规定提起申诉；不服行政机关对民事纠纷做出的调解或者其他处理，应当依法申请仲裁或者向法院提起诉讼。

2. 行政诉讼受案范围

行政诉讼受案范围，是指哪些行政争议可以进入行政诉讼加以解决。行政诉讼受案范围确定了行政机关行政行为受司法监督的限度，以及公民、法人或其他组织获得司法救济的范围。

(1)《行政诉讼法》规定，法院受理公民、法人和其他组织对下列具体行政行为不服提起的诉讼：

①对拘留、罚款、吊销许可证和执照、责令停产停业、没收财物等行政处罚不服的；

②对限制人身自由(如强制隔离、强制约束)或者对财产的查封、扣押、冻结等行政强制措施不服的；

③认为行政机关侵犯法律规定的经营自主权的；

④认为符合法定条件申请行政机关颁发许可证和执照，行政机关拒绝颁发或者不予答复的；

⑤申请行政机关履行保护人身权、财产权的法定职责，行政机关拒绝履行或者不予答复的；

⑥认为行政机关没有依法发给抚恤金的(如伤残抚恤金、遗属抚恤金、福利金、救济金等)；

⑦认为行政机关违法要求履行义务的(如财产义务、行为义务，典型表现为乱收费、乱摊派)；

⑧认为行政机关侵犯其他人身权、财产权的；

⑨法律、法规规定可以提起行政诉讼的其他行政案件。

(2)法院不受理公民、法人或者其他组织对下列事项提起的诉讼：

①国防、外交等国家行为；

②行政法规、规章或者行政机关制定、发布的具有普遍约束力的决定、命令；

③行政机关对行政机关工作人员的奖惩、任免等决定；

④法律规定由行政机关最终裁决的具体行政行为。

12.5.2 行政复议的申请、受理和决定的有关规定

1. 行政复议申请

公民、法人或者其他组织认为具体行政行为侵犯其合法权益的，可以自知道该具体行政行为之日起60日内提出行政复议申请，但法律规定的申请期限超过60日的除外。因不可抗力或者其他正当理由耽误法定申请期限的，申请期限自障碍消除之日起继续计算。

依法申请行政复议的公民、法人或者其他组织是申请人，做出具体行政行为的行政机关是被申请人。申请人可以委托代理人代为参加行政复议。申请人申请行政复议，可以书面申请，也可以口头申请。

申请行政复议，应按照《行政复议法》的规定向有权受理的行政机关申请，如对县级以上地方各级人民政府工作部门的具体行政行为不服的，由申请人选择，可以向该部门的本级人民政府申请行政复议，也可以向上一级主管部门申请行政复议。

申请行政复议，凡行政复议机关已经依法受理的，或者法律、法规规定应当先向行政复议机关申请行政复议、对行政复议决定不服再向人民法院提起行政诉讼的，在法定行政

复议期限内不得向人民法院提起行政诉讼。公民、法人或者其他组织向人民法院提起行政诉讼,人民法院已经依法受理的,不得申请行政复议。

2. 行政复议受理

行政复议机关收到行政复议申请后,应当在5日内进行审查,依法决定是否受理,并书面告知申请人;对符合行政复议申请条件,但不属于本机关受理范围的,应当告知申请人向有关行政复议机关提出。在行政复议期间,行政机关不停止执行该具体行政行为,但有下列情形之一的,可以停止执行:

(1)被申请人认为需要停止执行的;

(2)行政复议机关认为需要停止执行的;

(3)申请人申请停止执行,行政复议机关认为其要求合理,决定停止执行的;

(4)法律规定停止执行的。

3. 行政复议决定

行政复议原则上采取书面审查的办法,但申请人提出要求或者行政复议机关负责法制工作的机构认为有必要时,可以向有关组织和人员调查情况,听取申请人、被申请人和第三人的意见。行政复议决定做出前,申请人要求撤回行政复议申请的,经说明理由,可以撤回;撤回行政复议申请的,行政复议终止。行政复议机关应当在受理行政复议申请之日起60日内做出行政复议决定,其主要类型包括以下几方面。

(1)对于具体行政行为认定事实清楚,证据确凿,适用依据正确,程序合法,内容适当的,决定维持。

(2)对于被申请人不履行法定职责的,决定其在一定期限内履行。

(3)对于具体行政行为有下列情形之一的,决定撤销、变更或者确认该具体行政行为违法:

①主要事实不清、证据不足的;

②适用依据错误的;

③违反法定程序的;

④超越或者滥用职权的;

⑤具体行政行为明显不当的。

对于决定撤销或者确认该具体行政行为违法的,可以责令被申请人在一定期限内重新做出具体行政行为。

申请人在申请行政复议时可一并提出行政赔偿请求,行政复议机关对符合《国家赔偿法》有关规定应当给予赔偿的,在决定撤销、变更具体行政行为或者确认具体行政行为违法时,应同时决定被申请人依法给予赔偿。

12.5.3 行政诉讼的法院管辖、起诉和受理

1. 行政诉讼管辖

(1)级别管辖。行政诉讼案件一般由基层人民法院管辖,有下列情形之一的,应当由中级人民法院管辖第一审行政案件:

①确认发明专利权的案件、海关处理的案件;

②对国务院各部门或者省、自治区、直辖市人民政府所做的具体行政行为提起诉讼的

案件；

③本辖区内重大、复杂的案件。

高级人民法院和最高人民法院只管辖本辖区范围内重大、复杂的行政诉讼案件。

(2)一般地域管辖。行政案件由最初做出具体行政行为的行政机关所在地人民法院管辖。经复议的案件，复议机关改变原具体行政行为的，也可以由复议机关所在地人民法院管辖。对限制人身自由的行政强制措施不服提起的诉讼，由被告所在地或者原告所在地人民法院管辖。因不动产提起的行政诉讼，由不动产所在地人民法院管辖。

两个以上人民法院都有管辖权的案件，原告可以选择其中一个人民法院提起诉讼。原告向两个以上有管辖权的人民法院提起诉讼的，由最先收到起诉状的人民法院管辖。

2. 起诉

提起诉讼，应符合下列条件：

(1)原告是认为具体行政行为侵犯其合法权益的公民、法人或者其他组织；

(2)有明确的被告；

(3)有具体的诉讼请求和事实根据；

(4)属于人民法院受案范围和受诉人民法院管辖。

行政争议未经行政复议，由当事人直接向法院提起行政诉讼的，除法律另有规定的外，应当在知道做出具体行政行为之日起 3 个月内起诉。经过行政复议，但对行政复议决定不服而依法提起行政诉讼的，应当在收到行政复议决定书之日起 15 日内起诉；若行政复议机关逾期不做复议决定的，除法律另有规定的外，应当在行政复议期满之日起 15 日内起诉。

3. 受理

人民法院接到起诉状，经审查，应当在 7 日内立案或者做出裁定不予受理。原告对裁定不服的，可以提起上诉。

12.5.4 行政诉讼的审理、判决和执行

1. 审理

《行政诉讼法》规定，行政诉讼期间，除该法规定的情形外，不停止具体行政行为的执行。法院审理行政案件，不适用调解。除涉及国家秘密、个人隐私和法律另有规定的外，人民法院公开审理行政案件。

人民法院审理行政案件，以法律和行政法规、地方性法规为依据。地方性法规适用于本行政区域内发生的行政案件；审理民族自治地方的行政案件，应以该民族自治地方的自治条例和单行条例为依据。

人民法院审理行政案件，参照国务院部、委根据法律和国务院的行政法规、决定、命令制定、发布的规章以及省、自治区、直辖市和省、自治区的人民政府所在地的市和经国务院批准的较大的市的人民政府根据法律和国务院的行政法规制定、发布的规章。

经人民法院两次合法传唤，原告无正当理由拒不到庭的，视为申请撤诉；被告无正当理由拒不到庭的，可以缺席判决。

2. 判决

法院对行政诉讼的一审判决，包括以下几方面。

(1)认为具体行政行为证据确凿,适用法律、法规正确,符合法定程序的,判决维持。

(2)认为具体行政行为有下列情形之一的,判决撤销或者部分撤销,并可以判决被告重新做出具体行政行为:

①主要证据不足的;

②适用法律、法规错误的;

③违反法定程序的;

④超越职权的;

⑤滥用职权的。

(3)认为被告不履行或拖延履行法定职责,判决其在一定限期内履行。

(4)认定行政处罚显失公正(即同类型的行政处罚畸轻畸重,明显的不公正)的,可以判决变更。

(5)认为原告的诉讼请求依法不能成立,直接判决否定原告的诉讼请求。

(6)通过对被诉具体行政行为的审查,确认被诉具体行政行为合法或违法的判决。

我国实行二审终审制。当事人不服人民法院第一审判决的,有权在判决书送达之日起 15 日内向上一级人民法院提起上诉:不服人民法院第一审裁定的,有权在裁定书送达之日起 10 日内向上一级人民法院提起上诉;逾期不提起上诉的,人民法院的第一审判决或者裁定发生法律效力。

第二审人民法院在二审程序中对上诉案件进行审理,并依法做出驳回上诉、维持原判,或者撤销原判、依法改判,或者裁定撤销原判的决定,发回原审人民法院重审。

当事人对已经发生法律效力的判决、裁定,认为确有错误的,可以向原审人民法院或者上一级人民法院提出申诉,但判决、裁定不停止执行。

3. 执行

当事人必须履行人民法院发生法律效力的判决、裁定。公民、法人或者其他组织拒绝履行判决、裁定的。行政机关可以向第一审人民法院申请强制执行,或者依法强制执行。行政机关拒绝履行判决、裁定的,第一审人民法院可以采取下列措施:

(1)对应当归还的罚款或者应当给付的赔偿金,通知银行从该行政机关的账户内划拨;

(2)在规定期限内不执行的,从期满之日起,对该行政机关按日处 50 元至 100 元的罚款;

(3)向该行政机关的上一级行政机关或者监察、人事机关提出司法建议。接受司法建议的机关,根据有关规定进行处理,并将处理情况告知人民法院;

(4)拒不执行判决、裁定,情节严重构成犯罪的,依法追究主管人员和直接责任人员的刑事责任。

公民、法人或者其他组织对具体行政行为在法定期间不提起诉讼又不履行的,行政机关可以申请人民法院强制执行,或者依法强制执行。

12.5.5 侵权的赔偿责任

公民、法人或者其他组织的合法权益受到行政机关或者行政机关工作人员做出的具体行政行为侵犯造成损害的,有权请求赔偿。公民、法人或者其他组织单独就损害赔偿提出请求，应当先由行政机关解决；对行政机关的处理不服，可以向人民法院提起诉讼。赔偿诉讼可以适用调解。

根据《国家赔偿法》的规定，行政机关及其工作人员在行使行政职权时有下列侵犯人身权情形之一的，受害人有取得赔偿的权利：

(1)违法拘留或者违法采取限制公民人身自由的行政强制措施的；

(2)非法拘禁或者以其他方法非法剥夺公民人身自由的；

(3)以殴打、虐待等行为或者唆使、放纵他人以殴打、虐待等行为造成公民身体伤害或者死亡的；

(4)违法使用武器、警械造成公民身体伤害或者死亡的；

(5)造成公民身体伤害或者死亡的其他违法行为。

行政机关及其工作人员在行使行政职权时有下列侵犯财产权情形之一的，受害人有取得赔偿的权利：

(1)违法实施罚款、吊销许可证和执照、责令停产停业、没收财物等行政处罚的；

(2)违法对财产采取查封、扣押、冻结等行政强制措施的；

(3)违法征收、征用财产的；

(4)造成财产损害的其他违法行为。

但是，属于下列情形之一的，国家不承担赔偿责任：

(1)行政机关工作人员与行使职权无关的个人行为；

(2)因公民、法人和其他组织自己的行为致使损害发生的；

(3)法律规定的其他情形。

习题与思考

12-1 土木工程纠纷的主要种类有哪些？法律解决途径有哪些？

12-2 民事诉讼制度中民事诉讼的执行程序的概念是什么？执行根据主要有哪些？

12-3 仲裁的基本制度有哪些？什么事仲裁协议及仲裁协议必须具备哪三项内容才能有效？

12-4 人民调解的基本原则是什么？人民调解员应具备的基本条件有哪些？

13　土木工程法律责任

内容提要

掌握：土木工程法律责任的认定与处理。

了解：法律责任的概念、特征和种类；土木工程行政责任、民事责任和刑事责任。

13.1　法律责任概述

13.1.1　法律责任的概念及特征

1. 法律责任的概念

法律责任，也称违法责任，是指自然人、法人或国家公职人员因违反法律而应依法承担的法律后果。

2. 法律责任的特征

法律责任的特征，见表 13-1。

表 13-1　法律责任的特征

特　征	内　容
法律责任具有法定性	法律的法定性，表现在法律的强制性，即违反法律时必然要受到法律的制裁，法律责任是国家强制力在法规中的一个具体体现
引起法律责任的原因是法规关系的主体违反了法律	法规关系的主体违反了法律，不仅包括没有履行法定义务，还包括超越法定权利
法律责任的大小与违反法律义务的程度相适应	违反法律义务的内容多、程度深，法律责任就大；相反，违反法律义务的内容少、程度浅，则法律责任就小
法律责任需由专门的国家机关和部门认定	法律责任是根据法律的规定而让违法者承担一定的责任，是法律适用的一个组成部分。因此，法律责任必须由专门的国家机关和部门认定，无权的单位和个人不能确定法律责任

13.1.2　法律责任的构成要件

1. 有损害事实发生

损害事实，是指违法行为对法律所保护的社会关系和社会秩序造成的侵害。

这种损害事实首先具有客观性，即已经存在，若没有存在损害事实，则不构成法律责任；其次，损害事实不同于损害结果。损害结果是违法行为对行为指向的对象所造成的实际损害。

由此可见，有些违法行为尽管没有损害结果，但已经侵犯了一定的社会关系或社会秩序，因而也要承担相应地法律责任，如犯罪的预备、未遂、中止等。

2. 存在违法行为

法规中规定法律责任的目的，是在于让国家的政治生活和社会生活符合统治阶级的意志，以国家强制力树立法律的威严，制裁违法，减少犯罪。

如果没有违法行为，就无须承担法律责任，而且合法的行为还应受到法律的保护。因此，只要行为没有违法，尽管造成了一定的损害结果，也不承担法律责任，如正当防卫、紧急避险和执行职务等行为。

3. 违法行为与损害事实之间有因果关系

违法行为与损害事实之间的因果关系，是指违法行为与损害事实之间存在客观的、必然的因果关系。

因此，一定的损害事实是该违法行为所引起的必然结果，该违法行为正是引起损害事实的原因。

4. 违法者主观上有过错

过错，是指行为人对其行为及由此引起的损害事实所抱的主观态度，包括故意和过失。

如果行为在主观上既没有故意也没有过失，则行为人对损害结果不必承担法律责任，如建筑施工企业在施工中遇到地震，造成停工，从而延误了工程的工期。

在此种情况下，停工行为和延误工期造成损失的结果并非出自施工者的故意和过失，而属于不可抗力，因而不应承担法律责任。

13.1.3 法律责任的种类

法律责任的种类，见表 13-2。

表 13-2 法律责任的种类

种　类	内　容
民事责任	民事责任，是指按照《民法》规定，民事主体违反民事义务时所应承担的法律责任以产生责任的法律基础为标准，民事责任可分为违约责任和侵权责任。 违约责任是指行为人不履行合同义务而承担的责任。 侵权责任是指行为人侵犯国家、集体和公民的财产权利以及侵犯法人名称权和自然人的人身权时所应承担的责任。 承担民事责任的方式有停止侵害、排除妨碍、消除危险、返还财产、恢复原状、修理、更换、重做、赔偿损失、支付违约金、消除影响、恢复名誉、赔礼道歉等
行政责任	行政责任，是指因违反法律和法规而必须承担的法律责任。行政责任包括以下两种情况： (1)公民和法人因违反行政管理法律、法规的行为而应承担的行政责任； (2)是国家工作人员因违反政纪或在执行职务时违反行政法规的行为

续表

种　类	内　容
行政责任	与此相适应的行政责任的承担方式也分为两类： (1)行政处罚，即由国家行政机关或授权的企事业单位、社会团体，对公民和法人违反行政管理法律和法规的行为所实施的制裁，主要有警告、罚款、拘留、没收、停止营业等； (2)行政处分，即由国家机关、企事业单位对其工作人员违反行政法规或政纪的行为所实施的制裁，主要有警告、记过、记大过、降职、降薪、撤职、留用察看、开除等
经济责任	经济责任，是指经济法规关系主体因违反经济法律和法规而应承担的法律责任。由于经济法规关系包含了行政、民事法规关系的内容，因此，其法律责任的承担方式主要是行政责任和民事责任的承担方式，若违反经济法规关系的行为触犯了刑法的规定，则必须承担刑事责任
刑事责任	刑事责任，是指犯罪主体因违反《刑法》的规定，实施犯罪行为时所应承担的法律责任。 刑事责任是法律责任中最强烈的一种，其承担方式是刑事处罚。刑事处罚有两种。 (1)主刑：包括管制，拘役、有期徒刑、无期徒刑和死刑； (2)附加刑：包括罚金、没收财产和剥夺政治权利。 有些刑事责任可以根据犯罪的具体情况而免除刑事处罚。对免除刑事处罚的罪犯，有关部门可以根据法律的规定使其承担其他种类的法律责任，如对贪污犯可以给予开除公职的行政处分等

13.2　土木工程常见的法律责任

13.2.1　行政责任

1. 工程建设领域常见的行政责任种类

1) 行政处罚

行政处罚，是指国家行政机关及其他依法可以实施行政处罚权的组织，对违反经济、行政管理法律、法规、规章，尚不构成犯罪的公民、法人及其他组织实施的一种法律制裁。

在工程建设领域，对建设单位、勘察单位、设计单位、施工单位、工程监理单位等参建单位而言，行政处罚是更为常见的行政责任承担形式。

《中华人民共和国行政处罚法》(以下简称《行政处罚法》)是规范和调整行政处罚的设定和实施的法律依据。

(1)行政处罚的种类，见表 13-3。

表 13-3　行政处罚的种类

种　类	内　容
警告	警告，是违法者承担的行政责任中最为轻微的一种，是由行政机关依法对违法者提出的一种谴责性的警示

续表

种 类	内 容
罚款	罚款,是行政机关对违法者的一种经济制裁,是行政机关责令违法者交纳一定数额金钱的责任形式。 在违反工程建设法规的行政责任中,罚款是适用范围较为广泛的一种
没收违法所得、没收非法财物	没收违法所得、没收非法财物,如根据《招标投标法》的规定,投标人相互串通投标或者与招标人串通投标的,投标人以向招标人或者评标委员会成员行贿的手段谋取中标的,中标无效,处中标项目金额5‰以上10‰以下的罚款,对单位直接负责的主管人员和其他直接责任人员处单位罚款数额5‰以上10‰以下的罚款;有违法所得的,并处没收违法所得
责令停产停业	责令停产停业,是行政主体对违反行政法规的企业,在一定期限内剥夺其从事生产或经营活动权利的一种行政处罚。 责令停产停业有一定的期限,指令违法企业在此期间整改。在违法企业整改并认识到自己的违法行为之后,应允许其恢复营业
暂扣或者吊销许可证、暂扣或者吊销执照	暂扣或者吊销许可证、暂扣或者吊销执照,是指行政主体对于具有违法行为的相对人,暂扣或者吊销其许可证或执照,从而停止或撤销违法者从事某项活动或享有某项权利的一种处罚。 暂扣或者吊销许可证、暂扣或者吊销执照,是一种比责令停产停业更为严厉的处罚,主要适用比较严重的违法行为
行政拘留	行政拘留,是行政责任中一种较为严厉的责任形式,是公安机关短期剥夺违法者人身自由的行政责任形式。行政拘留的期限是1日以上15日以下
法律、行政法规规定的其他行政处罚	根据《行政处罚法》规定的6种具体行政处罚种类,我国工程建设领域的法律、行政法规所设定的行政处罚种类主要有:警告,罚款,没收违法所得,没收违法建筑物、构筑物和其他设施,责令停业整顿,责令停止执业业务,降低资质等级,吊销资质证书(同时吊销营业执照),吊销执业资格证书或其他许可证、执照等

(2)行政处罚的设定。行政处罚的设定,是指国家有权依法设立行政处罚,赋予行政机关行政处罚职权的立法活动。

《行政处罚法》对不同法规性文件设定各类行政处罚的权限划分做出了规定:

①法律。可以设定各种行政处罚。其中,限制人身自由的行政处罚,只能由法律设定。

②行政法规。可以设定除限制人身自由以外的行政处罚。

③地方性法规。可以设定除限制人身自由、吊销企业营业执照以外的行政处罚。

④部门规章。可以在法律、行政法规规定的给予行政处罚的行为、种类和幅度的范围内做出具体规定。尚未制定法律、行政法规的,部门规章对违反行政管理秩序的行为,可以设定警告或者一定数额罚款的行政处罚。

⑤地方政府规章。可以在法律、法规(包括行政法规和地方性法规)规定的给予行政

处罚的行为、种类和幅度的范围内做出具体规定。尚未制定法律、法规的，地方政府规章可以设定警告或者一定数额罚款的行政处罚。

根据《行政处罚法》第 14 条的规定，除了法律、法规、规章（包括部门规章和地方政府规章）以外，其他规范性文件不得设定行政处罚。

2)行政处分

《中华人民共和国公务员法》(以下简称《公务员法》)第 55 条规定，公务员因违法违纪行为应当承担纪律责任的，依照本法给予处分；违纪行为情节轻微，经批评教育后，可以免予处分。

根据《公务员法》第 56 条的规定，处分分为：警告、记过、记大过、降级、撤职、开除。

受撤职处分的，按照规定降低级别。受行政处分期间，不得晋升职务和级别；其中受到除警告以外的行政处分的，不得晋升工资档次。

2. 行政处罚程序

1)行政处罚的决定程序

(1)一般规则。

①公民、法人或者其他组织违反行政管理秩序的行为，依法应当给予行政处罚的，行政机关必须查明事实；违法事实不清的，不得给予行政处罚。

②行政机关在做出行政处罚决定之前，应当告知当事人做出行政处罚决定的事实理由和依据，并告知当事人依法享有的权利。行政机关及其执法人员违反该规定，未向当事人告知行政处罚的事实、理由和依据的，行政处罚决定不能成立。

③当事人有权进行陈述和申辩。行政机关必须充分听取当事人的意见，对当事人提出的事实、理由和证据，应当进行复核；当事人提出的事实、理由或者证据成立的，行政机关应当采纳，不得因当事人申辩而加重处罚。行政机关及其执法人员违反该规定，拒绝听取当事人的陈述、申辩的，行政处罚决定不成立。

(2)程序种类，见表 13-4。

表 13-4　程序种类

种　类	内　容
简易程序	简易程序，是指针对违法事实确凿并有法定依据，对公民处以 50 元以下、对法人或者其他组织处以 1000 元以下罚款或警告的行政处罚而设定的行政处罚程序。适用简易程序可以当场做出行政处罚决定
一般程序	一般程序，是指普遍适用的行政处罚程序，适用于除适用简易程序的行政处罚以外的其他行政处罚
听证程序	听证程序，是指针对行政执法机关做出吊销资质证书、执业资格证书、责令停产停业，责令停业整顿（包括属于停业整顿性质的，责令在规定的时限内不得承接新的业务），责令停止执业业务，没收违法建筑物、构筑物和其他设施以及处以较大数额罚款等行政处罚而设定的行政处罚程序。 对适用听证程序的行政处罚，行政机关在做出行政处罚决定前，应当告知当事人有要求举行听证的权利；当事人要求听证的，行政机关应当组织听证。当事人不承担行政机关组织听证的费用

2)行政处罚的执行程序

行政处罚的执行程序,是指确保行政处罚决定所确定的内容得以实现的程序。行政处罚决定一旦做出,就具有法律效力,当事人应当在行政处罚决定的期限内予以履行。

当事人对行政处罚决定不服申请行政复议或者提起行政诉讼的,除法律另有规定的以外,行政处罚不停止执行。

13.2.2 民事责任

1. 民事责任的种类

(1)违约责任。违约责任,是指合同当事人一方或者双方不履行合同,或者不适当履行合同,按照法律规定或者合同约定应承担的责任。

(2)侵权责任。侵权责任,是指行为人侵犯国家、集体和公民的财产权利,以及侵犯法人名称权和自然人的人身权时所应承担的民事责任。

①侵权责任不同于违约责任,其区别主要体现在以下三个方面:

a. 侵权行为违反的是法定义务,违约行为违反的是约定义务;

b. 侵权行为侵犯的是绝对权,违约行为侵犯的是相对权,即债权;

c. 侵权行为的法律责任包括财产责任和非财产责任,违约行为的责任仅限于财产责任。

②根据《民法通则》及相关司法解释的有关规定,工程建设领域较常见的侵权行为,见表 13-5。

表 13-5 工程建设领域较常见的侵权行为

项 目	内 容
侵害公民身体造成伤害的侵权行为	侵害公民身体造成伤害的,应当赔偿医疗费、因误工减少的收入、残废者生活补助费等费用;造成死亡的,并应当支付丧葬费、死者生前扶养的人必要的生活费等费用
环境污染致人损害的侵权行为	违反国家保护环境防止污染的规定,污染环境造成他人损害的,应当依法承担民事责任
地面施工致人损害的侵权行为	在公共场所、道旁或者通道上挖坑、修缮安装地下设施等,没有设置明显标识和采取安全措施造成他人损害的,施工人应当承担民事责任
建筑物及地上物致人损害的侵权行为	建筑物或者其他设施以及建筑物上的搁置物、悬挂物发生倒塌、脱落、坠落造成他人损害的,其所有人或者管理人应当承担民事责任,但能证明自己没有过错的除外。 道路、桥梁、隧道等人工建造的构筑物因维护、管理瑕疵致人损害的,也适用上述规定,而且如果因设计、施工缺陷造成损害的,则由所有人、管理人与设计、施工者承担连带责任

2. 承担民事责任的方式

(1)停止侵害。停止侵害是指侵害人终止其正在进行或者延续的损害他人合法权益的行为,其目的是在于及时制止侵害行为,防止损失的扩大。

(2)排除妨碍。排除妨碍是指侵害人排除由其行为引起的妨碍他人权利正常行使和利益实现的客观事实状态,其目的是在于保证他人能够行使自己的合法权益。

(3)消除危险。消除危险是指侵害人消除由其行为或者物件引起的现实存在的某种有可能对他人的合法权益造成损害的紧急事实状态,其目的是在于防止损害或妨碍的发生。

(4)返还财产。返还财产是指侵害人将其非法占有或者获得的财产转移给所有人或者权利人。返还的财产包括:

①因不当得利所获得的财产;

②民事行为被确认无效或者被撤销而应当返还的财产;

③非法侵占他人的财产。

(5)恢复原状。恢复原状是指使受害人的财产恢复到受侵害之前的状态。使用这种责任形式需要具有两个前提条件:

①财产恢复的可能性;

②财产恢复的必要性。

(6)修理、重作、更换。修理、重作、更换主要适用于违反合同质量条款的民事责任形式。

①修理,是指使受损害的财产或者不符合合同约定质量的标的物具有应当具备的功能、质量。

②重作,是指重新加工、制作标的物。

③更换,是指以符合质量要求的标的物替代已交付的质量不符合要求的标的物。其中,修理和重作可以适用于种类物或者特定物,更换只能适用于种类物。种类物,是指不具有独立特征,可以互相代替,并可以用品种、规格、度量衡加以计算的物,如商店中的商品等。特定物是指具有独立特征,不能相互代替,可以与其他物相区别的物,其主要包括:

①独一无二的物,如某画家的某幅面等;

②特定化的种类物,是从一般商品中独立出来的物,其可能与一般种类物类似,在规格、质量、性能等方面一样,但其具有特殊的意义,具有不可代替性,如结婚纪念照等。

(7)赔偿损失。赔偿损失是指行为人因违反民事义务致人损害,应以财产赔偿受害人所受的损失。

对于违约责任,赔偿额应当相当于对方因违约造成的损失。对于侵权责任,包括对财产损失和精神损失的赔偿。

(8)支付违约金。

(9)消除影响、恢复名誉。

①消除影响,是指加害人在其不良影响所及范围内消除对受害人不利后果的民事责任。

②恢复名誉,是指加害人在其侵权后果所及范围内使受害人的名誉恢复到未曾受损害的状态。

加害人拒不执行生效判决,不为受害人消除影响、恢复名誉的,人民法院可以采取公告、登报的方式,将判决的内容和有关情况公布于众,以达到消除影响、恢复名誉的目的。公告、登记的费用由加害人承担。

(10)赔礼道歉。赔礼道歉是指加害人以口头或者书面的方式向受害人承认过错、表示歉意。赔礼道歉一般应当公开进行,否则不足以消除影响。但受害人要求不公开进行的，也可以秘密进行。由法院判决加害人承担赔礼道歉责任的，赔礼道歉的内容应当经法院审查同意。

13.2.3　刑事责任

1. 犯罪构成与刑罚种类

1)犯罪构成

犯罪，是指具有社会危害性、刑事违法性并应受到刑事处罚的违法行为。

犯罪构成，是指认定犯罪的具体法律标准，是刑法规定的某种行为构成犯罪所必须具备的主观要件和客观要件的总和。

犯罪的构成要件，见表 13-6。

表 13-6　犯罪的构成要件

要　件	内　容
犯罪客体	犯罪客体，是指刑法所保护的而被犯罪所侵害的社会关系。 《刑法》第 13 条和分则的规定，具体指明了刑法所保护的社会关系的种类
犯罪的客观方面	犯罪的客观方面，是指刑法所规定的构成犯罪在客观上必须具备的危害社会的行为和由这种行为所引起的危害社会的结果。 犯罪的客观方面说明了犯罪客体在什么样的条件下，通过什么样的危害行为而受到什么样的侵害。因此讲，犯罪得客观方面也是犯罪构成不可缺少的要件
犯罪主体	犯罪主体，是指实施了犯罪行为，依法应当承担刑事责任的人。 我国《刑法》对犯罪主体的规定包含了两种人： (1)达到刑事责任年龄，具有刑事责任能力，实施了犯罪行为的自然人； (2)实施了犯罪行为的企业事业单位、国家机关、社会团体等单位。 按照对犯罪主体是否有特定要求，又可分为一般主体和特殊主体
犯罪的主观方面	犯罪的主观方面，是指犯罪主体对自己实施的危害社会行为及其结果所持的心理态度。 根据《刑法》规定，一个人只有在故意或过失地实施某种危害社会的行为时，才负刑事责任。因此，故意或过失作为犯罪的主观方面，也是构成犯罪必不可少的要件之一

2)刑罚种类

根据《刑法》第 32 条规定，刑罚分为主刑和附加刑。主刑只能单独适用，不能附加适用，一个罪只能适用一个主刑，不能同时适用两个以上主刑；附加刑(从刑)，是指补充主刑适用的刑罚方法，可以附加主刑适用，也可以单独适用。

(1)主刑。根据《刑法》第 33 条规定，主刑的种类，见表 13-7。

表 13-7　主刑的种类

种　类	内　容
管制	管制，是对罪犯不予关押，但限制其一定自由，由公安机关执行和群众监督改造的刑罚方法

续表

种　类	内　容
管制	管制具有一定的期限,管制的期限为3个月以上2年以下,数罪并罚时不得超过3年。管制的刑期从判决执行之日起计算,判决前先行羁押的,羁押1日抵折刑期2日。 数罪并罚是指人民法院对一人犯数罪分别定罪量刑,并根据法定原则与方法决定应当执行的刑罚
拘役	拘役,是短期剥夺犯罪人自由,就近实行劳动的刑罚方法。拘役的期限为1个月以上6个月以下,数罪并罚时不得超过1年。拘役的刑期从判决执行之日起计算,判决执行前先行羁押的,羁押1日抵折刑期1日。 拘役由公安机关在就近的拘役所、看守所或者其他监管场所执行。在执行期间,受刑人每月可以回家一天至两天;参加劳动的,可以酌量发给报酬
有期徒刑	有期徒刑,是剥夺犯罪人一定期限的自由,实行强制劳动改造的刑罚方法。有期徒刑的犯罪人拘押于监狱或其他执行场所。有期徒刑的基本内容是对犯罪人实行劳动改造。 《刑法》第46条规定,被判处徒刑的人凡有劳动能力的,都应当参加劳动,接受教育和改造。 有期徒刑的刑期为6个月以上15年以下,数罪并罚时不得超过20年。刑期从判决执行之日起计算,判决执行前先行羁押的,羁押1日抵折刑期1日
无期徒刑	无期徒刑,是剥夺犯罪人终身自由,实行强迫劳动改造的刑罚方法。无期徒刑的基本内容也是对犯罪人实施劳动改造。 无期徒刑不可孤立适用,即对于被判处无期徒刑的犯罪人,应当附加剥夺政治权利终身;对于被判处管制、拘役、有期徒刑的犯罪人,不必附加剥夺政治权利
死刑	死刑,是剥夺犯罪人生命的刑罚方法,包括立即执行与缓期两年执行两种情况。死刑是刑法体系中最为严厉的刑罚方法

(2)附加刑。根据《刑法》第34条的规定,附加刑的种类,见表13-8。

表13-8　附加刑的种类

种　类	内　容
罚金	罚金是人民法院判处犯罪人向国家交纳一定数额金钱的刑罚方法。 《刑法》第52条规定,判处刑罚,应当根据犯罪情节决定罚金数额
剥夺政治权利	剥夺政治权利,是指剥夺犯罪人参加管理国家和政治活动的权利的刑罚方法。剥夺政治权利是同时剥夺的权利,包括:选举权与被选举权;言论、出版、集会、结社、游行、示威自由的权利
没收财产	没收财产,是将犯罪人所有财产的一部分或者全部强制无偿收归国有的刑罚方法。没收财产与没收犯罪物品有本质上的区别,没收财产是没收犯罪人合法所有并且没有用于犯罪的财产。 《刑法》第59条规定,判处没收财产时,既可以判处没收犯罪人的全部财产,也可以判处没收犯罪人所有的部分财产。没收全部财产的,应当对犯罪人个人及其抚养的家属保留必要的生活费用

2. 工程建设领域重大责任事故犯罪构成

1)重大责任事故罪

重大责任事故罪，是指在生产、作业中违反有关安全管理的规定，或者强令他人违章冒险作业，因而发生重大伤亡事故或者造成其他严重后果的行为。重大责任事故罪的犯罪构成及其特征是：

(1)犯罪客体。重大责任事故罪的客体，是生产安全。

(2)犯罪的客观方面。重大责任事故罪的客观方面，表现为在生产、作业中违反有关安全管理的规定，或者强令他人违章冒险作业，因而发生重大伤亡事故或者造成其他严重后果的行为。

(3)犯罪主体。重大责任事故罪的主体是一般主体，包括建筑企业的安全生产从业人员、安全生产管理人员以及对安全事故负有责任的包工头、无证从事生产、作业的人员等。

(4)犯罪的主观方面。重大责任事故罪的主观方面表现为过失，这种过失不论是表现为疏忽大意或过于自信，行为人在主观上的心理状态都是一样的，即在主观上都不希望发生危害社会的严重后果。但行为人对于在生产、作业中违反有关安全管理的规定，或者强令他人违章冒险作业行为本身，则可能是故意的。

(5)刑罚。《刑法修正案》(六)规定，在生产、作业中违反有关安全管理的规定，因而发生重大伤亡事故或者造成其他严重后果的，处 3 年以下有期徒刑或者拘役；情节特别恶劣的，处 3 年以上 7 年以下有期徒刑。

强令他人违章冒险作业，因而发生重大伤亡事故或者造成其他严重后果的，处 5 年以下有期徒刑或者拘役；情节特别恶劣的，处 5 年以上有期徒刑。

2)重大劳动安全事故罪

重大劳动安全事故罪，主要指安全生产设施或者安全生产条件不符合国家规定，因而发生重大伤亡事故或者造成其他严重后果的行为。重大劳动安全事故罪的犯罪构成及其特征是：

(1)犯罪客体。重大劳动安全事故罪的客体，是劳动安全。

(2)犯罪的客观方面。重大劳动安全事故罪的客观方面，表现为安全生产设施或者安全生产条件不符合国家规定，因而发生重大伤亡事故或者造成其他严重后果的行为。

(3)犯罪主体。重大劳动安全事故罪的主体是特殊主体，即直接负责的主管人员和其他直接责任人员。

直接负责的主管人员，包括生产经营单位的负责人、生产经营的指挥人员、实际控制人、投资人。

其他直接责任人员，包括对安全生产设施、安全生产条件负有提供、维护、管理职责的人。

(4)犯罪的主观方面。重大劳动安全事故罪的主观方面表现为过失，即在主观上都不希望发生危害社会的严重后果。但行为人对安全生产设施或者安全生产条件不符合国家规定，则可能是故意的，也可能是过失。

(5)刑罚。《刑法修正案》(六)规定，安全生产设施或者安全生产条件不符合国家规定，因而发生重大伤亡事故或者造成其他严重后果的，对直接负责的主管人员和其他直接责任人员，处 3 年以下有期徒刑或者拘役；情节特别恶劣的，处 3 年以上 7 年以下有期徒刑。

3)工程重大安全事故罪

工程重大安全事故罪，是指建设单位、设计单位、施工单位、工程监理单位违反国家规定，降低工程质量标准，造成重大安全事故的行为。工程重大安全事故罪的犯罪构成及其特征是：

(1)犯罪客体。工程重大安全事故罪的客体，是公共安全和国家有关工程建设管理的法律制度。

(2)犯罪的客观方面。工程重大安全事故罪的客观方面，表现为违反国家规定，降低工程质量标准，造成重大安全事故的行为。

(3)犯罪主体。工程重大安全事故罪的主体是特殊主体，仅限于建设单位、设计单位、施工单位和工程监理单位。

(4)犯罪的主观方面。工程重大安全事故罪的主观方面表现为过失。但行为人违反国家规定、降低质量标准则可能是故意，也可能是过失。

(5)刑罚。《刑法》第 137 条规定，建设单位、设计单位、施工单位、工程监理单位违反国家规定，降低工程质量标准，造成重大安全事故的，对直接责任人员，处 5 年以下有期徒刑或者拘役，并处罚金；后果特别严重的，处 5 年以上 10 年以下有期徒刑，并处罚金。

3. 工程建设领域的其他犯罪构成

1)串通投标罪

串通投标罪，是指投标人相互串通投标报价，损害招标人或者其他投标人利益，情节严重的行为，以及投标人与招标人串通投标，损害国家、集体、公民的合法利益的行为。

(1)犯罪客体。串通投标罪的客体，是市场交易(特别是建设工程交易市场)的正常秩序和招标人、投标人的合法权益。

(2)犯罪的客观方面。串通投标罪的客观方面，表现为投标人相互串通投标报价，损害招标人或者其他投标人利益，或者投标人与招标人串通投标，损害国家、集体、公民的合法权益的行为。

(3)犯罪主体。串通投标罪的犯罪主体，是投标人(两个以上)或者投标人与招标人。

(4)犯罪的主观方面。串通投标罪的主观方面，表现为故意。

(5)刑罚。《刑法》第 223 条规定：投标人相互串通投标报价，损害招标人或者其他投标人利益，情节严重的，处三年以下有期徒刑或者拘役，并处或者单处罚金。投标人与招标人串通投标，损害国家、集体、公民的合法利益的，依照前款的规定处罚。

2)贪污罪

贪污罪，是指国家工作人员利用职务上的便利，侵吞、窃取、骗取或者以其他手段非法占有公共财物的行为。受国家机关、国有公司、企业、事业单位、人民团体委托管理、经营国有财产的人员，利用职务上的便利，侵吞、窃取、骗取或者以其他手段非法占有国有财物的，以贪污论。

(1)犯罪客体。贪污罪的客体，是国家工作人员职务行为的廉洁性和公共财产权。

(2)犯罪的客观方面。贪污罪的客观方面，表现为利用职务上的便利，侵吞、窃取、骗取或者以其他手段非法占有公共财物的行为。

(3)犯罪主体。本罪的犯罪主体是特殊主体，专指国家工作人员以及受国家机关、国有公司、企业、事业单位、人民团体委托管理、经营国有财产的人员。其中，国家工作人员包括：

①国家机关中从事公务的人员；

②国有公司、企业、事业单位、人民团体中从事公务的人员；

③国家机关、国有公司、企业、事业单位委派到非国有公司、企业、事业单位、社会团体中从事公务的人员；

④其他依照法律从事公务的人员。

(4)犯罪的主观方面。贪污罪的主观方面，表现为故意。

(5)刑罚。《刑法》第 383 条规定，对犯贪污罪的，根据情节轻重，分别依照下列规定处罚：

①个人贪污数额在 10 万元以上的，处 10 年以上有期徒刑或者无期徒刑，可以并处没收财产；情节特别严重的，处死刑，并处没收财产。

②个人贪污数额在 5 万元以上不满 10 万元的，处 5 年以上有期徒刑，可以并处没收财产；情节特别严重的，处无期徒刑，并处没收财产。

③个人贪污数额在 5000 元以上不满 5 万元的，处 1 年以上 7 年以下有期徒刑；情节严重的，处 7 年以上 10 年以下有期徒刑。

个人贪污数额在 5000 元以上不满 1 万元，犯罪后有悔改表现、积极退赃的，可以减轻处罚或者免予刑事处罚，由其所在单位或者上级主管机关给予行政处分。

④个人贪污数额不满 5000 元，情节较重的，处 2 年以下有期徒刑或者拘役；情节较轻的，由其所在单位或者上级主管机关酌情给予行政处分。对多次贪污未经处理的，按照累计贪污数额处罚。

3)受贿罪

受贿罪，是指国家工作人员利用职务上的便利，索取他人财物的，或者非法收受他人财物的，为他人谋取利益的行为。

(1)犯罪客体。受贿罪的客体，是国家工作人员职务行为的廉洁性。

(2)犯罪的客观方面。受贿罪的客观方面，表现为行为人：

①利用职务上的便利，索取他人财物的行为；

②利用职务上的便利，非法收受他人财物的，为他人谋取利益的行为；

③在经济往来中，违反国家规定，收受各种名义的回扣、手续费，归个人所有的；

④利用本人职权或者地位形成的便利条件，通过其他国家工作人员职务上的行为，为请托人谋取不正当利益，索取请托人财物或者收受请托人财物的行为。

(3)犯罪主体。受贿罪的犯罪主体是特殊主体，专指国家工作人员。

(4)犯罪的主观方面。受贿罪的主观方面，表现为故意。

(5)刑罚。《刑法》第 386 条规定，对犯受贿罪的，根据受贿所得数额及情节，依照本法第 383 条的规定处罚。索贿的从重处罚。

4)行贿罪

行贿罪，是指为谋取不正当利益，给予国家工作人员以财物的行为。

(1)犯罪客体。行贿罪的客体，是国家工作人员职务行为的廉洁性。

(2)犯罪的客观方面。行贿罪的客观方面，表现为行为人：

①为谋取不正当利益，给予国家工作人员以财物的行为；

②在经济往来中，违反国家规定，给予国家工作人员以财物，数额较大的；

③在经济往来中，违反国家规定，给予国家工作人员以各种名义的回扣、手续费的。

行为人因被勒索给予国家工作人员以财物，没有获得不正当利益的，不是行贿。

(3)犯罪主体。行贿罪的犯罪主体是一般主体，即达到刑事责任年龄并具有刑事责任能力的自然人。

(4)犯罪的主观方面。行贿罪的主观方面，表现为故意。

(5)刑罚。《刑法》第 390 条规定，对犯行贿罪的，处 5 年以下有期徒刑或者拘役；因行贿谋取不正当利益，情节严重的，或者使国家利益遭受重大损失的，处 5 年以上 10 年以下有期徒刑；情节特别严重的，处 10 年以上有期徒刑或者无期徒刑，可以并处没收财产。行贿人在被追诉前主动交代行贿行为的，可以减轻处罚或者免除处罚。

13.3 土木工程法律责任的认定和处理

13.3.1 违反《招标投标法》的法律责任

1. 必须招标而未招标的法律责任

必须进行招标的项目而不招标的，将必须进行招标的项目化整为零或者以其他任何方式规避招标的，责令限期改正，可以处项目合同金额 5‰以上 10‰以下的罚款；对全部或者部分使用国有资金的项目，可以暂停项目执行或暂停资金拨付；对单位直接负责的主管人员和其他直接责任人员依法给予处分。

2. 招标代理机构的法律责任

招标代理机构违反《招标投标法》规定，泄露应当保密的与招标投标活动有关的情况和资料的，或者与招标人、投标人串通损害国家利益、社会公共利益或者他人合法权益的，处 5 万元以上 25 万元以下的罚款，对单位直接负责的主管人员和其他直接责任人员处单位罚款数额 5%以下 10%以下的罚款；有违法所得的，并处没收违法所得；情节严重的，暂停直至取消招标代理资格；构成犯罪的，依法追究刑事责任。给他人造成损失的，依法承担赔偿责任。

3. 招标人的法律责任

(1)招标人以不合理的条件限制或者排斥潜在投标人的，对潜在投标人实行歧视待遇的，强制要求投标人组成联合体共同投标的，或者限制投标人之间竞争的，责令改正，可以处 1 万元以上 5 万元以下的罚款。

(2)依法必须进行招标项目的招标人向他人透露已获取招标文件的潜在投标人的名称、数量或者可能影响公平竞争的有关招标投标的其他情况的，或者泄露标底的，给予警告，可以并处 1 万元以上 10 万元以下的罚款；对单位直接负责的主管人员和其他直接责任人员依法给予处分；构成犯罪的，依法追究刑事责任。

(3)依法必须进行招标的项目，招标人违反《招标投标法》规定，与投标人就投标价格、投标方案等实质性内容进行谈判的，给予警告，对单位直接负责的主管人员和其他直接责任人员依法给予处分。

(4)招标人在评标委员会依法推荐的中标候选人以外确定中标人的,依法必须进行招标的项目在所有投标被评标委员会否决后自行确定中标人的,中标无效,并责令改正,可以处中标项目金额0.5%以上1%以下的罚款;对单位直接负责的主管人员和其他直接责任人员依法给予处分。

4. 投标人的法律责任

(1)投标人相互串通投标或者与招标人串通投标的,投标人以向招标人或评标委员会成员行贿的手段谋取中标的,中标无效,处中标项目金额0.5%以上1%以下的罚款,对单位直接负责的主管人员和其他直接责任人员处单位罚款数额5%以上10%以下的罚款;有违法所得的,并处没收违法所得;情节严重的,取消其1～2年内参加依法必须进行招标的项目的投标资格并予以公告,直至由工商行政管理机关吊销其营业执照;构成犯罪的,依法追究刑事责任;给他人造成损失的,依法承担赔偿责任。

(2)投标人以他人名义投标或者以其他方式弄虚作假、骗取中标的,中标无效,给招标人造成损失的,依法承担赔偿责任;构成犯罪的,依法追究刑事责任。依法必须进行招标的项目的投标人有上述所列行为尚未构成犯罪的,处中标项目金额0.5%以上1%以下的罚款,对单位直接负责的主管人员和其他直接责任人员处单位罚款数额5%以上10%以下的罚款;有违法所得的,并处没收违法所得;情节严重的,取消其1～3年内参加依法必须进行招标的项目的投标资格并予以公告,直至由工商行政管理机关吊销其营业执照。

5. 评标委员会的法律责任

评标委员会成员收受投标人的财物或其他好处的,评标委员会成员或参加评标的有关工作人员向他人透露对投标文件的评审和比较、中标候选人的推荐以及与评标有关的其他情况的,给予警告,没收收受的财物,可以并处3000元以上5万元以下的罚款。

对有以上所列违法行为的评标委员会成员取消担任评标委员会成员的资格,不得再参加任何依法必须进行招标的项目的评标;构成犯罪的,依法追究刑事责任。

6. 中标人的法律责任

(1)中标人将中标项目转让给他人的,将中标项目肢解后分别转让给他人的,将中标项目的部分主体、关键性工作分包给他人的,或者分包人再次分包的,转让、分包无效,处转让、分包项目金额0.5%以上1%以下的罚款;有违法所得的,并处没收违法所得;可以责令停业整顿;情节严重的,由工商行政管理机关吊销其营业执照。

(2)中标人不履行与招标人订立的合同的,履约保证金不予退还;给招标人造成的损失超过履约保证金数额的,还应当对超过的部分予以赔偿;没有提交履约保证金的,应当对招标人的损失承担赔偿责任。

(3)中标人不按照与招标人订立的合同履行义务,情节严重的,取消其2～5年内参加依法必须进行招标的项目的投标资格并予以公告,直至由工商行政管理机关吊销其营业执照。

7. 行政处罚

招标人与中标人不按照招标文件和中标人的投标文件订立合同的,或者招标人与中标人订立背离合同实质性内容的协议的,责令改正,可以处中标项目金额0.5%以上1%以下的罚款。

8. 行政监督机关的法律责任

对招标投标活动依法负有职责的国家机关工作人员徇私舞弊、滥用职权或者玩忽职守，构成犯罪的，依法追究刑事责任；尚不构成犯罪的，依法给予行政处分。

13.3.2 违反《建筑法》的法律责任

1. 建筑施工企业的法律责任

(1)未取得施工许可证或者开工报告未经批准擅自施工的，责令改正，对不符合开工条件的责令停止施工，可以处以罚款。

(2)超越本单位资质等级承揽工程的，责令停止违法行为，并处罚款，可以责令停业整顿，降低资质等级；情节严重的，吊销资质证书；有违法所得的，予以没收。

未取得资质证书承揽工程的，予以取缔，并处罚款；有违法所得的，予以没收。

以欺骗手段取得资质证书的，吊销资质证书，处以罚款；构成犯罪的，依法追究刑事责任。

(3)建筑施工企业转让、出借资质证书或者以其他方式允许他人以本企业的名义承揽工程的，责令改正，没收违法所得，并处罚款，可以责令停业整顿，降低资质等级；情节严重的，吊销资质证书。

对因该项承揽工程不符合规定的质量标准而造成的损失，建筑施工企业与使用本企业名义的单位或者个人承担连带赔偿责任。

2. 工程承包单位的法律责任

(1)承包单位将承包的工程转包的，或者违反《建筑法》规定进行分包的，责令改正，没收违法所得，并处罚款，可以责令停业整顿，降低资质等级；情节严重的，吊销资质证书。承包单位有前款规定的违法行为的，对因转包工程或者违法分包的工程不符合规定的质量标准而造成的损失，与接受转包或者分包的单位承担连带赔偿责任。

(2)在工程发包与承包中索贿、受贿、行贿，构成犯罪的，依法追究刑事责任；不构成犯罪的，分别处以罚款、没收贿赂的财物，对直接负责的主管人员和其他直接责任人员给予处分。

对在工程承包中行贿的承包单位，除依照前款规定处罚外，还可以责令停业整顿，降低资质等级或者吊销资质证书。

3. 工程监理单位的法律责任

工程监理单位与建设单位或者建筑施工企业串通，弄虚作假、降低工程质量的，责令改正，并处以罚款，降低资质等级或者吊销资质证书；有违法所得的，予以没收；造成损失的，承担连带赔偿责任；构成犯罪的，依法追究刑事责任。

工程监理单位转让监理业务的，责令改正，没收违法所得，可以责令停业整顿，降低资质等级；情节严重的，吊销资质证书。

4. 建筑施工、设计单位的法律责任

(1)违反《建筑法》规定，涉及建筑主体或者承重结构变动的装修工程擅自施工的，责令改正，处以罚款；造成损失的，承担赔偿责任；构成犯罪的，依法追究刑事责任。

(2)建筑施工企业违反《建筑法》规定，对建筑安全事故隐患不采取措施予以消除的，责令改正，可以处以罚款；情节严重的，责令停业整顿，降低资质等级或者吊销资质证书；

构成犯罪的，依法追究刑事责任。

建筑施工企业的管理人员违章指挥、强令职工冒险作业，因而发生重大伤亡事故或者造成其他严重后果的，依法追究刑事责任。

(3)建设单位违反《建筑法》规定，要求建筑设计单位或者建筑施工企业违反建筑工程质量、安全标准，降低工程质量的，责令改正，可以处以罚款；构成犯罪的，依法追究刑事责任。

(4)建筑设计单位不按照建筑工程质量、安全标准进行设计的，责令改正，处以罚款；造成工程质量事故的，责令停业整顿，降低资质等级或者吊销资质证书，没收违法所得，并处罚款；造成损失的，承担赔偿责任；构成犯罪的，依法追究刑事责任。

(5)建筑施工企业在施工中偷工减料的，使用不合格的建筑材料、建筑构配件和设备的，或者有其他不按照工程设计图纸或者施工技术标准施工的行为的，责令改正，处以罚款；情节严重的，责令停业整顿、降低资质等级或者吊销资质证书；造成建筑工程质量不符合规定的质量标准的，负责返工、修理，并赔偿因此造成的损失；构成犯罪的，依法追究刑事责任。

(6)建筑施工企业违反《建筑法》规定，不履行保修义务或者拖延履行保修义务的，责令改正，可以处以罚款，并对在保修期内因屋顶、墙面渗漏、开裂等质量缺陷造成的损失，承担赔偿责任。

5. 主管部门的法律责任

(1)政府及其所属部门的工作人员违反《建筑法》规定，限定发包单位将招标发包的工程发包给指定的承包单位的，由上级机关责令改正；构成犯罪的，依法追究刑事责任。

(2)负责颁发建筑工程施工许可证的部门及其工作人员对不符合施工条件的建筑工程颁发施工许可证的，负责工程质量监督检查或竣工验收的部门及其工作人员对不合格的建筑工程出具质量合格文件或者按合格工程验收的，由上级机关责令改正，对责任人员给予行政处分；构成犯罪的，依法追究刑事责任；造成损失的，由该部门承担相应的赔偿责任。

13.3.3 违反《安全生产法》的法律责任

1. 安全生产监督管理部门的相关法律责任

(1)负有安全生产监督管理职责的部门的工作人员，有下列行为之一的，给予降级或撤职的行政处分；构成犯罪的，依照刑法的有关规定追究刑事责任：

①对不符合法定安全生产条件的涉及安全生产的事项予以批准或者验收通过的；

②发现未依法取得批准、验收的单位擅自从事有关活动或者接到举报后不予取缔或者不依法予以处理的；

③对已经依法取得批准的单位不履行监督管理职责，发现其不再具备安全生产条件而不撤销原批准或者发现安全生产违法行为不予查处的。

(2)负有安全生产监督管理职责的部门，要求被审查、验收的单位购买其指定的安全设备、器材或其他产品的，在对安全生产事项的审查、验收中收取费用的，由其上级机关或者监察机关责令改正，责令退还收取的费用；情节严重的，对直接负责的主管人员和其他直接责任人员依法给予行政处分。

(3)承担安全评价、认证、检测、检验工作的机构,出具虚假证明,构成犯罪的,依照刑法的有关规定追究其刑事责任;尚不够刑事处罚的,没收违法所得;违法所得在5000元以上的,并处违法所得2倍以上5倍以下的罚款;没有违法所得或者违法所得不足5000元的,单处或者并处5000元以上2万元以下的罚款,对其直接负责的主管人员和其他直接责任人员处5000元以上5万元以下的罚款;给他人造成损害的,与生产经营单位承担连带赔偿责任。

对有上述违法行为的机构,撤销其相应资格。

2. 生产经营单位的相关法律责任

(1)生产经营单位的决策机构、主要负责人、个人经营的投资人不依照《安全生产法》规定保证安全生产所必需的资金投入,致使生产经营单位不具备安全生产条件的,责令限期改正,提供必需的资金;逾期未改正的,责令生产经营单位停产停业整顿。

有上述违法行为,导致发生生产安全事故,构成犯罪的,依照刑法的有关规定追究刑事责任;尚不够刑事处罚的,对生产经营单位的主要负责人给予撤职处分,对个人经营的投资人处2万元以上20万元以下的罚款。

(2)生产经营单位的主要负责人未履行《安全生产法》规定的安全生产管理职责的,责令限期改正;逾期未改正的,责令生产经营单位停产停业整顿。

生产经营单位的主要负责人有上述违法行为,导致发生生产安全事故,构成犯罪的,依照刑法的有关规定追究其刑事责任;尚不够刑事处罚的,给予撤职处分或者处2万元以上20万元以下的罚款。

生产经营单位的主要负责人依照上述规定受刑事处罚或撤职处分的,自刑罚执行完毕或受处分之日起,5年内不得担任任何生产经营单位的主要负责人。

(3)生产经营单位有下列行为之一的,责令限期改正;逾期未改正的,责令停产停业整顿,可以并处2万元以下的罚款:

①未按照规定设立安全生产管理机构或者配备安全生产管理人员的;

②危险物品的生产、经营、储存单位以及矿山、建筑施工单位的主要负责人和安全生产管理人员未按照规定经考核合格的;

③未对从业人员进行安全生产教育和培训,或者未如实告知从业人员有关的安全生产事项的;

④特种作业人员未按照规定经专门的安全作业培训并取得特种作业操作资格证书,上岗作业的。

(4)生产经营单位有下列行为之一的,责令限期改正;逾期未改正的,责令停止建设或者停产停业整顿,可以并处5万元以下的罚款;造成严重后果,构成犯罪的,依照刑法的有关规定追究刑事责任:

①矿山建设项目或者用于生产、储存危险物品的建设项目没有安全设施设计或者安全设施设计未按照规定报经有关部门审查同意的;

②矿山建设项目或者用于生产、储存危险物品的建设项目的施工单位未按照批准的安全设施设计施工的;

③矿山建设项目或者用于生产、储存危险物品的建设项目竣工投入生产或使用前,安全设施未经验收合格的;

④未在有较大危险因素的生产经营场所和有关设施、设备上设置明显的安全警示标识的；

⑤安全设备的安装、使用、检测、改造和报废不符合国家标准或者行业标准的；

⑥未对安全设备进行经常性维护、保养和定期检测的；

⑦未为从业人员提供符合国家标准或行业标准的劳动防护用品的；

⑧特种设备以及危险物品的容器、运输工具未经取得专业资质的机构检测、检验合格，取得安全使用证或者安全标识，投入使用的；

⑨使用国家明令淘汰，禁止使用的危及生产安全的工艺、设备的。

(5)未经依法批准，擅自生产、经营、储存危险物品的，责令停止违法行为或者予以关闭，没收违法所得；违法所得10万元以上的，并处违法所得1倍以上5倍以下的罚款；没有违法所得或者违法所得不足10万元的，单处或者并处2万元以上10万元以下的罚款；造成严重后果，构成犯罪的，依照刑法的有关规定追究刑事责任。

(6)生产经营单位有下列行为之一的，责令限期改正；逾期未改正的，责令停产停业整顿，可以并处2万元以上10万元以下的罚款；造成严重后果，构成犯罪的，依照刑法的有关规定追究刑事责任：

①生产、经营、储存、使用危险物品，未建立专门安全管理制度，未采取可靠的安全措施或者不接受有关主管部门依法实施的监督管理的；

②对重大危险源未登记建档，或者未进行评估、监控，或者未制订应急预案的；

③进行爆破、吊装等危险作业，未安排专职管理人员进行现场安全管理的。

(7)生产经营单位将生产经营项目、场所、设备发包或者出租给不具备安全生产条件或相应资质的单位或个人的，责令限期改正，没收违法所得；违法所得5万元以上的，并处违法所得1倍以上5倍以下的罚款；没有违法所得或者违法所得不足5万元的，单处或者并处1万元以上5万元以下的罚款；导致发生生产安全事故给他人造成损害的，生产经营单位与承包方、承租方承担连带赔偿责任。

生产经营单位未与承包单位、承租单位签订专门的安全生产管理协议，或者未在承包合同、租赁合同中明确各自的安全生产管理职责，或者未对承包单位、承租单位的安全生产统一协调、管理的，责令限期改正；逾期未改正的，责令停产停业整顿。

(8)两个以上生产经营单位在同一作业区域内进行可能危及对方安全生产的生产经营活动，未签订安全生产管理协议或者未指定专职安全生产管理人员进行安全检查与协调的，责令限期改正；逾期未改正的，责令停产停业整顿。

(9)生产经营单位有下列行为之一的，责令限期改正；逾期未改正的，责令停产停业整顿；造成严重后果，构成犯罪的，依照刑法的有关规定追究刑事责任：

①生产、经营、储存、使用危险物品的车间、商店、仓库与员工宿舍在同一座建筑内，或者与员工宿舍的距离不符合安全要求的；

②生产经营场所和员工宿舍未设有符合紧急疏散需要、标识明显、保持畅通的出口，或者封闭、堵塞生产经营场所或者员工宿舍出口的。

(10)生产经营单位与从业人员订立协议，免除或减轻其对从业人员因生产安全事故伤亡依法应承担的责任的，该协议无效；对生产经营单位的主要负责人、个人经营的投资人处2万元以上10万元以下的罚款。

(11)生产经营单位的从业人员不服从管理，违反安全生产规章制度或者操作规程的，由生产经营单位给予批评教育，依照有关规章制度给予处分；造成重大事故，构成犯罪的，依照刑法的有关规定追究其刑事责任。

(12)生产经营单位主要负责人在本单位发生重大生产安全事故时，不及时组织抢救或者在事故调查处理期间擅离职守或逃匿的，给予降职、撤职的处分，对逃匿的处 15 日以下拘留；构成犯罪的，依照刑法的有关规定追究其刑事责任。

生产经营单位的主要负责人对生产安全事故隐瞒不报、谎报或者拖延不报的，依照上述规定处罚。

(13)有关地方人民政府、负有安全生产监督管理职责的部门，对生产安全事故隐瞒不报、谎报或拖延不报的，对直接负责的主管人员和其他直接责任人员依法给予行政处分；构成犯罪的，依照刑法的有关规定追究其刑事责任。

(14)生产经营单位不具备《安全生产法》和其他有关法律、行政法规及国家标准或行业标准规定的安全生产条件，经停产停业整顿仍不具备安全生产条件的，予以关闭；有关部门应当依法吊销其有关证照。

(15)生产经营单位发生生产安全事故造成人员伤亡、他人财产损失的，应当依法承担赔偿责任；拒不承担或者其负责人逃匿的，由人民法院依法强制执行。

生产安全事故的责任人未依法承担赔偿责任，经人民法院依法采取执行措施后，仍不能对受害人给予足额赔偿的，应当继续履行赔偿义务；受害人发现责任人有其他财产的，可以随时请求人民法院执行。

13.3.4 违反《建设工程质量管理条例》的法律责任

1. 建设单位的法律责任

(1)建设单位将建设工程发包给不具有相应资质等级的勘察、设计、施工单位，或者委托给不具有相应资质等级的工程监理单位的，责令改正，处 50 万元以上 100 万元以下的罚款。

(2)建设单位将建设工程肢解发包的，责令改正，处工程合同价款 0.5%以上 1%以下的罚款；对全部或者部分使用国有资金的项目，可以暂停项目执行或者暂停资金拨付。

(3)建设单位有下列行为之一的，责令改正，处 20 万元以上 50 万元以下的罚款：

①迫使承包方以低于成本的价格竞标的；

②任意压缩合理工期的；

③明示或者暗示设计单位或施工单位违反建设工程强制性标准，降低工程质量的；

④施工图设计文件未经审查或者审查不合格，擅自施工的；

⑤建设项目必须实行工程监理而未实行工程监理的；

⑥未按照国家规定办理工程质量监督手续的；

⑦明示或者暗示施工单位使用不合格的建筑材料、建筑构配件和设备的；

⑧未按照国家规定将竣工验收报告、有关认可文件或者准许使用文件报送备案的。

(4)建设单位未取得施工许可证或者开工报告未经批准，擅自施工的，责令停止施工，限期改正，处工程合同价款 1%以上 2%以下的罚款。

(5)建设单位有下列行为之一的，责令改正，处工程合同价款 2%以上 4%以下的罚

款;造成损失的,依法承担赔偿责任:

①未组织竣工验收,擅自交付使用的;

②验收不合格,擅自交付使用的;

③对不合格的建设工程按照合格工程验收的。

2. 勘察、设计、施工、工程监理单位的法律责任

(1)勘察、设计、施工、工程监理单位超越本单位资质等级承揽工程的,责令停止违法行为,对勘察、设计单位或工程监理单位处合同约定的勘察费、设计费或者监理酬金1倍以上2倍以下的罚款;对施工单位处工程合同价款2%以上4%以下的罚款,可以责令停业整顿,降低资质等级;情节严重的,吊销资质证书;有违法所得的,予以没收。未取得资质证书承揽工程的,予以取缔,依照上述规定处以罚款;有违法所得的,予以没收。

(2)勘察、设计、施工、工程监理单位允许其他单位或个人以本单位名义承揽工程的,责令改正,没收违法所得,对勘察、设计单位和工程监理单位处合同约定的勘察费、设计费和监理酬金1倍以上2倍以下的罚款;对施工单位处工程合同价款2%以上4%以下的罚款;可以责令停业整顿,降低资质等级;情节严重的,吊销资质证书。

(3)承包单位将承包的工程转包或者违法分包的,责令改正,没收违法所得;对勘察、设计单位处合同约定的勘察费、设计费25%以上50%以下的罚款;对施工单位处工程合同价款0.5%以上1%以下的罚款;可以责令停业整顿,降低资质等级;情节严重的,吊销资质证书。

工程监理单位转让工程监理业务的,责令改正,没收违法所得,处合同约定的监理酬金25%以上50%以下的罚款;可以责令停业整顿,降低资质等级;情节严重的,吊销资质证书。

(4)违反《建设工程质量管理条例》规定,有下列行为之一的,责令改正,处10万元以上30万元以下的罚款:

①勘察单位未按照建设工程强制性标准进行勘察的;

②设计单位未根据勘察成果文件进行工程设计的;

③ 设计单位未按照建设工程强制性标准进行设计的;

④设计单位指定建筑材料、建筑构配件的生产厂、供应商的。

有上述所列行为,造成重大工程质量事故的,责令停业整顿,降低资质等级;情节严重的,吊销资质证书;造成损失的,依法承担赔偿责任。

(5)施工单位在施工中偷工减料的,使用不合格的建筑材料、建筑构配件和设备的,或者有不按照工程设计图纸或施工技术标准施工的其他行为的,责令改正,处工程合同价款2%以上4%以下的罚款;造成建设工程质量不符合规定的质量标准的,负责返工、修理,并赔偿因此造成的损失;情节严重的,责令停业整顿,降低资质等级或者吊销资质证书。

(6)施工单位未对建筑材料、建筑构配件、设备和商品混凝土进行检验,或者未对涉及结构安全的试块、试件以及有关材料取样检测的,责令改正,处10万元以上20万元以下的罚款;情节严重的,责令停业整顿,降低资质等级或者吊销资质证书;造成损失的,依法承担赔偿责任。

(7)施工单位不履行保修义务或者拖延履行保修义务的,责令改正,处10万元以上20万元以下的罚款,并对在保修期内因质量缺陷造成的损失承担赔偿责任。

(8)工程监理单位有下列行为之一的,责令改正,处50万元以上100万元以下的罚款,降低资质等级或者吊销资质证;有违法所得的,予以没收;造成损失的,承担连带赔偿责任:

①与建设单位或者施工单位串通、弄虚作假、降低工程质量的;

②将不合格的建设工程、建筑材料、建筑构配件和设备按照合格签字的。

(9)工程监理单位与被监理工程的施工承包单位以及建筑材料、建筑构配件和设备供应单位有隶属关系或其他利害关系承担该项建设工程的监理业务的,责令改正,处5万元以上10万元以下的罚款,降低资质等级或者吊销资质证书;有违法所得的,予以没收。

(10)违反《建设工程质量管理条例》规定,涉及建筑主体或者承重结构变动的装修工程,没有设计方案擅自施工的,责令改正,处50万元以上100万元以下的罚款;房屋建筑使用者在装修过程中擅自变动房屋建筑主体和承重结构的,责令改正,处5万元以上10万元以下的罚款。

有上述所列行为,造成损失的,依法承担赔偿责任。

13.3.5 违反《安全生产管理条例》的责任

1. 行政主管部门及其工作人员的责任

县级以上人民政府建设行政主管部门或其他有关行政管理部门的工作人员,有下列行为之一的,给予降级或者撤职的行政处分;构成犯罪的,依照刑法的有关规定追究刑事责任:

(1)对不具备安全生产条件的施工单位颁发资质证书的;

(2)对没有安全施工措施的建设工程颁发施工许可证的;

(3)发现违法行为不予查处的;

(4)不依法履行监督管理职责的其他行为。

2. 建设单位的安全责任

(1)建设单位未提供建设工程安全生产作业环境及安全施工措施所需费用的,责令限期改正;逾期未改正的,责令该建设工程停止施工。

(2)建设单位未将保证安全施工的措施或者拆除工程的有关资料报送有关部门备案的,责令限期改正,给予警告。

(3)建设单位有下列行为之一的,责令限期改正,并处20万元以上50万元以下的罚款;造成重大安全事故,构成犯罪的,对直接责任人员,依照刑法的有关规定追究其刑事责任;造成损失的,依法承担赔偿责任:

①对勘察、设计、施工、工程监理等单位提出不符合安全生产法律、法规和强制性标准规定的要求的;

②要求施工单位压缩合同约定的工期的;

③将拆除工程发包给不具有相应资质等级的施工单位的。

3. 勘察、设计单位的安全责任

勘察单位、设计单位有下列行为之一的,责令限期改正,并处10万元以上30万元以下的罚款;情节严重的,责令停业整顿,降低资质等级,直至吊销资质证书;造成重大安全事故,构成犯罪的,对直接责任人员依照刑法的有关规定追究刑事责任;造成损失的,依法承担赔偿责任：

（1）未按照法律、法规和建设工程强制性标准进行勘察、设计的；

（2）采用新结构、新材料、新工艺的建设工程和特殊结构的建设工程，设计单位未在设计中提出保障施工作业人员安全和预防生产安全事故的措施建议的。

4. 监理单位的安全责任

工程监理单位有下列行为之一的，责令限期改正；逾期未改正的，责令停业整顿，并处10万元以上30万元以下的罚款；情节严重的，降低资质等级，直至吊销资质证书；造成重大安全事故，构成犯罪的，对直接责任人员，依照刑法的有关规定追究刑事责任；造成损失的，依法承担赔偿责任：

（1）未对施工组织设计中的安全技术措施或专项施工方案进行审查的；

（2）发现安全事故隐患未及时要求施工单位整改或者暂时停止施工的；

（3）施工单位拒不整改或者不停止施工，未及时向有关主管部门报告的；

（4）未依照法律、法规和建设工程强制性标准实施监理的。

5. 注册执业人员的安全责任

注册执业人员未执行法律、法规和建设工程强制性标准的，责令停止执业3个月以上1年以下；情节严重的，吊销其执业资格证书，5年内不予注册；造成重大安全事故的，终身不予注册；构成犯罪的，依照刑法的有关规定追究其刑事责任。

6. 物资供应单位的安全责任

（1）为建设工程提供机械设备和配件的单位，未按照安全施工的要求配备齐全有效的保险、限位等安全设施和装置的，责令限期改正，处合同价款1倍以上3倍以下的罚款；造成损失的，依法承担赔偿责任。

（2）出租单位出租未经安全性能检测或者经检测有不合格的机械设备和施工机具及配件的，责令停业整顿，并处5万元以上10万元以下的罚款；造成损失的，依法承担赔偿责任。

（3）施工起重机械和整体提升脚手架、模板等自升式架设设施的安装、拆卸单位有下列行为之一的，责令限期改正，并处5万元以上10万元以下的罚款；情节严重的，责令停业整顿，降低资质等级，直至吊销资质证书；造成损失的，依法承担赔偿责任：

①未编制拆装方案、制定安全施工措施的；

②未由专业技术人员现场监督的；

③未出具自检合格证明或者出具虚假证明的；

④未向施工单位进行安全使用说明，办理移交手续的。

7. 施工单位的安全责任

（1）施工单位有下列行为之一的，责令限期改正；逾期未改正的，责令停业整顿，依照《安全生产法》的有关规定处以罚款；造成重大安全事故，构成犯罪的，对直接责任人员，依照刑法的有关规定追究刑事责任：

①未设立安全生产管理机构、配备专职安全生产管理人员或者分部分项工程施工时无专职安全生产管理人员现场监督的；

②施工单位的主要负责人、项目负责人、专职安全生产管理人员、作业人员或特种作业人员，未经安全教育培训或者经考核不合格即从事相关工作的；

③未在施工现场的危险部位设置明显的安全警示标识，或者未按照国家有关规定在施工现场设置消防通道、消防水源、配备消防设施和灭火器材的；

④未向作业人员提供安全防护用具和安全防护服装的；

⑤未按照规定在施工起重机械和整体提升脚手架、模板等自升式架设设施验收合格后登记的；

⑥使用国家明令淘汰、禁止使用的危及施工安全的工艺、设备、材料的。

施工单位挪用列入建设工程概算的安全生产作业环境及安全施工措施所需费用的，责令限期改正，处挪用费用20%以上50%以下的罚款；造成损失的，依法承担赔偿责任。

(2)违反《安全生产管理条例》的规定，施工单位有下列行为之一的，责令限期改正；逾期未改正的，责令停业整顿，并处5万元以上10万元以下的罚款；造成重大安全事故，构成犯罪的，对直接责任人员，依照刑法的有关规定追究刑事责任：

①施工前未对有关安全施工的技术要求做出详细说明的；

②未根据不同施工阶段和周围环境及季节、气候的变化，在施工现场采取相应的安全施工措施，或者在城市市区内的建设工程的施工现场未实行封闭围挡的；

③在尚未竣工的建筑物内设置员工集体宿舍的；

④施工现场临时搭建的建筑物不符合安全使用要求的；

⑤未对因建设工程施工可能造成损害的毗邻建筑物、构筑物和地下管线等采取专项防护措施的。

(3)施工单位有下列行为之一的，责令限期改正；逾期未改正的，责令停业整顿，并处10万元以上30万元以下的罚款；情节严重的，降低资质等级，直至吊销资质证书；造成重大安全事故，构成犯罪的，对直接责任人员，依照刑法的有关规定追究其刑事责任；造成损失的，依法承担赔偿责任：

①安全防护用具、机械设备、施工机具及配件在进入施工现场前未经查验或者查验不合格即投入使用的；

②使用未经验收或者验收不合格的施工起重机械和整体提升脚手架、模板等自升式架设设施的；

③委托不具有相应资质的单位承担施工现场安装、拆卸施工起重机械和整体提升脚手架、模板等自升式架设设施的；

④在施工组织设计中未编制安全技术措施、施工现场临时用电方案或专项施工方案的。

(4)施工单位的主要负责人、项目负责人未履行安全生产管理职责的，责令限期改正；逾期未改正的，责令施工单位停业整顿；造成重大安全事故、重大伤亡事故或其他严重后果，构成犯罪的，依照刑法的有关规定追究刑事责任。

(5)作业人员不服管理、违反规章制度和操作规程冒险作业造成重大伤亡事故或其他严重后果，构成犯罪的，依照刑法的有关规定追究刑事责任。

(6)施工单位的主要负责人、项目负责人有前款违法行为，尚不够刑事处罚的，处2万元以上20万元以下的罚款或者按照管理权限给予撤职处分；自刑罚执行完毕或者受处分之日起，5年内不得担任任何施工单位的主要负责人、项目负责人。施工单位取得资质证书后，降低安全生产条件的，责令限期改正；经整改仍未达到与其资质等级相适应的安全生产条件的，责令停业整顿，降低其资质等级直至吊销资质证书。

习题与思考

13-1 法律责任的概念及特征是什么?

13-2 法律责任的构成要件是什么?

13-3 工程建设领域常见的行政责任种类有哪些?

13-4 犯罪的构成要件有哪些? 刑罚分为哪两种?

习题答案

【答案 1-1】法，是一定物质生活条件所决定的，由国家制定和认可、并由国家强制力保证实施、体现统治阶级意志、具有普遍效力的行为规范体系。目的在于维护、巩固和发展有利于自身的社会关系，通过对这些社会关系的调整，以形成有利于自身的社会秩序，使社会按照相应阶级的意志向前发展。

【答案 1-2】土木工程建设法规体系，是指把已经制定和需要制定的建设法律、建设行政法规和住建部门的规章衔接起来，形成一个相互联系、相互补充、相互协调的完整、统一的框架结构。

从广义上讲，土木工程建设法规体系还包括地方性建设法规和建设规章。

【答案 1-3】土木工程建设法规，是指国家权力机关或其授权的行政机关制定的，旨在调整国家及其有关机构、企业事业单位、社会团体、公民之间在建设活动中或建设行政管理活动中发生的各种社会关系的法律、法规的统称。

土木工程建设法规的基本特征有行政隶属性、经济性、政策性、技术性。

【答案 1-4】建设行政决定、建设行政监督检查、建设行政处罚。

【答案 2-1】建设工程项目，是指土木工程、线路管道和设备安装工程、装饰装修工程等项目的新建、扩建和改建，是形成固定资产的基本生产过程及与其相关联的其他建设工程的总称。

土木工程项目，按投资的再生产性质可分为基本建设项目和更新改造项目两类。

【答案 2-2】投资意向、投资机会分析、项目建议书、可行性研究、审批立项。

【答案 2-3】可行性研究的主要任务是通过多方案比较，提出评价意见，推荐最佳方案。可行性研究的内容，包括市场研究、技术研究和经济研究。

可行性研究的作用有作为建设项目投资决策和编制设计任务书的依据，作为筹集资金向银行申请贷款的依据，作为项目主管部门商谈合同、签订协议的依据，作为项目进行工程设计、设备订货、施工准备等建设前期工作的依据及其他。

【答案 2-4】开始筹划、调查研究、优化和选择方案、详细研究、编制报告书。

【答案 3-1】土木工程执业资格制度，是国家通过法定条件和立法程序对建设活动主体的资格进行认定和批准，赋予其在法律规定的范围内从事一定的建设活动而制定的制度。

土木工程执业资格制度，包括企业资质和从业人员资格管理制度。

【答案 3-2】建筑业施工企业，是指从事土木工程，建筑工程，线路、管道及设备安装工程，装修工程等新建、扩建、改建活动的企业。

建筑业施工企业可分为施工总承包企业、专业承包企业和劳务分包企业三类。

【答案 3-3】 注册结构工程师制度、注册监理工程师制度、注册造价师制度、注册建造师制度。

【答案 3-4】 项目经理，是指受企业法定代表人委托，对工程项目施工过程进行全面管理的项目负责人，是建筑施工企业法定代表人在工程项目上的代表人。

【答案 4-1】 从事土木工程勘察、设计活动时，应坚持的原则是“先勘察、后设计、再施工”。

【答案 4-2】 土木工程标准，是指对基本建设中各类工程的勘察、规划、设计、施工、安装、验收等需要协调统一的事项所制定的标准。

【答案 4-3】 土木工程设计的原则有：贯彻经济、社会发展规划、产业政策和城乡规划；综合利用资源，满足环保要求；遵守建设工程技术标准；采用新技术、新工艺、新材料、新设备；重视技术和经济效益的结合；公共建筑和住宅要注意美观、适用和协调。

建设工程设计的依据是项目建议书，项目建议书也是编制设计文件的主要依据。

【答案 4-4】 施工图审查的报送、施工图审查的要求、争议的解决。

【答案 5-1】 土木工程招标是一种采购行为，是指土木工程项目的招标人利用报价手段采购工程、服务或货物的行为。

土木工程投标是土木工程项目的投标人利用报价手段销售工程或服务的行为。

土木工程招标投标的特点是程序规范；公开进行，透明度高；编制招标文件和投标文件；一次成交。

【答案 5-2】 土木工程发包与承包，是指发包方通过合同委托承包方为其完成某一土木工程的全部或其中部分工程的交易行为。

土木工程承包的方式有总承包方式、专业承包、专业分包、劳务分包、联合体承包方式。

【答案 5-3】 土木工程招标应具备的条件有：已落实建设工程的资金、已履行好相关审批手续、必要的准备工作已完成。

土木工程招标准备阶段的主要工作有确定招标相关事宜、申请招标、编制与招标有关的各种文件。

【答案 5-4】 评标委员会的组成、评标委员会中专家的资格、评标委员会专家人选的确定。

【答案 6-1】 合同的法律特征有：

(1)合同是一种法律行为。

(2)合同当事人的法律地位一律平等，双方自愿协商，任何一方不得将自己的意志、观点强加给另一方。

(3)合同的目的在于设立、变更、终止民事权利义务关系。

(4)合同的成立必须有两个以上的当事人；两个以上当事人不仅要做出意思表示，而且做出的意思表示是一致的。

合同的订立原则有公平原则、自愿原则、平等原则、合法原则、诚实信用原则。

【答案 6-2】要约是希望和他人订立合同的意思表示。

发出要约的人称为要约人,接受要约的人称为受要约人。

【答案 6-3】土木工程施工合同,应采用书面形式。

合同的内容有:当事人的名称或者姓名和住所;标的;数量;质量;价款或者报酬;履行期限、地点和方式;违约责任;解决争议的方法。

【答案 6-4】订立劳动合同,应遵循合法、公平、平等自愿、协商一致、诚实信用的原则。

劳动合同的种类有固定期限劳动合同、无固定期限劳动合同、以完成一定工作任务为期限的劳动合同三类。

【答案 7-1】从狭义上讲,建设工程质量只指土木工程实体质量,是指在国家现行的有关法律、法规、技术标准、设计文件和合同中,对土木工程的安全、适用、经济美观等特性的综合要求。

从广义上讲,土木工程质量包括土木工程参与者的服务质量和工作质量,体现在其服务是否及时、主动,态度是否诚恳、守信,管理水平是否先进等方面。

建立对土木工程质量进行管理的体系,包括纵向管理和横向管理两方面。

【答案 7-2】质量手册、质量程序、第三层文件(作业文件)。

【答案 7-3】依法发包工程、依法向有关单位提供原始资料、限制不合理的干预行为、依法报审施工图设计文件、依法实行工程监理、依法办理工程质量监督手续、依法保证建筑材料等符合要求、依法进行装修工程、建设单位质量违法行为应承担的法律责任。

【答案 7-4】工程技术档案资料;工程质量保证资料;工程检验评定资料;竣工图等。

【答案 7-5】土木工程承包单位在向建设单位提交工程竣工验收报告时,应向建设单位出具土木工程质量保修书。

土木工程质量保修书的主要内容质量保修范围、质量保修期限、承诺质量保修责任。

【答案 8-1】土木工程监理,是指具有相应资质的监理单位受土木工程项目业主的委托,根据国家有关法律、法规,经建设主管部门批准的工程项目建设文件,土木工程委托监理合同及其他土木工程合同,对工程建设实施的专业化监督和管理。

土木工程监理的原则是依法监理,科学性、公正性,参照国际惯例,强制监理。

【答案 8-2】项目法人应通过招标投标方式择优选定监理单位。

土木工程监理合同的主要条款有:监理的范围和内容;双方的权利与义务;监理费的计取与支付;违约责任;双方约定的其他事项。

【答案 8-3】(1)监理工程师,是指取得国家监理工程师执业资格证书并经注册的监理人员。

(2)总监理工程师,是指由监理单位法定代表人书面授权,全面负责委托监理合同的履行、主持监理机构工作的监理工程师。

(3)总监理工程师代表,是指经监理单位法定代表人同意,由总监理工程师书面授权,代表总监理工程师行使其部分职责和权力的监理机构中的监理工程师。

(4)专业监理工程师,是指根据项目监理岗位职责分工和总监理工程师的指令,负责实施某一专业或某一方面的监理工作,具有相应监理文件签发权的监理工程师。

【答案 8-4】甲级、乙级、丙级。

【答案 9-1】土木工程安全生产，是指建筑生产过程中要避免人员、财产的损失及对周围环境的破坏，包括建筑生产过程中的施工现场人身安全、财产设备安全，施工现场及附近的道路、施工现场和周围的环境保护及工程建成后的使用安全等方面的内容。

建筑生产的特点是产品固定、人员流动，多为露天作业、高处作业，施工条件较差，不安全因素较多，且此类不安全因素随土木工程的进展而不断变化，因此规律性差、事故隐患多。

【答案 9-2】土木工程安全生产管理的基本方针是“安全第一、预防为主”

建筑施工企业申请领取安全生产许可证时，应向建设主管部门提供的材料有：建筑施工企业安全生产许可证申请表；企业法人营业执照；与申请安全生产许可证应具备的安全生产条件相关的文件、材料。

【答案 9-3】安全生产评价，是指运用定量或定性的方法，对生产经营单位和土木工程项目存在的职业危险因素和有害因素进行识别、分析和评估。

安全生产评价的意义：有利于加强施工企业安全生产的监督管理；有利于科学地评价施工企业安全生产业绩及相应的安全生产能力；有利于实现施工企业安全生产工作的规范化和制度化；有利于促进施工企业完善安全生产条件；有利于促进施工企业安全生产管理水平的提高；有利于政府转变安全监督管理方式，提高监督管理实效。

【答案 9-4】土木工程重大事故，是指在土木工程过程中由于责任过失造成工程倒塌或报废、机械设备毁坏和安全设施失灵，造成人身伤亡或者重大经济损失的事故。

安全事故等级分为特别重大事故、重大事故、较大事故、一般事故。

【答案 10-1】环境保护法的任务是保证合理地利用自然环境、保证防治环境污染与生态破坏。

环境保护法的目的，是为人民创造一个清洁、适宜的生活环境和劳动环境以及符合生态系统健全发展的生态环境，为保护人民健康、促进经济发展提供法律上的保障。

环境保护法的作用：环境保护法是保护人民健康，促进经济发展的法律武器；环境保护法是推动我国环境法制建设的动力；环境保护法是提高广大干部、群众环境保护意识和环保法制观念的有益教材；环境保护法是维护我国环境权益的有效工具；环境保护法是促进环境保护的国际交流与合作、开展国际环境保护活动的有效手段。

【答案 10-2】环境保护法的原则是：经济建设与环境保护协调发展的原则；预防为主，防治结合的原则；污染者付费的原则；政府对环境质量负责的原则；依靠群众保护环境的原则。

环境保护法的特点：科学性、综合性、区域性、奖励与惩罚相结合。

【答案 10-3】施工现场环境噪声污染的防治，包括：排放建筑施工噪声应符合建筑施工场界环境噪声排放标准；使用机械设备可能产生环境噪声污染的申报；禁止夜间进行产生环境噪声污染施工作业的规定；政府监管部门的现场检查。

【答案 11-1】立项文件；建设用地、征地、拆迁文件；勘察、测绘、设计文件；招标投标文件；开工审批文件；财务文件；建设、施工、监理机构及负责人名单。

【答案 11-2】《税收征收管理法》；《营业税暂行条例》；《营业税暂行条例实施细则》；《城市维护建设税暂行条例》；《企业所得税法》；

【答案 11-3】节约能源（以下简称节能），是指加强用能管理，采取技术上可行、经济上合理以及环境和社会可以承受的措施，减少从能源生产到消费各个环节中的损失和浪费，更加有效、合理地利用能源。

《"十二五"建筑节能专项规划》中规定了节能的重点任务是：

（1）提高能效，抓好新建建筑节能监管。

（2）扎实推进既有居住建筑节能改造。

（3）深入开展大型公共建筑节能监管和高耗能建筑节能改造。

（4）加快可再生能源建筑领域规模化应用。

（5）大力推动绿色建筑发展，实现绿色建筑普及化。

（6）积极探索，推进农村建筑节能。

（7）积极促进新型材料推广应用。

（8）推动建筑工业化和住宅产业化。

（9）推广绿色照明应用。

【答案 12-1】土木工程民事纠纷、土木工程行政纠纷。

民事纠纷的法律解决途径：和解、调解、仲裁、诉讼。

行政纠纷的法律解决途径：行政复议、行政诉讼。

【答案 12-2】执行程序，是指人民法院的执行机构依照法定的程序，对发生法律效力并具有给付内容的法律文书，以国家强制力为后盾，依法采取强制措施，迫使具有给付义务的当事人履行其给付义务的行为。

执行根据主要有：

（1）人民法院制作的发生法律效力的民事判决书、裁定书以及生效的调解书等；

（2）人民法院做出的具有财产给付内容的发生法律效力的刑事判决书、裁定书；

（3）仲裁机构制作的依法由人民法院执行的生效仲裁裁决书、仲裁调解书；

（4）公证机关依法做出的赋予强制执行效力的公证债权文书；

（5）人民法院做出的先予执行的裁定、执行回转的裁定以及承认并协助执行外国判决、裁定或裁决的裁定；

（6）我国行政机关做出的法律明确规定由人民法院执行的行政决定。

【答案 12-3】仲裁的基本制度有协议仲裁制度、或裁或审制度、一裁终局制度。

仲裁协议，是指当事人自愿将已经发生或者可能发生的争议通过仲裁解决的书面协议。

仲裁协议包括请求仲裁的意思表示、仲裁事项、选定的仲裁委员会三项内容。

【答案 12-4】人民调解的基本原则：当事人自愿原则、当事人平等原则、合法原则、尊重当事人权利原则。

人民调解员应具备的基本条件：公道正派、热心人民调解工作、具有一定的文化水平、有一定的法律知识和政策水平、成年公民。

【答案 13-1】法律责任，也称违法责任，是指自然人、法人或国家公职人员因违反法律而应依法承担的法律后果。

法律责任的特征：法律责任具有法定性；引起法律责任的原因是法规关系的主体违反了法律；法律责任的大小与违反法律义务的程度相适应；法律责任需由专门的国家机关和部门认定。

【答案 13-2】有损害事实发生、存在违法行为、违法行为与损害事实之间有因果关系、违法者主观上有过错。

【答案 13-3】行政处罚、行政处分。

【答案 13-4】犯罪的构成要件有犯罪客体、犯罪的客观方面、犯罪主体、犯罪的主观方面。

刑罚分为主刑和附加刑。

参考文献

[1]朱宏亮.建设法规[M].武汉:武汉理工大学出版社,2003.

[2]丛培经.工程项目管理[M].北京:中国建筑工业出版社,2003.

[3]全国一级建造师执业资格考试用书编写委员会.建设工程法律法规及相关知识[M].北京:中国建筑工业出版社,2010.

[4]中国建设监理协会编写.建设工程合同管理[M].北京:知识产权出版社,2003.

[5]徐崇禄,董红梅.建设工程施工合同系列文本应用[M].北京:中国计划出版社,2003.

[6]桑培东.建筑工程项目管理[M].北京:中国电力出版社,2004.

[7]全国一级建造师执业资格考试用书编写委员会.建设工程法律法规选编[M].北京:中国建筑工业出版社,2010.

[8]中国建设监理协会.建设工程监理相关法规文件汇编[M].北京:知识产权出版社,2010.

[9]李永福,史伟利.建设法规[M].北京:中国电力出版社,2010.

[10]吴胜兴,罗世荣,宋宗宇.土木建设工程法规[M].北京:高等教育出版社,2003.

[11]王东升,毕可敏.建筑工程相关法律法规[M].徐州:中国矿业大学出版社,2010.

[12]杨湘宏.常用法律法规汇编[M].北京:中央编译出版社,2007.

[13]中国法制出版社.中华人民共和国宪法[M].北京:中国法制出版社,2005.

[14]马新彦.物权法[M].北京:科学出版社,2007.